Haizi De Yanxing Juzhi
Zheyang Peiyang

孩子的言行举止
这样培养

魏中华 编著

北京工业大学出版社

图书在版编目（CIP）数据

孩子的言行举止这样培养 / 魏中华编著 . —北京：北京工业大学出版社，2013.1

ISBN 978-7-5639-3293-1

Ⅰ . ①孩… Ⅱ . ①魏… Ⅲ . ①家庭教育 Ⅳ . ① G78

中国版本图书馆 CIP 数据核字（2012）第 250011 号

孩子的言行举止这样培养

编　　著：魏中华
责任编辑：韩丽萍
封面设计：尚世视觉
出版发行：北京工业大学出版社
（北京市朝阳区平乐园 100 号 100124）
010-67391722（传真）bgdcbs@sina.com
出 版 人：郝　勇
经销单位：全国各地新华书店
承印单位：唐山才智印刷有限公司
开　　本：787 mm × 1092 mm　1/16
印　　张：17
字　　数：207 千字
版　　次：2013 年 1 月第 1 版
印　　次：2021 年 1 月第 2 次印刷
标准书号：ISBN 978-7-5639-3293-1
定　　价：32.00 元

前　言

儿童时期是人生一个重要年龄阶段的开始，一般是指从出生到15周岁。儿童时期生理、心理发育很快，不同的月龄和不同的年龄具有不同的生理与心理特征。因此，根据儿童各年龄时期的生理与心理特征的不同发展规律，进一步将儿童时期划分为以下各年龄阶段：

婴儿期：从出生到12个月末的这一年龄阶段。也就是人们所说的1周岁以内的“吃奶的孩子”。婴儿期，是儿童出生后的最初阶段。

幼儿期：儿童从1 ~ 3周岁末的这个时期称为幼儿期。

学龄前期：儿童从3周岁到6~7周岁这一年龄阶段。这是儿童正式进入学校之前的一段时间，即接受正规学习之前的准备阶段。这一时期儿童所接受的教育属于儿童启蒙教育，对他们一生中的学习及获得知识的能力、劳动技能的水平都极为重要。因此，有条件的家庭都应该把孩子送进幼儿园去接受系统的启蒙教育，并使其从家庭转入集体、伙伴的生活中去。在学龄前期所接受的启蒙教育的程度，直接影响着儿童一生的生活方式、学习劳动能力，因此，这一时期是人的一生中最重要的受教育的时期。

学龄期：儿童从6 ~ 7周岁到15周岁这一年龄阶段，教育心理学中又把此期开始的6 ~ 7周岁至12 ~ 13周岁称为学龄初期，相当于小学时期。儿童进入学龄初期的重大变化是把以游戏活动为主的生活方式转变为以学习为主。这一时期的开始，使儿童从家庭或幼儿园进入学校，这对儿童是一个重大的转折，因此，要做好“幼小”（指从幼儿园到小学）衔接的工作。最重要的是要做好儿童适应学习生活的心理准备。否则，将会发生对学校环境、学习生活适应不良等心理障碍。

本书针对的是学龄前儿童，即3～7周岁这一年龄阶段的儿童。当这个年龄段的孩子做出令人讨厌的举动：如爱生气、爱叨叨、爱和兄弟姐妹打骂、进攻性强、爱拿哭闹来威胁别人时，父母应该采取及时的行动制止他们的行为，以防这些不好的举止演变成坏习惯而影响孩子一生。本书通过列举学龄前儿童各种言行举止，有针对性地提出了一些实用而有效的方法，来纠正他们的不良言行举止，让他们成为人见人爱的小公主或者是小绅士。同时这种教育又不至于过分激烈，充分考虑到孩子们的自尊心和自爱的品格，也不至于遏杀孩子应有的好奇心。

目　录

第一章　影响学龄前儿童成长的因素………………1

一、学龄前孩子的特质 ………………1

二、家庭环境影响孩子的成长 ………………7

三、好父母　好榜样　好孩子 ………………13

四、现代教育理念 ………………19

第二章　爱是一切教育的基础………………25

一、一切都是因为爱 ………………25

二、告诉孩子我很爱你 ………………29

三、让孩子学会感恩 ………………38

四、切勿“以爱之名” ………………42

五、妈妈的爱是滋润剂 ………………48

第三章　性格教育：好性格从娃娃做起………………55

一、让孩子大胆说出自己想法 ………………55

二、让孩子学会做选择题 ………………59

三、称赞你的孩子 ………………63

四、如何培养孩子的自控力 ………………70

五、我分享我快乐 ………………74

五、吃饭、过节也要讲礼仪 ………………79

六、孩子应该明白的50条行为规范 ………………88

七、培养孩子的幽默感 ………………90

八、自己动手丰衣足食 ………………92

第四章　做一个健康的孩子 …………………… 97

一、合理的营养饮食很重要 …………………… 97

二、早睡早起身体好 …………………… 101

三、亲近大自然，让心境更开阔 …………………… 107

四、劳动最光荣 …………………… 111

五、阳光的孩子最可爱 …………………… 117

第五章　道德培养：如何让你的孩子顺应社会 ……… 122

一、培养孩子道德比培养智力更重要 …………………… 122

二、孩子也会有道德感 …………………… 124

三、必须培养孩子的四个道德品质 …………………… 127

四、注重培养孩子的道德选择能力 …………………… 130

五、祖辈在孩子品德教育中的角色 …………………… 133

六、父母的表率很重要 …………………… 139

七、孩子公德教育的培养 …………………… 142

八、教孩子做一个诚实守信的人 …………………… 145

九、让孩子懂得宽容 …………………… 149

十、让自己的孩子有担当——责任心的培养 …………… 154

第六章　认知培养：教孩子学会学习 …………… 166

一、培养良好的阅读习惯 …………………… 166

二、重视孩子倾听能力的培养 …………………… 171

三、兴趣培养很重要 …………………… 175

四、培养孩子的注意力 …………………… 178

第七章　孩子的益智培养 …………………… 187

一、常带孩子出去旅游 …………………… 187

二、在游戏中培养孩子的创造力 …………………… 191

三、用绘画丰富孩子的想象力 …………………… 197

四、音乐熏陶孕育好性情 …………………………………… 204
五、经常逛逛博物馆 ………………………………………… 209

第八章　气质培养：王子公主的养成………………… 214

一、衣着打扮有讲究 ………………………………………… 214
二、文明礼仪从语言开始 …………………………………… 219
三、行为举止要注意 ………………………………………… 226

第九章　与孩子的相处之道…………………………… 230

一、如何与孩子和谐相处 …………………………………… 230
二、对孩子逆反心理的处理方法 …………………………… 235
三、孩子犯错了怎么办 ……………………………………… 240
四、常见的教育误区 ………………………………………… 247
五、这样鼓励你的孩子 ……………………………………… 250
六、成功名人如何培养孩子成才 …………………………… 256

第一章　影响学龄前儿童成长的因素

一、学龄前孩子的特质

学龄前儿童好奇多问，模仿性强。这一时期是孩子正式进入学校以前的一个时期，这个时期的孩子从最初的坐、卧、爬开始，逐步发展到能够直立行走，广泛操纵物体，进行初步的言语交际，能从事一些初步的游戏活动和学习活动。

1. 生理的特点

（1）学龄前儿童非常好动。他们很能掌控自己的身体，喜欢为了活动而活动。活泼好动是孩子的天性，学龄前儿童十分好动、不安。如果你秉持完全自由的政策，你会发现 30 个临时凑起来的三岁到五岁孩子，一活动起来实在会令人眼晕。

（2）因为学龄前儿童倾向于爆发性的活动，幼儿园的学生需要有休息的阶段，但他们自身却未能察觉这种应该放缓脚步的需要。由于生理及心智的耗费，使他们极易疲乏，因此对这个年龄阶段的孩子来说，休息的时间是非常必要的。

（3）出现矛盾心理。学龄前期儿童活动能力还是非常有限的，不能很好地控制自己的行动；知识经验还非常缺乏，不能很好地控制自己，使自己的行为服从于比较远大的目的。因此，这一时期儿童虽然渴望独立参加社会实践活动，但是这种新的需要与从事独立活动的经验及能力水平之间产生了重大的矛盾。

（4）注意力开始集中，但不容易定睛在小东西上，因此他们的手眼活动协调可能不太完全。

2. 社会化特质

（1）合作意识增强，大部分儿童总有一两位最好的朋友，但这样的友谊可能会急速变化。在相互交往中，该年龄段的儿童开始有了合作意识。他们会选择自己喜欢的玩伴，也能与三五个小朋友一起开展合作性游戏。学前儿童的社会化是很弹性的，他们通常愿意和班上大部分的同学玩在一块。他们比较好的朋友通常是同性的，而异性间的友谊也在发展。他们逐渐明白公平的原则和需要服从集体约定的意见，也能向其他伙伴介绍、解释游戏规则。比如，在小舞台表演游戏中几个小朋友能一起分配角色、道具，能以语言、动作等进行表现，并有一定的合作水平。

（2）虽然自理能力和劳动能力比较弱，但已经开始学习担负某些简单的职责。由于身心各方面的发展，他们初步产生了参加社会生活的愿望，开始一些独立活动，如自己穿衣、吃饭、收拾玩具等，从事一些力所能及的社会生活。

（3）是非观念正在发展。是非观念在形成初期，通常都是和特定事物连在一起，后来才逐渐类化。

（4）儿童的游戏团体总是比较小而且不是高度组织化的。你不必在乎，如果孩子经常游走于各种不同的活动，对这个年龄层而言，这是正常的，虽然它会让你觉得很烦，尤其是在某些日子里。你或许会去想你对儿童的掌控力究竟有多少。

（5）争吵常会发生，但争吵的时间很短，而且很快就忘记了。当30个孩子第一次被扔在一个受限制的环境，可共享的东西也有限，争执谁该拥有所有权的类似吵闹是不可避免的。可能的话，宁可让儿童去解决他们自己的争执，而只在争吵即将发生时才加以干预。如果你需要干预，你可以提议进行其他的活动，以转移他们的敌对，而不是强加干预，强迫他们停止争闹。

（6）学前儿童喜欢戏剧表演，他们所想的情节都来自于他们本身的经验及电视节目。

（7）察觉性别角色的存在。在进入幼儿园的阶段，大部分的孩子对于社会认可的男女两性合宜行为，都有初步的了解。直到最近，这样的了解是必要而且值得鼓励，但实施的策略则值得怀疑。有专家分析小学所采用的教学材料及活动，通过这些教学材料及活动将男孩描述为好动、冒险、自信且具雄心，同时女性基本上仍被定位于持家的角色。她争论到，从幼儿教育开始，女性就被定位于接受持家为她们唯一的角色，持续这样的教导到小学结束，那么这种刻板印象已变得根深蒂固难以改变了。

由于这样的教育，结果女孩便尽职地预备自己成为家庭主妇的角色，直到二十几岁，才发现需要超越这样的刻板印象。作家Betty Friedan（贝蒂·佛瑞顿）在其所写《女性的神秘》一书中，如此建议："教育者及父母亲必须促成一项极大的尝试，就是阻止女孩的成长只是要成为仅仅是一个家庭主妇的印象……如此一来，同样享有从童年即给予男孩的注意，女孩也能发挥本身的资源，建立能帮助他们找到自我的目标。"如果你同意这样的哲学，你或许需要考量从孩子进入学校起，就需要鼓励发展这种女性的角色。

3. 情绪的发展

（1）幼儿倾向于自由、公开地表现自己的情绪，突发的愤怒是常有的。有些心理学家建议，由于许多人非常在乎隐藏自己的情绪，他们压抑该表现的感觉。因此，让孩子在这个年龄阶段能自由的，或者在一些较小的限制下表达情绪是允许的，如此一来，他们才能认知且面对他们的情绪。

当孩子疲倦、饥饿或受到太多的成人干预时，常会产生突发的愤怒。如果你考虑到那些情况，而且尝试采取行动缓和他们（例如，提供休息或点心），发脾气的情绪可得以减轻。学习一些你观察到或想到的技巧，有助于帮助孩子达到控制自己情绪的目的。

（2）由于儿童面对许多崭新及陌生的环境，加上本身拥有的丰富想象力，学龄前儿童可能会有许多恐惧，甚至包括十分不合理性的恐惧。压抑或是未被全然了解的恐惧，可能会在儿童以后的成长中造成困难，这样的情况表现为病态的恐惧或是一种笼统的焦虑感。因此，嘲笑陷于恐惧的儿童，勉强他进入令他恐惧的环境，或者是粗率地忽视他恐惧的东西等，都是十分不明智的。

（3）由于在幼儿教育阶段的儿童都很喜欢老师，也盼望得到肯定，在这个年龄阶段，幼儿园同学彼此间忌妒的现象是很普遍的。当30位小朋友彼此竞争为要引起老师一个人的关爱及注意，多多少少的忌妒是免不了的。

4. 心智的特点

（1）学龄前孩子已能熟练地使用语言。大部分的儿童都很喜欢说话，尤其喜欢在团体面前说话。

（2）能生动、有表情地描述事物。五六岁是儿童语言表达能力明显提高的时期，他们不但能系统地叙述生活中的见闻，而且能生动有感情地描述事物。在与成人和同伴的交谈中，以自我为中心的表达逐步减少，能依据别人的言语调整谈话内容。看图讲述能力也明显提高，儿童在讲述时根据图片内容想象角色的心理活动。语言表达灵活多样，并力求与别人不同。但是这一阶段的儿童在语言的概括能力、语言表达的逻辑性方面还存在个体差异。

5. 身体发育特点

（1）神经系统的发育。3 岁的孩子，由于大脑神经系统发育迅速，头部看上去显得特别大，此时脑的重量已是出生时的 3 倍，约为 1000 克；4 岁时为出生时的 4 倍；5 岁时脑的大小和重量已与成人脑十分接近。学龄前期结束时，几乎所有皮质传导纤维都已髓鞘化。在小儿大脑发育最快的时期，环境的刺激可以极大地影响大脑神经通路的结构与功能，其可塑性、代偿功能也很强，是记忆力特别强的时期。这时期脑的功能不断趋向成熟，但神经系统的兴奋与抑制往往不平衡，或单纯或过多、过久的活动容易引起疲劳。由于他们的兴奋强于抑制过程，所以，表现得易激动、好活动、自控能力较差，有时玩起来达到入迷的程度，吃饭、睡觉都不顾了。所以，家长要注意防止孩子过度兴奋和疲劳，不能任其自然。

（2）呼吸系统的发育。小儿的呼吸道比成人短而狭，组织柔嫩，呼吸道黏膜易受损伤，呼吸道壁的血管和淋巴管较多。肺泡比成人小，胸廓发育与胸廓肌肉较成人差。因此，这个时期小儿肺部的弹性较差，胸廓狭小，肋骨是水平的，所以呼吸较浅，呼吸次数较成人多。此期，要注意小儿生活环境中空气要流畅，并注意躺、坐的姿势，以免妨碍胸廓的正常发育。小儿锻炼身体、劳动、户外活动，可以加强呼吸锻炼，使小儿有比较深长的均匀呼吸，以便充分供给身体需要的氧，促使体格的发育。

（3）循环系统的发育。小儿心脏的发育较迅速，5 岁孩子心脏的重量为出生时的 4 倍，但负荷力较差。此期小儿心率较快，主要是由于小儿新陈代谢旺盛，身体组织需要更多的血液供应，而心脏每次搏出量有限，只有增加搏动次数以满足需要。同时小儿迷走神经兴奋性较低，交感神经占优势，故心搏较易加速。正常情况下，3 ~ 4 岁小儿，心率为 100 ~ 120 次 / 分；5 ~ 7 岁小儿，心率为 80 ~ 100 次 / 分。所以，还不能让孩子进行长时间或剧烈的活动。

（4）消化系统的发育。这个年龄段的孩子，消化功能逐渐与成人接近，4 岁的孩子食谱可接近成人，6 岁的孩子可与家人共餐。但营养需要量仍相对较高，蛋白质、脂肪、碳水化合物的供应比例应为 1∶1∶16，粮食的摄入量应该逐渐增多，钙、磷、铁摄入应丰富，以保证骨骼和肌肉的发育。

（5）身体机能发育。学龄前儿童的身体很有弹性而且容易复元，但保护脑部的骨头还很软。当孩子玩闹时，要非常注意防止打到头部。他们大肌肉比控制手指及双手的肌肉发达。因此，在一些较细致的动作，如系鞋带、扣扣子方面，都显得有些笨拙，甚至无法做好。此外，虽然男孩长得较大些，但女孩在某些方面发育得比较快，尤其是在精致动作的发展比男孩快。所以当男孩在处理类似动作时，显得笨拙时，不需觉得惊讶。

在这时期的大部分儿童的偏手性已定型，百分之九十是偏右手。不要勉强偏左手的儿童改变偏手性，这是不聪明的做法。偏右手或许比较方便，但并不是那么的重要。勉强儿童改变偏手性，可能会让他觉得不适应、罪恶感、神经质以及沮丧。这些都可能造成他多方面的适应不良，如口吃等。不要认为把要改变偏手性的尝试认为是合理的。

二、家庭环境影响孩子的成长

家庭环境在儿童的成长中占据非常重要的地位。良好的家庭环境是儿童教育的基本条件，它和良好的亲子关系共同成为了亲子教育得以顺利开展的基础和前提。

学前期儿童受环境特别是受家庭环境的影响非常突出。人们发现，孩子在过分赞扬声中生活，他将学会自负；在羞辱中生活，他将学会自卑；在忍耐中生活，将学会容忍；在争吵中生活，将学会诡辩；在埋怨声中生活，将学会嫉妒；在缺乏温暖的环境中生活，他将学会冷漠……应该给孩子更多的家庭温暖、更多的亲情和父母之爱，应该鼓励孩子学会自尊，让他们学会自信，给予适当的表扬，给孩子平等的生活，让他们学会公道。调查证明，父母对孩子教育不良，父母溺爱或态度粗暴，或家长本人情绪严重不稳定，家庭不和，父母离异等，都会使孩子出现心理偏异。

学前期是儿童智力发展的关键期、最佳期。他们脑细胞数基本达到成人的水平，脑重、脑体积也接近于成人，神经纤维分支多，神经通路比成人更容易接通，脑的代谢活动旺盛（能量需要是成人的一倍），第二信号系统有了进一步发展。这一时期加强刺激，实施各种教育和训练，有利于建立各种神经反应经络，有利于保持脑活动的活跃状态，有利于开发智力。也有些科学家指出：2 ~ 3 岁是学习口语的最佳期；3 岁开始进入学习数学的最佳期；3 ~ 5 岁是培养音乐天才的最佳年龄；4 ~ 5 岁则是学习书法绘画的最好时光。根据孩子智力发展的关键期实施相应的早期教育，对充分开发儿童智力至关重要。早期阶段可以利用孩子“模式识别”能力，增加语言、音乐、棋艺等方面的教育内容，让孩子从小就在这些方面形成“模式”而深刻印在脑海中，对他们以后的学习和发展大有裨益。这一时期父母或幼教人员示范作用以及成长的家庭环境很重要，对孩子影响较大。

那么如何营造适合孩子健康成长的家庭环境呢？

营造、构建良好的家庭氛围，涉及诸多方面，先从最容易被忽视的家庭居室，孩子房间的装潢布置说起。

家，是一个孩子童年、少年时代的主要的活动场所，孩子自己的居室，更是他睡觉、休息、读书、写作业的地方，可以说，居室虽小，却将成为他迈向社会的出发地，成为他一生的起点。可见，家庭居室装潢和布置的品位、风格将会长远地、持续地影响到孩子品格的形成、熏陶着孩子情感的发展。品位高雅、风格高尚的居室装潢和布置，会使孩子的心灵在耳闻目睹中产生深深的印象，受到深深的感动，也会使孩子的性情在耳濡目染中受到渐渐的浸润，得到渐渐的感化。

有一个淘气却爱提问题的男孩，他的父母发现他从小对科学有兴趣，便引导他具有长大成为科学家的志向。他们在孩子居室墙上贴上爱迪生从小到大、做实验搞发明的大幅照片，把爱迪生小时候顽皮相的照片与孩子自己的照片各装上镜框，并放在床头柜上。床对面是一排书橱，分类排放着《十万个为什么》等科普读物，以及科学家传记、科学家童年、科学童话、科幻小说等各类科学文艺作品。紧挨床后的一个小巧的三角桌上，摆放着一台学生适用的电脑和电子词典，连孩子睡床的被罩、床单上也印着科幻卡通。整个居室弥漫着浓浓的“学科学、爱科学”的气氛。只有床头吊柜上竖放着的一把吉他，表现着孩子的课余兴趣，抑或是家里的生活情趣，令人觉着是一种淡淡的映衬和烘托。更为默契的是，父母的意图得到了亲友的配合，过年过节时长辈们赠送的礼物也大都是科技VCD、微型机器人、可以自由拼装的魔力玩具等。这样，父母刻意营造的居室环境又正适合于孩子好奇、求新、求变异的审美意识。

不过，孩子居室只是“家”的一个部分。父母居室、书房、客厅的装潢布置同样重要。这个孩子的父亲是公务员，母亲是护士。他们居室中家具简单，布局大方；书房中立于两壁的大书橱放满了各自的专业书籍和常用的工具书、中外文学名著；客厅虽不大，但茶几上的鲜花与墙上挂着的几幅花卉国画相映成趣。孩子无论走进哪间房间，都能感受到学习有得、工作有成、生活有序的精神气氛，好像时时有一种力量在督促鼓励他，使他奋发、上进。这种力量虽然是无形的，却因为日日夜夜之中已经渗透进孩子的心灵，这种力量就强大无比，而且逐渐地化成孩子的一种自觉。

值得注意的是，在布置一个适合孩子的环境时，必须牢记一些原则。

第一，环境的可探索性方面：只有当孩子在一个不断变大的环境中自由探索，而不是被困于一成不变的婴儿床上、婴用围栏内或学步车里时，孩子的身心以及情感的发展才能更全面。环境的可探索性是至关重要的。

第二，环境的安全性方面：要保证孩子可以自由地离开他的床，在房间里四处走动，还可以跑到其他房间去，就必须时刻注意保证他的安全：所有的插座要覆盖好、所有的绳线要固定在墙上或地板上、所有的有毒植物和化学类物品要移开。父母可以在孩子有可能去的房间里爬一圈，以孩子的视角查看孩子有可能拿到什么以及会被什么所吸引，就可以把环境弄得更安全一些。为此，家长们必须不断地改进房子，避免对孩子造成伤害。

第三，家具摆设的适用性：孩子的家具不需要很昂贵，可以是简单、素雅的，就和家里的其他家具一样。重要的是，这些家具摆设的尺寸、质量都得是孩子适用的，易于让孩子移动。图片应当挂在孩子的视线高度。孩子在家中碰到的各种事物必须是他自己独立能够使用的，并能用它们来完成日常的各样工作：扫地、吸尘、洗澡、穿戴，等等。孩子所使用的家具必须是可清洗的。这并不仅是为了卫生，更重要的是这些可清洗的家具将给孩子提供一个自愿打扫的机会。他们将学会关心家里的家具，擦洗掉自己画在家具上的记号，同时也将养成对身边事物负责的态度。

第四，每个房间的“儿童角”：在每个房间，如卧室、餐厅、客厅，都为孩子留一块地方，并仔细考虑其摆设，布置一个可以容纳孩子的环境。这么做是为了邀请孩子加入家庭的集体生活。

第五，环境的美丽整洁有序：环境和物品的质量和美观对孩子来说是至关重要的。置身于美丽的环境中，孩子也可以和成人一样创造出高水准的世界。是木头而不是塑料制成的玩具、桌椅，可以培养孩子对自然和质量的欣赏能力。挂在墙上的图片，可以是一些漂亮的艺术画作，也可以只是简单的海报，但绝不能是一些成人们自以为孩子会喜欢的、难看的卡通画。与其把玩具扔到大玩具箱里，不如把它们整齐地罗列在架子上、悬挂在钩子上或者存放在盘子和篮子里。这样会让孩子们收拾东西更加有逻辑性、更愉快。杂乱无章的架子，可能会被大人忽视，但对小孩子来说简直是视觉障碍，还会对他产生压迫感。在墙上贴很多很多的图片也会有同样的效果，杂乱无章的声音也是一样的。大人可以将电视或收音机的杂音封闭在外，不去注意，而孩子会一直意识到这些声音的存在。一些根本不为家长所察觉的声音，甚至会使孩子感觉刺耳而情绪低落！

提前规划环境的准备工作非常重要。如果能在孩子出生前就将环境准备好是最好的，这样家长就可以在孩子出生后将所有的时间都投入到陪伴孩子一起享受当中。一个整洁的、有吸引力的、令人愉悦的、井井有条的环境，可以协助全家创造出安宁舒适的生活。

营造、构建良好的家庭氛围，还需要从和谐的心理环境说起。

家庭心理环境主要是指家庭成员之间的关系，家庭活动氛围和生活方式所构成的心理系统。家庭教育中，最显著的相互作用发生在亲子之间。就孩子的成长而言，亲子关系是一种不对称的双向相互作用关系，父母对子女发展的作用更为重要，更为有力。因此，创设和谐的心理环境，首先应该从父母做起。

第一，建立恰当的父母角色。在家庭中，父母角色是指为人父母在法律和伦理道德上的责任和义务。就儿童发展来说，父母角色的要求有：形成和谐的夫妻关系，避免夫妻冲突。在孩子不同的发展阶段上，注意角色内容的变化（如孩子年幼期，主要是抚养人；孩子进入青春期，更多的是作为孩子的导师和朋友）；父母之间确立互补、均衡、目标一致的角色关系，确保对子女教育的一致性。

第二，注意亲子沟通的态度与行为方式。亲子沟通中父母的态度与行为方式将直接影响到孩子的发展。为此，父母应注意：养成耐心倾听孩子说话的习惯和修养；坚持民主、平等地讨论问题，不主观武断，也不无原则地迁就孩子；真实、温和、明确地说出对孩子的感受，但不贬损孩子；保持一点童心、童趣。

营造、构建良好的家庭氛围还需要创设丰富的信息环境。

丰富而良好的信息环境起着帮助孩子扩大视野、培养其探索的兴趣和习惯以及陶冶情操的作用。为此必须做到：

第一，重复利用家庭中的各种设施给孩子提供信息。如利用电视机为孩子选择合适的节目，指导孩子收看，并与他们讨论节目内容。要避免完全不让孩子收看或让孩子无节制地收看这两种极端做法。

第二，带领孩子到大自然和具有教育意义的场所去。如美丽的田野山川、公园、动物园、博物馆、科学宫、展览馆等场所。另外，家长还应利用生活中随时随地发生的事件进行随机教育。

第三，为孩子选购各种书籍，订阅报刊，并坚持与孩子一起阅读、欣赏、讨论，让书籍充分发挥作用。

第四，选择合适的交往对象，尤其要注意家长自身的交往对象，因为，他们对孩子起着潜移默化的作用。

第五，家长以身作则。家长自身的言行随时随地影响着孩子。孩子通过观察、模仿来认同或改变自己的态度与行为。因此，家长要做到作风正派、品德优良、工作勤勉，有高尚的生活情操和审美情趣以及文明的言谈举止。

良好的家庭环境应该是爱弥漫在家的每一个角落，有轻松愉快的亲子间心理氛围的；应该是家庭成员之间诚实，并具有责任感，乐于助人、富于爱心，他们是圆融一体的，同时又有各自的空间；应该是家庭成员之间互相鼓励学习，鼓励独立思考，互相尊重彼此的劳动价值和不同的爱好的。

家是儿童成长的摇篮，是儿童成长的第一个社会。一个良好的家庭环境对于孩子的今后性格、价值观等的形成有着重要的积极影响。

三、好父母　好榜样　好孩子

孩子来到人世间最先认识的人是爸爸妈妈，孩子最早学会的词汇是爸爸妈妈，孩子出门在外最想念的是爸爸妈妈。孩子是看着爸爸妈妈的脊背长大的。爸爸妈妈是孩子的第一任老师。孩子的第一次啼哭，第一次说话，第一次吃饭，第一次穿衣服，第一次上学……都会使爸爸妈妈由衷的高兴。在这无数个第一次中，孩子小手拉着爸爸妈妈的大手走进了人生世界，所以孩子的最直观的榜样也是爸爸妈妈。

海涛的女儿 3 岁多了。他说，虽然自己不喜欢读书，但每天他都会强迫自己坚持看书，目的是让年幼的女儿看到爸爸在读书，女儿也会喜欢上看书，喜欢学习。

在感叹做父母不易的同时，对这方面的认识都是赞同的，这个举动对年幼的孩子的确可以起到一个很好的榜样作用。然而，很多父母并不了解这点。

强强妈最近很烦心，强强才 3 岁，却经常便秘。问及强强的饮食情况，才知道强强只爱吃肉，不怎么吃青菜、水果。再深入了解发现，原来强强的挑食是有原因的，强强的父母也有同样的饮食习惯。

生活中这样的情景比比皆是。难道饮食习惯、言行举止会遗传吗？当然不会，但这些可以模仿和学习。父亲对儿子实行拳脚教育，儿子在幼儿园会经常跟小朋友打架；要求女儿举止端庄、礼貌待人，母亲却对邻居恶语相向。

加拿大心理学家阿尔伯特·班杜拉认为，儿童可以通过观察、阅读、听他人讲述来学习模仿人类的行为。班杜拉及同事的一项著名研究证实了这个观点。研究中，72 名幼儿园儿童分组观看两个成人榜样：一个对充气玩偶拳打脚踢，另一个安静地玩玩具，对旁边的充气玩偶置之不理。此后，让儿童玩这个玩偶，观察过暴力榜样的儿童模仿了攻击行为，他们不仅像“榜样”一样对玩偶施以暴力，而且发明了新的攻击玩偶行为，譬如用玩具枪向玩偶射击。

中国的一句俗语“有其父，必有其子”，印证了父母的行为处世方面对孩子的影响。几个月大的儿童就开始跟父母咿呀学语，一岁左右蹒跚学步，孩子学会了说话、走路后，其说话的语调、走路的姿势都可能带有父母的痕迹，这一点在幼小的儿童（幼儿园之前）身上尤为明显。儿童 3 岁前处在“图谱时代”，他们把人们的行为模式看成一些图谱，照着这些图谱学习各种行为。

比如父母见到他人问好打招呼，分手挥手再见，对帮助过自己的人说“谢谢”等，这些都是人际交往中的基本图谱。红灯停，绿灯行，横穿马路走斑马线，把垃圾丢入垃圾桶等，这些则是社会规范图谱。在儿童的早期生活中，大量的行为图谱来自于父母，他们对父母的行为看在眼里，听在耳中，记在心上，并照此行事，这些行为图谱潜移默化地影响着孩子的行为习惯。如果父母行为不端，对孩子造成的不良影响也可想而知。

你想让孩子做什么样的人，自己就先做什么样的人。父母和孩子接触最早、最多、时间最长，因而是孩子学习的最直接、最具体的榜样。父母的一言一行，都会潜移默化地对孩子产生影响。

一张报纸上说一位6岁的小女孩，从小跟着母亲到处坑蒙拐骗，觉得非常有趣和有挑战性，等到她妈妈金盆洗手后她仍旧到处骗人，并且专门拐来年幼的小孩胁迫他们一起偷窃。又如，某农村有位不识字的妇女，把自己三个子女先后送入大学。当记者前去采访她，问她如何做到这一点时，这位妇女说："我没有远大的理想，但我从小就告诉我的孩子一定要努力争气。我不识字，不能指导孩子做各种益智游戏和课后作业，但孩子放学回家做作业时，我尽量在一旁陪着他们。我在一旁，孩子就会觉得我重视他们的学习，就会认真地做作业。"父母对孩子的形象不论是好的、坏的，孩子都分不清，他们就去学习，直觉告诉他，父母能做的，就是对的，他们也能做。因此，孩子对父母是崇拜的、尊重的，父母在孩子面前更应注意其形象，给孩子留下一个美的、善的、正直的、高尚的形象，让孩子学习，让孩子模仿，陶冶孩子的情操与精神，使他们日后长大了，每回忆父母的某一件小事，都觉得感动，都觉得受益无穷；而不是一回忆起父母形象，就觉得惭愧、就觉得羞耻、就觉得自卑、就觉得无地自容。

父母是孩子的老师，父母是孩子的榜样；孩子是父母的延续，孩子是父母的再现。做一个正直的父母和做一个正直的孩子，有着密不可分的关系。虽然"将门"不一定"出虎子"，贼人的孩子也不定就是贼，但父母给孩子留一点宝贵的精神财富、美好的形象、高尚的情操，善良的为人处世的美德，还是会使孩子享受终身的。对他们将来的成长、成人、成才，势必有着先天的指导作用，是万万不可忽视的。

那么，作为父母该怎么做才能成为孩子的好榜样？

我认为作为家长必须培养一下良好的品德和性情：

第一，正派上进。大多数家长是正派的。在发展市场经济的今天，上层有腐败现象，下层有道德滑坡，能够做到正派，也是不容易的。这需要有正确的人生观、是非观，对社会上的丑恶现象，不但分辨清楚，而且疾恶如仇，该反对的反对，该揭发的揭发，能抵制的抵制。如果有人拉你下水，绝不同流合污。这样的态度在生活中，应明显地表现出来，让孩子也能看得见，听得见，对孩子的影响是巨大的。报载，一个孩子跟妈妈一起坐公共汽车，孩子发现一个小偷在伸手掏别人的钱包，孩子对妈妈说："妈妈，那个人在偷别人的钱包！"妈妈看了一眼偷钱的人，对孩子说："别瞎说，那个叔叔跟人家闹着玩儿呢。"这位母亲是害怕小偷报复才这样说的，但把是非、善恶完全混淆了，对孩子会是什么影响？上进，既体现在工作态度上，也体现在思想作风上。家长虽已成人，但上进心不能没有。家长不断地有所追求，不断地有新的进步，对孩子将有很大的激励作用，孩子会从家长的精神风貌中，学到做人的真谛。

第二，勤俭自律。勤俭是立身之本，也是立国之本。勤劳节俭相辅相成，不勤劳的人，不懂得物质财富来之不易，往往不珍惜劳动成果。每一位家长都应把勤俭这种中华民族的传统美德，在身上、在家庭里继承发扬。据调查，家庭经济比较困难的，孩子的勤劳节俭表现超过家庭经济富裕的。这就提醒我们，越是有钱，越要做到自身勤俭，教育孩子勤俭。著名科学家居里夫人经过刻苦研究，从数以吨计的沥青油矿渣中提炼出 0.1 克纯净的镭。当时，1 克镭价值在 100 万法郎以上。居里夫人的丈夫因车祸逝世，有人建议居里夫人把这些镭卖掉，用来抚养孩子。可是居里夫人毅然将这些镭无偿地赠给了巴黎镭学研究所。她认为:"贫寒固然不方便，过富也是多余而且讨厌的，孩子们将来必须自谋生活，这才是妥当而自然的事情。"她经常教育自己的孩子:"应该不虚度一生，应该像蚕一样，自愿地、坚持地工作，永远忍耐地向一个极好的目标努力。"居里夫人以勤劳节俭的美德要求自己，也要求下一代。一个人要做到勤劳节俭，需要有很强的自律精神，要想获得任何成功和进步也离不开自律精神。家长对自己是不是能严格要求并持之以恒，孩子会看在眼里，记在心上。自律，是人的意志品质的反映，家长是一个意志坚强的人，才能够要求孩子自己管好自己。如果家长抵制不了花花世界的诱惑，经常放松自己，说话不算数，是不可能教育好自己孩子的。

第三，求知善思，有一定的知识。渴求知识，善于思考，这是人们开阔视野、建立良好知识背景、创造性地解决问题的前提。懒得学习、懒得动脑的人，不会有什么创造性。如果家长是这样的"懒"人，你对孩子说再多"要好好学习，多动脑子"的话，恐怕也无济于事。因为，在父母身上，他看不到知识的力量，也看不到开动脑筋的效果。常常听到一些成年人在家里说:"累死了，烦死了，真懒得再动脑子。"也有些成年人认为自己的学习阶段已经过去了，现在是工作阶段，对于读书、学知识十分冷淡。这不但影响自身的发展，也影响孩子的发展。

第四，文明友善。家长讲文明、懂礼貌，孩子就会学着家长的样子做一个文明的人。家长待人友善，团结亲友、邻里、同事，乐于助人，孩子也能学会与人友好相处，多做好事。有些家长不重视文明礼貌，只顾自己，对别人冷漠，这对孩子的成长非常不利。社会上，没有人会喜欢不文明不友善的人。社会犹如一个大家庭，文明友善的人受人尊敬，受人欢迎，人们愿意与他交往，这就为他的成功创造了更为有利的条件。

第五，民主乐观。家长要讲民主，我们在前边已经写到。家长要尊重孩子独立的人格，给孩子参与家庭事务的权利，给孩子说话的权利。家长与孩子既有教育与被教育的关系，又有民主平等的关系。学校里讲教育民主，教学民主，家庭里也要贯彻民主精神。讲民主，孩子会更有积极性。讲民主并不是全听孩子的，全听孩子的会走向放任。用一位家长的话说："宽严有度。"乐观是一种品质，是心胸宽阔、勇于面对现实、正确对待顺境与逆境、充满自信、有幽默感等多种素质的综合表现。在坎坷的生活中，做到乐观并不容易，需要不断地磨炼。家长的乐观品质会潜移默化地传给孩子，对孩子一生都有好处。

除了品德、性情之外，作为孩子的好榜样，为了孩子的健康成长，应该做到以下几条：

第一，建立和谐的夫妻感情。家庭存在的基础是感情。一个快乐、和睦的家庭是要以夫妻感情为基石的。在一个和睦的家庭中，孩子才能获得更多的爱抚、自由和快乐。在一个经常发生争吵的家庭中，孩子亲身感受的是攻击、痛苦和心灵的创伤。因此，为了孩子，年轻的父母也应该尽可能抑制自己的性情，多一点体谅和理解，多一点宽容大度。有了孩子，感情受到伤害的就不仅仅是夫妻双方了。

第二，懂一点教育学与心理学。正像种地有农学，说话有语言学一样，教育子女也有相应的科学，这就是教育学和心理学。教育学是研究多种教育现象和规律，心理学是研究人特别是儿童的心理特点及其发展规律的。父母懂一点教育学与心理学，可以更好地按规律对孩子进行教育。

第三，提供一个安静快乐的环境。大人在考虑自己的事业与交往的同时，应更多从孩子的需要考虑，让家庭安静、快乐、融洽。童话是美丽的，是孩子喜欢的，所以，如果能给孩子一个充满美丽的童话世界，孩子肯定喜欢。父母可以有步骤地购买童话书籍，并加以必要的讲解、指导，在孩子头脑里不断积累童话故事，创造条件让孩子多听音乐、童话故事，启发孩子的想象力，动画片内容精彩、形象，也可帮助幼儿分辨是非，在此基础上，可与孩子一起续编、创编故事、儿歌，提高孩子语言综合运用能力。

第四，挤出时间来陪孩子。今天的孩子物质上丰富，精神上却是孤独的。因为是独生，一个人在家时闲得孤独、无聊、寂寞，因此，大人要挤出时间陪陪孩子，增进亲子间的感情。

四、现代教育理念

教育的使命是为一个未来的世界培养人才，所以教育者必须有超前的意识与观念。应该说今天的教育改革是在探索一种新的教育模式，以取代今天应用的、产生于工业时代并与大工业生产相适应的教育模式。幼儿园教育改革也是在探索有中国特色的现代幼儿教育模式，《幼儿园教育纲要（试行）》（以下简称《纲要》）的颁布标志着这种探索进入一个新的阶段。这种新的教育模式的基本点就是以儿童发展为出发点和归宿。

1. 以人为本的理念的内涵

第一，幼儿教育目标定位于为孩子终身的、可持续的发展奠定基础。

《纲要》在总则中指出："幼儿园教育是基础教育的重要组成部分，是我国学校教育和终身教育的奠基阶段。"幼儿园教育的这一重要性质决定了幼儿园教育必须以幼儿全面素质的形成和发展为宗旨，以培养创新精神和实践能力为核心，为实现幼儿终身的可持续发展奠定基础。

我国从20世纪70年代末、80年代初开始重视早期教育，并兴起了"早期教育热"，幼儿教育经历了从重视知识教育，到重视早期智力开发，直到人们认识到不能以牺牲儿童的情感发展为代价而发展儿童的智力，提出幼儿教育要以促进幼儿全面发展为目标。《面向21世纪中国教育振兴行动计划》中提出"实施素质教育，要从幼儿阶段抓起"。这是以现代的、发展的观点看待人的发展和教育的全过程的必然结果，幼儿教育为幼儿的终身发展奠定良好的素质基础是幼儿教育对社会发展做出的应答。

联合国教科文组织指出："未来的教育不应仅限于给学习者坚实的知识和培养他们对继续学习的兴趣。它还应该培养人的行为和能力并深入精神生活之中"，并提出传统的教育目标三级层次是：（1）知识；（2）使用技术；（3）态度和技能。新的目标三级层次是：（1）态度和技能；（2）使用技术；（3）知识。联合国教科文组织的《教育——财富蕴藏其中》一书中指出："如果最初的教育提供了有助于终身继续在工作中和工作以外学习的动力和基础，那么就可以认为这种教育是成功的。"《纲要》中处处体现着幼儿教育要为孩子终身学习和发展奠定最重要基础：发展幼儿对自己、他人、社会和环境的积极情感和态度。

但是，在现实的幼儿教育中，还有许多教师和家长在观念和行为上，还把传授知识作为幼儿教育的最重要目的，家长把幼儿在幼儿园学到的知识的多少作为衡量幼儿园教育好坏的重要标准，幼儿园把考察幼儿掌握知识的程度作为评价教师的重要指标。不少家长和教师没有认识到幼儿阶段的个性和谐发展对幼儿一生发展的影响，更没有意识到，在幼儿阶段过分强制的训练，牺牲的是儿童对学习的兴趣，付出的是儿童的自尊心和自信心。这是一种得不偿失的“高代价的教育”。相信随着《纲要》的颁布和实施，会带动教师和家长教育观念的转变，使幼儿教育的出发点和落脚点都放在幼儿的全面发展上，实现幼儿童年生活的独特价值。

第二，幼儿教育要充分考虑幼儿身心发展特点，实现“促进每一个幼儿在原有水平上得到充分的发展”。

《纲要》中指出：“幼儿园教育应尊重幼儿的人格和权利，尊重幼儿身心发展的规律和学习特点，以游戏为基本活动，保教并重，关注个别差异，促进每个幼儿富有个性的发展。”教育的个性化是教育改革和发展的重要趋势，幼儿教育应以儿童生命活力的不断增强、生命内涵的不断充实为最终目标，从而实现人类发展的最终目标：“使人日臻完善，使他的人格丰富多彩，表达方式多样；使他作为一个人，可以作为一个家庭和社会成员，可以作为一个公民和生产者、技术发明者和富有创造性的理想家，来承担各种不同的责任。”幼儿期儿童就表现出差异性，按照加德纳的多元智能理论，每个儿童有自己的优势智能领域，幼儿教育必须充分考虑幼儿的特点，尊重儿童的差异性是尊重儿童的重要内涵之一。在《纲要》中的“教育内容与要求”部分，每个领域的指导要点中都体现着尊重幼儿身心发展特点的这一重要教育原则，例如，在“语言”中，指出“发展幼儿语言的重要途径是通过互相渗透的各领域的教育，在丰富多彩的活动中去扩展幼儿的经验，提供促进语言发展的条件”，“幼儿的语言学习具有个别化的特点，教育者与幼儿的个别交流、幼儿之间的自由交谈等，对幼儿语言发展具有特殊意义。”在“艺术”中，指出“幼儿的创作过程和作品是他们表达自己的认识和情感的重要方式，应支持幼儿富有个性和创造性的表达，克服过分强调技能技巧和标准化要求的偏向。”尊重幼儿的身心发展特点、尊重幼儿的差异性，就要在具体的教育教学中，为幼儿提供符合其身心发展水平的活动内容和方式，让幼儿在游戏、探究、操作、探索和交往中学习；在教育活动中，要注重幼儿积极参与活动的过程，而不是注重幼儿异口同声地说出知识内容的结果；要接受幼儿不同的发展水平，更多地提供幼儿可选择性的活动机会，允许幼儿以自己的方式进行探索，不追求所有幼儿一刀切的发展，而是要使每个幼儿在自己原有水平上得到丰富多彩的发展。

第三，幼儿教育要贴近幼儿的实际生活，促进幼儿生动、活泼的发展。

教育向幼儿的生活回归是现代教育的一个重要趋势。教育就是儿童的生活，杜威在《民主主义与教育》中指出“教育是生活的需要”，教育是生活所必需，生活为教育提供了具体内容，最好的教育就是“从生活中学习”。幼儿身心发展的特点决定了幼儿的学习是吸收性的学习，在环境中学习。贴近幼儿生活的教育，才能使幼儿的学习变成是有意义的学习，用认知发展理论解释，只有和幼儿生活相联系的教育内容才能使之与幼儿已有的图式发生联系，才能被幼儿通过同化或顺应而吸收。

在《纲要》中，体现着幼儿教育与幼儿生活的广泛、密切联系，强调在幼儿的生活中进行教育，例如在“健康”中，提出“建立良好的师生、同伴关系，让幼儿在集体生活中感到温暖，心情愉快，形成安全感、信赖感”，在“社会”中，提出“在共同的生活和活动中，以多种方式引导幼儿认识、体验并理解基本的社会行为规则，学习自律和尊重他人”。幼儿的品质和习惯是在生活中培养和形成的，幼儿生活环境中的人和事就是幼儿学习和发展的条件，也在潜移默化地影响着幼儿个性的形成。在生活中，幼儿体验生活的丰富、世界的神奇，在生活中，幼儿形成探索精神、发展对学习的兴趣，在生活中，幼儿体会自尊、形成自信。由此《纲要》强调充分利用生活中的教育资源，幼儿园的设施、幼儿的同伴、教师、家庭、社区、自然环境等都是重要的教育资源，充分利用了这些资源，就能有效地促进幼儿生动、活泼地发展。这要求幼儿教师要对幼儿教育有更全面的理解，不是只有在集体的、教师讲授的教育活动中，幼儿才在学习和发展；教师的职责也绝不仅仅在于组织集体教育活动，教师要为幼儿创设和组织丰富的生活环境，利用生活环境中的教育资源对幼儿进行教育。

《纲要》的颁布标志着我国幼儿教育改革进入了一个新的阶段，是幼儿教育发展的机遇，也对广大幼教工作者提出了挑战。领会和落实《纲要》精神需要大家的共同努力。

2. 全面发展的理念

幼儿全面发展是指以幼儿身心发展的现实与可能为前提，促进幼儿在体、智、德、美诸方面全面和谐发展。对幼儿实施全面发展教育是我国幼儿教育的基本出发点，也是我国幼儿教育法规所规定的幼儿教育的任务。全面发展是针对片面发展而言的，偏重任何一个方面或忽视任何一个方面的发展都不是全面发展；全面发展并不意味着个体在体、智、德、美诸方面齐头并进地、平均地发展，也不意味着个体的各个发展侧面可以各自孤立地发展。

幼儿全面发展是在幼儿体、智、德、美诸方面全面发展的基础上，允许幼儿个体实现自己有特色的发展。幼儿教育应注重体、智、德、美诸方面的教育要相互渗透进行注重幼儿各方面发展的和谐与协调，各方面不可孤立的发展。

3. 素质教育的理念

《幼儿园教育指导纲要》要求幼儿爱清洁、讲卫生、注意保持个人和生活场所 的整洁和卫生。爱护玩具和其他物品，爱护公物和公共环境。《纲要》要求创造一个自由、宽松的语言交往环境，支持、鼓励、吸引幼儿与教师、同伴或其他人交谈，体验到语言交流的乐趣、学习使用适当的、礼貌的语言交往；艺术要求幼儿广泛初步感受并 喜爱环境、生活和艺术中的美，并能大胆地表现自己的情感和体验，指导幼儿利用身边的物品或废旧材料制作玩具、手工艺品等来美化 自己的生活或开展其他活动。《纲要》还要求在幼儿的生活学习中，为幼儿提供丰富的可操作 的材料，为每个幼儿都能运用多种感官、多种方式，动手、动脑进行探索提供活动的条件。

幼儿园素质教育，要面向全体幼儿，使每个幼儿都得到充分的发展。要使幼儿德、智、体、美诸方面全面发展。要加强对幼儿个性和良好心理素质的培养。要培养孩子高度的社会责任感，培养孩子继续发展的学习能力，培养孩子的创新思维能力。

素质教育不但要面向全体幼儿，更要从只重视教师的教转向重视幼儿主动学习。教师必须了解幼儿学习的特点与方式，了解幼儿的 兴趣与需要，并以此为依据设计教育活动，教师组织的任何教育活 动必须以充分发挥幼儿的积极性、主动性和创造性为原则。

第二章　爱是一切教育的基础

一、一切都是因为爱

爱是人的一种基本需要，爱是健全人格的基础，爱是儿童心理健康发展的阳光和雨露。那些缺乏爱的能力的人，那些具有不良爱的态度的人，对他人充满着怀疑、敌对和不信任的人，感情自私的人，很难和周围的人相处的人，对周围的人感情淡漠的人，那些有心理疾病和障碍的人等，他们在儿童时期，都患有不同程度爱的缺乏症。父母的爱对孩子的心理健康发展是极为重要的。

有研究表明，孩子在一岁前得不到足够的爱，会造成将来的人格问题。心理学家认为母亲与孩子的关系是依赖性的，这是因为孩子需要母亲的抚养，不仅是生理上的需要，吃、喝、换尿布，也需要母亲的爱。早期严重缺乏爱的儿童，成人后完全不知道他需要别人的爱和他也应给予他人爱。部分缺乏爱的儿童，因为早期没有得到足够的爱，可能在一生中都会受到困扰。随着心理年龄的增长，儿童对爱越来越需要。

爱是什么？有一首歌唱遍全世界的中国人，歌中唱到：爱是关心，爱是理解。中国许许多多的父母对孩子是非常关心，具有无私的奉献精神和牺牲精神。许多父母为了孩子的成长和学习，省吃俭用，节衣缩食，每天为孩子操劳，给孩子买各种玩具、电子琴、钢琴，请家庭教师等。有的父母从不让孩子做家务，有的天天陪着孩子上学、做作业。

真是可怜天下父母心。

从小，父母就教育我们如何做事，如何做人。他们给我们讲二万五千里长征，讲毛泽东、周恩来，讲雷锋的故事、董存瑞炸暗堡……他们告诉我们，做事要小心谨慎、对人要诚恳、不可以说谎、要学会宽容、学会尊老爱幼，要懂得知恩图报、懂得无功不受禄……

这一切的一切都是为了什么呢？我们可能会认为，父母照顾自己的儿女是很应该的，很自然的事。现在回头想想，这是一种多么伟大的精神，到底是一种什么样的力量促使着他们呢？这是一种责任，一种对孩子的爱，是无私还是爱怜，但不容置疑的是：他们确实对我们很好，确实精心地照顾着我们。

其实这都是因为爱，因为父母对我们深沉的爱。父母爱我们，所以很无私地奉献了自己的时间、精力、心血在我们的身上，从无怨言也从无间断。父母的爱就像空气，看不见摸不着，可我却能够时时刻刻感觉到它的存在。

有这样一个感人的故事：一个年轻的母亲，在看到一只狼叼走襁褓中的孩子时，她以惊人的速度追上这只狼，情急之下她跳到狼背，狼受惊后拖着她狂奔数百米，这位母亲疯了般厮打着狼，直到救下孩子为止。一位普通的女性，在释放母爱时，显示了超人的能量，正可谓“母性的力量胜过自然界的法则”。那位普通女性能够从狼口中救回孩子，胜过了自然界的法则，这都是因为对孩子的深切的爱。

著名美国作家希尔弗斯坦的绘画《爱心树》更是揭示了父母对孩子的爱：

从前有一棵大树，它喜欢上一个男孩儿。男孩儿每天会跑到树下，给自己做王冠，想象自己就是森林之王。他也常常爬上树干，在树枝上荡秋千，吃树上结的苹果，同大树捉迷藏。累了的时候，就在树荫里睡觉。

小男孩儿爱这棵树，非常非常爱它，大树很快乐。但是时光流逝，孩子逐渐长大，大树常常感到孤寂。

有一天孩子来看大树，大树说："来吧，孩子，爬到我身上来，在树枝上荡秋千，吃几个苹果，再到荫凉里玩一会儿。你会很快活的！"

"我已经大了，不爱爬树玩儿了，"孩子说，"我想买些好玩儿的东西。我需要些钱，你能给我一点儿钱吗？"

"很抱歉，"大树说，"我没有钱，我只有树叶和苹果。把我的苹果拿去吧，孩子，把它们拿到城里卖掉，你就会有钱，就会快活了。"

于是孩子爬上大树，摘下树上的苹果，把它们拿走了。大树很快乐。

很久很久，孩子没有再来看望大树。大树很难过。

后来有一天，孩子又来了。大树高兴地摇晃着肢体，对孩子说："来吧，孩子，爬到我的树干上，在树枝上荡秋千，你会很快活的！"

"我有很多事要做，没有时间爬树了。"孩子说，"我需要一幢房子保暖。"他接着说，"我要娶个妻子，还要生好多孩子，所以我需要一幢房子。你能给我一幢房子吗？"

"我没有房子，"大树说，"森林就是我的房子。但是你可以把我的树枝砍下来，拿去盖房。你就会快活了。"于是那个男孩儿把大树的树枝都砍下来，把它们拿走，盖了一幢房子。大树很快乐。

孩子又有很长时间没有来看望大树了。

当他终于又回来的时候，大树非常高兴，高兴得几乎说不出话来。"来吧，孩子，"它声音喑哑地说，"来和我玩玩吧！"

"我年纪已经大了，心情也不好，不愿意玩儿了。"孩子说，"我需要一条船，驾着它到远方去，离开这个地方。你能给我一条船吗？”

“把我的树干砍断，用它做船吧。”大树说，“这样你就可以航行到远方去，你就会快活了。”于是孩子把树干砍断，做了一条船，驶走了。大树很快乐，但是心坎里却有些……

又过了很久，那孩子又来了，可他已变成一位老人，但大树仍把他当作自己的孩子，“非常抱歉，孩子，”大树说，“我没有什么可以给你的了。我没有苹果了。”

“我的牙齿已经老化，吃不动苹果了。”

“我没有枝条了，”大树说，“你没法儿在上面荡秋千了——”

“我太老了，不能再荡秋千了。”

“我也没有树干，”大树说，“不能让你爬上去玩了——”

“我很疲倦，爬也爬不动了。”

“真是抱歉，”大树叹了口气，“我希望还能给你点儿什么东西……但是我什么都没有了。我现在只是个老树墩，真是抱歉……”

“我现在需要的实在不多，只想找个安静的地方坐坐，好好休息。我太累了。”

“那好吧。”大树说，它尽量把身子挺高，“你看，我这个老树墩，正好叫你坐在上面休息。来吧，孩子，坐下吧，坐在我身上休息吧。”于是坐下了。

大树很快乐。

绘画中，在小男孩需要帮助的时候，大树把自己所有的一切——成果、树枝、树干都无私地贡献给了小男孩。认真想想，其实这棵树就是父母，他们一生奔波劳碌、无私地奉献都是为了自己的孩子，都是因为他们对孩子有着无比深沉的爱。父母的爱是天地间最伟大的爱，自从我们呱呱坠地，来到这个世界，父母就开始爱我们，直到永远。世界上有哪一种感情能与父母的爱相比呢！

二、告诉孩子我很爱你

栗色小兔子该上床睡觉了，可是他紧紧地抓住大栗色兔子的长耳朵不放。他要大兔子好好听他说。

“猜猜我有多爱你。”他说。大兔子说：“哦，这我可猜不出来。”“这么多，”小兔子说，他把手臂张开，开得不能再张开了。大兔子的手臂要长得多，“我爱你有这么多。”他说。

嗯，这真是很多，小兔子想。“我的手举得有多高，我就有多爱你。”小兔子说。“我的手举得有多高，我就有多爱你。”大兔子说。

这可真高，小兔子想，我要是有那么长的手臂就好了。小兔子又有了一个好主意，他倒立起来，把脚撑在树干上。“我爱你一直到我的脚趾头。”他说。大兔子把小兔子抱起来，甩过自己的头顶，“我爱你一直到你的脚趾头。”

“我跳得多高，就有多爱你！”小兔子笑着跳上跳下。“我跳得多高，就有多爱你。”大兔子也笑着跳起来，他跳得这么高，耳朵都碰到树枝了。

这真是跳得太棒了，小兔子想，我要是能跳这么高就好了。“我爱你，像这条小路伸到小河那么远。”小兔子喊起来。“我爱你，远到跨过小河，再翻过山丘。”大兔子说。

这可真远，小兔子想。他太困了，想不出更多的东西来了。他望着灌木丛那边的夜空，没有什么比黑沉沉的天空更远了。“我爱你一直到月亮那里。”说完，小兔子就闭上了眼睛。“哦，这真是很远，”大兔子说，

“非常非常远。”大兔子把小兔子放到用叶子铺成的床上。他低下头来，亲了亲小兔子，对他说“晚安”。然后他躺在小兔子的身边，微笑着轻声地说：“我爱你一直到月亮那里，再从月亮上回到这里来。”

孩子总喜欢和别人比较，在《猜猜我有多爱你》这本图画书中的小兔子就是个典型的例子。小兔子认真地告诉大兔子“我好爱你”，而大兔子回应小兔子说：“我更爱你！”如此一来，不仅确定大兔子很爱自己，更希望自己的爱能胜过大兔子的爱。

爱和安全感的需要是孩子最基本的需要之一。这种需要能否得到满足，直接关系到幼儿能否形成积极的自我概念。孩子将来对自己和他人的态度是积极的还是消极的，在很大程度上也取决于家长（或者幼儿教师）对他的态度，以及他们能否满足孩子对爱和安全感的需要。

每一个孩子都有做好孩子的愿望，但自己能不能做一个好孩子。孩子心里常常没底。在为这个愿望付出努力之前，孩子可能会先试探父母是不是爱他、接纳他。若经过试探证明父母不关注、不接纳、不爱他，他会觉得没有希望做好孩子了，因此也就不会积极在父母引导下活动了，甚至可能故意淘气。由此可见，爱和安全感这个前提非常关键，可以说，不满足幼儿对爱和安全感的需要，就等于不给幼儿做好孩子的机会。

孩子是需要去爱和被爱的。父母要时常用爱的行为和态度来对待和理解孩子，要大声地告诉你的孩子我很爱你，让孩子知道并且了解你的爱。

爱是要表达出来的，请不要将爱轻率了。

在弃婴护理院的护理人员因太忙碌，以致每个婴孩只有“十分之一个母亲”的照顾。发现大约有百分之三十的婴孩在一岁之前就会死去。

所以，情感上的饥饿和肉体上的饥饿同样危险。孩子在情感上的饥饿，虽然速度比较慢，但同样会引致死亡。

人心底对于“去爱”和“被爱”的需要是非常强烈的。我们一生都需要朋友。作为父母，我们怎样延伸对子女的爱，会严重地影响他们能否有效地与人相处。我们怎样将子女融纳在我们的生命中、怎样向他们表达我们的爱、怎样回应他们对我们的爱，都会影响他们能否将别人融纳在他们自己的生命中、融纳在他们的友谊里、融纳在他们的爱里。

去爱和被爱会给人有归属于某人的感觉。人要有这种安全感才会有信心。如果没有自信，我们就不能面对人生。

这首诗“门”，表露了一个没有被人爱过孩子的感受：

像一个年幼的小孩，奔向妈妈的房门，
渴望得到欢迎的拥抱；
但发现门却是关上了的。
困惑的面颜，呼叫又饮泣
呼喊，冲撞着门扉——
是关闭、疲倦、麻木的门扉。
我听着，等待着，那不曾有的回应；
最后，我想我是无法进去的了。
沉默！那门在沉默和黑暗中闭上了。
远处的饮泣。
像在幽灵般的海上，在妖怪似的海滨，
击打着我的心灵。

听啊！在那紧闭的岁月走廊上，

门是一度又一度的，

都静静地关上了。

可见，没有被爱过的孩子，他一生是面对着一度又一度关闭着的门。

当父母被问及是否爱他们的孩子时，他们的回答很自然都是“我当然爱我的孩子”。但更重要的问题：“你的孩子知道他们是被你所爱吗？”

在幼儿园被忽略和适应能力最有困难的学生，缺少父母的爱，不记得父母什么时候说过爱她们；在幼儿园里适应能力最强及被认为是最出众的领袖，他们的父母在过去二十四小时内都曾告诉他们，父母对他们的爱。

那么为了让孩子获得爱与安全感，我们具体该怎么做呢？

1. 爱是学习得来的

我们要学习去爱。小孩子出生时是不知道怎样去爱的，但却有很大的潜能去爱。婴孩在没有被人爱时，他实际上是已经枯萎了。他们通常会发展成不正常的性格。

小孩子每日都需要有温馨，和向他们表达出来的爱。遇到困难时，他们需要有爱的膀臂安慰，正如他们需要食物和新鲜空气一样。事实上当孩子并不可爱时，或是他们有问题时，就正是他们需要更多爱的时刻。

孩子得到爱，他又会学习用爱回应，这种爱的回应会不断成长。可悲的是，有些人士，尤其是男士，成了“禁止温柔”的牺牲者。其实，强者正需要温柔，正需要有爱；弱者才是残忍、漫不经心和缺乏爱的。

2. 父母之间的爱会影响子女爱的能力

父亲可以为子女做的最伟大的事情是爱孩子的母亲。子女知道父母彼此相爱，他们就会得到人生的安全和稳妥，以及明白生命的神圣；这是他们无法从别的途径得到的。知道父母相爱的孩子，因为听到父母间彼此用话语来表达爱，他们就容易明白爱的特质和性的美丽。意思是说，我们可以真诚而有行动地将爱活出来。我们可以付出特别的心思和良善；不在家时可以写封爱的书信回家，我们可以在子女耳边轻声讲述妻子或丈夫的好话；我们可以在子女面前赞赏配偶；我们可以给彼此的生日送花或庆祝；我们可以在孩子面前互相拥抱和吻对方……

孩子需要爱，他们最想知道的事情也是爱。如果他们在家中感受不到爱，就会从电影、小说和杂志的色情文化中对爱的描绘而得到错误观念。孩子需要从父母的榜样里感受真实的爱。有一位中学生这样写道："使我的家庭及我自己得到快乐的，就是我的父母彼此相爱。"

3. 爱必须说出来

爱包括了生命的各方面。为着帮助我们能够实际将爱实践，并且明白它的含义，我们要提到它几方面具体的特质。

爱是怎样沟通、传达的？爱能感受得到，这是真实的。人能够从非言语的途径传达爱，例如：握手、拥抱、微笑、轻拍肩膀、深情地望着对方的双眼……让孩子从非言语的途径感受爱是非常重要的。在家中要常用简单的非言语行动代号表达我们的爱。当我们一起手牵手走路、两人坐在一起、或其他的时间，我们会轻拍对方的手三下表示"我爱你"。这是多么容易但又是多么有意思的做法。在睡前孩子来道晚安时，我们伸手轻拍对方三下将多么美妙！

最有效的方法去教导爱就是成为爱的模范。人不会去爱那些不能表达爱的人，因为爱也需要用言语表达。有些人觉得用言语对孩子表达爱，是属于很私人的做法，而不愿意将这种话挂在嘴边。但这些人却又自相矛盾，常毫不犹疑地将拒绝和责备的话挂在嘴边。爱的言语是需要的。如果要说没有用言语表达的爱并非真爱，这也不算说得太过分。

在每个有孩子的家庭里，其中一个普通的问题就是："你知道我爱你吗？"如果在你的家庭中，每当有人问孩子这个问题时，孩子能够回答说："我知道。我知道你爱我。"这是多么美丽的图画！

4. 爱带出行动

如果只是说出爱的言语，但没有将爱付诸行动，那是徒然的。有一位小女孩很悲哀地说："妈妈说她爱我，她却没有时间陪伴我。"

一个儿子不断请求爸爸在后园为他造一间玩屋，父亲答应了他。但每个周末他都忙着开会、打高尔夫球、赶交功课或其他社交应酬。有一天，他的儿子被汽车撞倒了，伤势万分严重，在医院留医。当那位父亲来到那快要死去的儿子床前，他儿子微笑地说了最后一句话："爸爸，我想我们以后也不用再造那间玩屋了。"当然，那孩子需要他爸爸更甚于那间玩屋。

有一位父亲提到他的儿子对他的赞赏。那儿子才 6 岁，吵着要去游乐园玩。那位父亲特别不喜欢那种热闹的场合，于是他对儿子说："你不如跟隔壁小孩的家长一起去吧。"他的儿子说："爸爸，我不要别人，我要你。"这是一句多么赞赏的说话。

5. 爱包括信任

做父母的不一定什么都知晓，当孩子考上大学，父母对孩子说："孩子，我对于你所要进入的世界认识得很少，但我信任你。"孩子会对这句话终生难忘，因为信任。当父母有智慧地爱孩子时，就会尽力帮助孩子感受到他们是人。要做到这一点，父母必须信任孩子。多疑的父母会培育出怯懦的孩子。

6. 爱需要乐意聆听

很多父母发觉聆听很困难，总是忙于工作，经常疲倦。与孩子聊天就很容易被视为不那么重要。然而，我们从聆听中所学习得到的，要比从说话中学习得到的更多——特别是聆听孩子。细心聆听孩子的伤痛、不满和喜乐，是传达我们对孩子真正的爱的途径。如果说话是表达爱意，就让我们专注于孩子，望着他们的双眼。大概你也曾见过，有小孩子用手将父母的脸转过来对着自己的脸。但是当跟孩子说话时，很多父母却是常常望着别的地方。很多时候是孩子想跟父母说话，不过做父母的却只是继续阅报，或责怪他们打扰了自己。

当孩子年幼时，父母肯聆听他们的说话因而建立一份亲密的关系，当孩子到少年时，他们也会愿意与父母分享心事。父母肯用时间明白年幼子女所讲的话，他们也能明白孩子在长大后所讲的话。如果父母在孩子年幼时肯听他们说话，孩子将来也会肯听父母说话。

7. 爱就是分享经历

与孩子一起工作和游戏，等于告诉孩子父母是爱和接纳他们的。

与孩子一起做饭、一起清洗碗碟、一起收拾房间等，一边做一边交谈。当孩子做得好时，特意地给她紧紧的拥抱或温馨的赞赏。晚饭后放弃自己的嗜好，与孩子一起玩耍。玩耍最能够将欢笑、爱和学习紧密地结合在一起。父母要向子女示范怎样去做一件事并在一起工作或玩耍。通过这些因分享欢乐而有的开心气氛，孩子会学到怎样实践爱。

分享与共聚可以产生合一、体谅及相通的感受。如果没有分享的感受，孤单和缺乏爱的感觉就会取而代之。

我们做父母的是否能回忆起："在你的童年里，有什么美好的时刻是你所记得的？"我们记得的美好时刻，是否也是整个家庭一起有分享的时刻。这种开心的经历，虽然在当时似乎是微不足道和无关重要的。但因为是整个家庭一起做的，那就变得特别了，共聚的喜乐会再次重现眼前。

所以，吃饭时间、睡前时间、空余时间、工作时间、玩耍时间，以及所有家庭一起分享的时间，应该尽可能地开开心心，因为这些都是家人预备去爱和被爱的机会。

8. 爱可以建立开放和舒适的关系

孩子想学乖的一个重要因素是父母的爱。如果孩子缺乏父母的爱，孩子学乖的动机就会相应减少。在家庭里保持彼此关系开放和畅通，显然是很重要的。爱需要任何时刻都存在，而且是无条件地存在。绝对不要对孩子说："如果……我就会爱你。"或"我爱你，但是……"。你只需说"我爱你"，及确实地以开心、拥抱、照顾、安慰、欢乐和笑声来支持你所说的话。这些都可以帮助孩子绝对肯定他们是被爱的。

对于一个人来说，爱并非只是童年的一种装饰；它乃是孩子找到自我形象的重要途径。爱就是在伤痛时仍然聆听。离家出走的儿童就是因为缺乏爱，感到不自然而出走的。父母应该无条件地、日日如新地爱自己的子女。孩子是为爱而活，而不是为居所、食物、衣服而活。

9. 爱是看重人过于看重事物

很多父母似乎还不清楚爱的安全感比物质的安全感更重要。孩子可以收到很多奇特的礼物，但心中仍然会充满恨。为什么呢？因为他们所需要的是父母，而不是礼物。

有一个家庭，父母外出旅行时将他们的孩子留在家里给人看管。他们回来时，买了一份很漂亮的很贵的玩具给孩子。那孩子竟然大声哭起来，将那玩具掷在地上，然后跳在它上面，将它踩烂了。父母看见，就很严厉地责罚他。

相信我们都不难明白上述的情形。父母经常将孩子留给朋友看管几天，每次回来时带给孩子的都只是礼物，而不是拥抱他们的孩子，给予体贴的问候。他们只是手拿玩具，孩子就感到被遗弃了。

每个孩子内心的深处最渴望的是爱，没有任何礼物可以将它取代。

有时父母会说："我一生辛劳挣扎，是要带给我的子女更舒适更容易的生活。"但这些父母却是亲自破坏了他们所渴望得到的成果。父母希望让孩子知道父母是疼爱他们的，然而他们却用尽时间辛劳工作，去换取那些他们以为可以使孩子得到快乐的物质需要，孩子会觉得物质比人更重要。毫无疑问，这些父母的动机原是好的，最后却很可悲。

那么，什么是爱？ 爱是彼此将时间给予对方；爱是围着桌子或绕着营火聊天；爱是一家人在郊外或公园散步或缓跑；爱是彼此服侍；爱是一起做一些事情；爱是一起玩大家都可以参与和分享的游戏；爱是共同嬉笑、彼此相属；爱是共同关心、彼此交流；爱是聆听；爱是用任何说话或行动使人感到我在爱和被爱。

请用真爱让你的孩子更爱你，让你的家庭更加和谐美好！

三、让孩子学会感恩

刚过3岁的琅琅就可以背诵“……谁言寸草心，报得三春晖”，虽然还不懂得《游子吟》的内涵，但知道这是一首“妈妈辛辛苦苦缝衣服”的唐诗。现在4岁的她已经开始学会关心别人，有小朋友哭了，她会上前去安慰；妈妈工作辛苦了，她会像模像样地给捶背。

还有一位老同学，女儿要比琅琅小1岁多。她从女儿出生开始，就在甘肃的贫困山区资助一个同样大的孩子，平日里总要把女儿看过的书、用过的衣物定期寄过去。我问她：“女儿这么小，并不能理解你这么做的意义啊？”她说：“我想让她从小就知道，还有很多和自己一样大的孩子需要别人帮助。想让她从小就学会爱别人、关心别人，学会感恩！”

感慨之余，我想爱和感恩都是人的天性，但是需要从小就激发孩子去体会感恩和给予他人以爱。

现在因为很多家庭都是独生子女，有老人、父母和亲戚朋友宠着，很多孩子从小就养成了“好吃的都给我吃、好东西都给我用”这样的坏习惯，凡事只想自己的得失，很少考虑周围人的感受，久而久之，就会变得乖戾、自私、不关心别人……哪个父母希望自己的孩子这样呢？

在爱的环境下成长的孩子，不仅要体会别人的爱，还要去爱人，爱自己、爱父母、爱亲人，长大后才能爱社会、爱祖国。只有传递爱，才能把爱发扬光大。只有心中有爱，才能学会感恩，学会帮助别人、关心别人。

不要以为孩子还小，什么感受都不会有，你的一颦一笑、一个拥抱、一个亲吻，都是爱的信号可以传递到他的大脑里，他会把微笑和亲昵反馈给你。所以，教孩子学会爱与感恩，要从小开始。

首先家长要爱自己。有的孩子才几个月大，就有点自虐的倾向，比如不高兴了就会打自己的脸、身体。面对这样的孩子，做家长的首先要自省一下：是不是不经意地在孩子面前有这样的行为？如果没有，就要从小制止孩子这类行为，告诉孩子要珍爱自己的身体和心灵。爱自己才会让心中充满爱，才会爱别人。

其次，父母之间要以身作则，要互相关爱，才会传递爱与感恩。生活在同一屋檐下，大人之间难免有口角，即便如此，也不要在孩子面前表现出来，那样会伤害那颗幼小的心灵。在充满纷争、吵闹和暴力的环境下长大的孩子会很孤僻、冷酷和悲观的。

教育孩子感恩，得让我们自己做到会感恩。记得有个很感人的公益广告，母亲为老人打来一盆洗脚水，说："妈，您累了！"而门口那双天真的眼睛看见了，也学着母亲的样子，为母亲做了同样的事情。有位妈妈说："我孩子才4岁。有一次我跟她爸爸说：'今天干活太累了，有点脖子痛。'孩子在旁边无意中听到了说：'妈妈，你趴着我帮你捶捶背吧。'我们都吃了一惊，我问她怎么知道捶背的，她说：'外婆说腰痛时你不是给她捶捶背就好了吗？妈妈是不是现在不痛了？'我连忙点头说：'是啊，妈妈觉得好多了。'从那以后她经常会帮我捶捶背、揉揉肩，我也常常表扬她是个懂事的宝宝。记得刚上幼儿园时，班上有许多小朋友哭闹，小点的孩子老师会抱着哄哄她们，我孩子看见了就跑到老师面前说：'老师，你抱累了，坐下来我帮您捶捶背吧。'然后就很自然地给老师捶捶背。今天老师把这件事说给我听，我心里很是欣慰，孩子已经知道自觉去关心身边的人了。”

父母的一言一行，孩子就这样悄悄地看在了清澈的眼睛里，记在了纯洁的内心里。父母种下怎样的种子，便开出怎样的花朵，结出怎样的果实！父母作为孩子的第一任老师，要让孩子长大后懂得感恩，就要教育她从小懂得与人分享、关心别人！

第三，要学会与他人分享。现在很多孩子吃独食，自己喜欢吃的东西别人不能碰，自己喜欢的玩具，别的小朋友不能拿。其实不是孩子天生自私，而是家长在日常生活中总是把好吃的、好玩的留给宝宝，让他自己独享。久而久之，宝宝就会觉得自己拥有这一切是理所应当的，就“应该是自己的”，就不会顾及别人的感受，更不会为他人着想。甚至，长大一些这种习惯会带到幼儿园，和其他小朋友发生争执。

所以，家长在平时就要灌输“分享”的观念：好吃的东西每个人都爱吃，大人谦让是因为孩子小，需要更多的营养；好吃的需要跟别人一起分享，这样才会大家都高兴；玩具也要和小朋友分享，小朋友们都把自己的玩具拿给大家玩，那就可以玩到更多的玩具……这样，宝宝就会在分享中体会快乐。

第四，凡事不要大包大揽。只要是力所能及的事，就要孩子自己去做，例如自己拿玩具、收拾玩具、拿水瓶、脱鞋子……有的家长包揽孩子的一切，觉得孩子小、什么都做不了。这样不仅不会训练孩子独立自信，甚至会让他过分依赖家长，习惯家长为自己做的一切，当然，也就不会珍惜这一切。

第五，不要满足孩子的所有愿望。孩子小、没有辨别是非的能力，为满足心愿会提出各种要求。有的家长不让孩子“受一点委屈”，有求必应，尽一切可能满足孩子，从小时候的一块糖果、一个玩具到长大以后的各种奢侈品。坏习惯和好习惯一样，都是逐渐养成的，轻易得到的东西更不会珍惜。

对于孩子的愿望，要有选择地满足，合情合理的就予以支持，不合理的坚决拒绝。甚至可以鼓励孩子通过自己的努力去获得，这样他才会懂得珍惜。

第六，学会关心别人，从身边做起。有爱的孩子是快乐的，带着孩子去郊外、动物园看看小动物，关注小动物的成长；在和小朋友玩耍的过程中，让孩子关心比他小的孩子，谦让小朋友；在家的时候，让孩子知道爸爸妈妈工作很辛苦，体会生活的不易。这样，他才能知道幸福的生活来之不易，才会逐渐知道感恩。

第七，常说“谢谢”。

“谢谢”是许多小孩子开始学会感恩的话。是的，从会说“谢谢”到能理解什么是真正的“谢谢”，就是在慢慢地学习中成长。我想一个孩子从小就开始对身边的人说“谢谢”，那长大后一定是个知恩图报的人。我身边一位朋友的小孩非常懂事，别人要是拿点什么给她，那她就立马点个头以示感谢。我想孩子点头不光为博得别人的好感让人喜欢，更重要的是她在这么小的时候就开始有对别人的感激之情的意识。

真正会说“谢谢”是学会讲话的开始。有一位小朋友非常的奇特，当她在花圃里每看到一朵美丽的花时都会说：“谢谢花花。”问她为什么要谢谢花花呢？她用那幼稚的声音回答：“花花很美很美。”孩子对身边的一草一木都像对人一样知道感谢，这也是一种感恩意识的开始。

从语言到行为是有过程的，宇浩小朋友真正知道用行为来表现的时候是上幼儿园以后。在父母、老师的感召下，她常会说：“妈妈，你那么累，我来帮你吧！”，然后会像小大人一样拿起扫把帮妈妈扫地，还会像模像样地擦桌子，帮忙整理东西。也许她干不好，但没关系，最起码她知道我帮你做点事你就不会那么累了，知道用行动来感谢了。我想一个小孩子能从小就对身边的人充满感激之情，那是件很好的事。

四、切勿“以爱之名”

通常来说，父母都是爱孩子的，而且那种爱是很无私的爱。父母爱孩子的方式也是不同的，有的父母喜欢溺爱孩子来表示他们对孩子的至高无上的爱，有的父母则用平等来表示自己对孩子的爱，有的父母喜欢提供最好的物质生活来表示对孩子的爱，有的父母则喜欢把微笑留给孩子作为他们的爱，有的父母则用棍棒来表示他们对孩子的爱。每一个父母都爱孩子，只不过他们的想法不同，因此采用的爱的方式也不同。

这里，我们就说说打孩子的爱的方式吧。虽然棍棒教育能够成就一些名人，但是我们仍然不提倡这种爱的教育方式。父母打了孩子，孩子不懂事，会抱怨父母。即便长大了，他们理解了父母的苦衷，但是并不是每一个孩子都能够理解父母的苦衷。我们选择最好的结果，孩子能够理解父母的苦衷，但是孩子又以父母的教育方式为模式，去管教自己的孩子，这对下一代公平吗？

而且，打孩子打在皮肉上，伤害的是孩子的心理。他们把孩子的自尊心打没了，把孩子的自信打丢了。打孩子，不见得能让孩子记住教训，反而会增长他们的叛逆心理。尤其是当今社会，在整个大环境下，孩子懂得越来越多，叛逆时间提前了。如果还用老一套方式去教育孩子，与孩子相处，那怎能被孩子接受？如果因为打，而使孩子与父母的关系恶化，那造成的后果就很严重了。孩子不把父母当作最信任的人了，有了问题靠自己。可是，他们真的能够解决吗？在这个时候，他们或许会相信一些坏人，可能这些坏人会使孩子走向歧路。这不是危言耸听，这绝对是有可能发生的。

有句俗话说“棍棒出孝子”，这话不假。但是，这棍棒下出孝子的年代不是现在。现在不用棍棒，就可以出孝子，就可以出有成就的人了。作为父母的人，又何必用打来使孩子成孝子？打在孩子身上，疼在父母心上。哪个父母打了孩子，不会心痛？打不是唯一的惩罚孩子的方式，打更不是最有效的惩罚孩子的方式。那我们为什么还要以爱的名义用这种方式去教育孩子呢？

现在的孩子懂得越来越多，父母光靠棍棒是无法使孩子信服的，更不可能用打建立起父母的权威。在孩子眼中，父母只懂得用棍棒教育孩子，而不懂得说服孩子，那表示父母的能力不够。当然了，父母打孩子，有的时候是冲动，是那股火气使得家长用了武力。但是，我们既然做了父母，是不是应该学习一下情绪控制？只有我们先学会控制自己的情绪，才能让我们的孩子也学会情绪控制的。还是那句话，不要用“打”来表示父母对孩子的爱吧！

爱孩子是有讲究的，爱的目的在于感化、启发孩子。爱孩子是没有条件的，但以何种方法施爱是有条件的。父母切勿以爱的名义对孩子使用错误的方法来教育孩子。父母只有用正确的方式，才能让孩子体会到父母的爱。

那么父母对孩子的爱应该怎么把握呢？

有一位家长，她的孩子 3 岁，平时最不爱洗头，有时她做错了什么事，要说给她洗头，她会吓得就跑，会马上说我不再做那件事了。一天早晨，她正跟一个男孩（4岁）在那儿洗头，脸盆里有一点水，可能是洗过手的水不太干净。她说："洗头了，洗头了。"就用手把水不断往头上抹。男孩子也欢快地帮助她往头上浇水，笑声充满了整个房子。其实，这原本是一个很好的机会，让孩子学会洗头，然后把洗头的恐怖感去掉。可是她母亲一看这种情景，冲过来就大声呵斥，这个孩子还没有从洗头的喜悦中走出来，就被这种呵斥搞了个莫名其妙，于是就特别恐怖地站在那儿不知道怎么办。她妈妈转头对那个男孩说："你怎么这么坏。"小男孩掉头就跑，小女孩一看就哇哇大哭。虽然她妈妈给她讲了很多道理，但孩子都听不进去，因为孩子的兴致被这位家长的坏情绪给彻底打消了。我们很难断定一个生气的人是否在表达爱，情绪往往是衡量爱的关键。很多父母在孩子一旦开始独立的时候，他的那种情绪就开始压迫孩子，比如说他希望孩子考大学、考研究生等。这个想法是对的，但这个想法的成立，必须建立在幼儿园、小学、中学的教育上，而最重要的是幼儿期。就从让他洗头、洗碗、到处触摸、扭动开始，这是认识世界的良好开端，以后就可以逐渐培养孩子良好的学习习惯。但是你反复逼迫他，却不为孩子花费更多的时间和精力，其结果是使他最终考不上大学。心理学上有一个例子：有一位母亲，她弟弟经常酗酒，这位母亲非常害怕她的孩子以后会跟她的弟弟一样。所以她总对孩子讲："你不能跟你舅舅一样，你不能跟你舅舅学喝酒。"她时时处处提醒孩子，使孩子感到非常压抑。有一天她的孩子终于喝酒了，他想我一喝酒我妈妈大概就安心了。实际上在生活中，父母对孩子生活上的过分照料（实际是成人对自己心理上的照顾）不但对孩子无益，而且对孩子的成长是有害的。

儿童需要的是精神上的照顾和理解，也就是关心他的成长，关心他精神的独立,并逐步走向人格独立的成长过程。这是爱孩子的关键所在。美国在一个叫哈罗的人和他的同事做过一个经典性的实验：将婴猴养在一个有两种无生命的“母亲”的笼子里。一个“母亲”是用金属丝做的，婴猴可以从“母亲”胸部隆起的橡皮奶头吃到奶。另一个“母亲”遮着一层柔软的有圈圈绒的布，但没有食物可能供婴猴吃。这个婴猴抱着布做成的猴妈妈，而把嘴伸过去吃金属丝做成的猴妈妈身上的奶。当实验室里放入一个婴猴不熟悉的会移动的东西时，这只婴猴会毫不犹豫地抱着布做成的猴妈妈。猴子与人有相通之处，同样儿童对吃也不是很在乎，在乎的是在精神上能否得到安全感，精神上的愉快占第一位，而不是吃的需求。这个小猴子在以后的成长过程中，把它放入猴群中，不跟其他猴子合作，总是孤独地待着，后来这只猴子没有长大就死了。以后的实验中，类似这种猴子，即使长大了，有了自己的孩子，他也会虐待自己的孩子。观察我们周围，人类的许多行为不比猴子强多少。孤儿院的婴儿死亡率很高,很大的缘故是孩子得到的爱少。有些发达国家的孤儿院，物质需求能得到非常好的满足，但孩子却在两岁时才能坐立，四岁时才能行走，这完全是因为儿童没有一个家庭式的爱的环境。

一个优秀的父母，他具备爱的能力表现在他对儿童的了解上，以及他们所掌握的养育孩子的知识和技能上。一家报社的编辑，负责家庭生活栏目，他说很多夫妻产生感情上的纠纷或者出现家庭危机后，他们处理的方法很简单，问父母、问自己的朋友，找他们出主意，但他们却很少去看参考书。一个孩子出生之前，聪明的父母，会找许多参考资料来了解孩子的发展，以便具备更科学更新式的养育孩子的知识和技能。我们根本不知道我们的孩子将来要面临怎样一个社会，那么如何教育他们适应和战胜生活中的一切困难，而不至于使他长大后面临一个充满尴尬和无措的境地。如果我们无法改变我们自己过去成长的经历，我们可以通过学习得到和学会爱孩子的方法。许多专家把自己的一生都献给了研究儿童并如何使儿童成长得更完美的事业上，他们写书，告诉我们儿童成长的特点和规律，什么是心智成长更健康的儿童，这样每一个父母都能得到帮助。你将和你的孩子一起成长，这真是一件妙不可言的事情，所以把时间和精力花一些在孩子身上是件事半功倍的乐事。有个幼儿园非常有趣，他们让狗跟孩子一起玩，孩子对待这条狗表现出了三种状态：第一种是特别喜欢这条狗，一来就把狗抱住或者跟它逗着玩；第二种是远远地见了狗就哭；第三种是虐待狗。前两种情况是正常的。为什么有的孩子虐待狗呢？孩子本身不知道他是在虐待狗。我请教师做统计，让每个班的教师看看虐待狗的孩子是哪些。经过调查以后发现，虐待狗的孩子没有一个是处在正常状态中的孩子——他们平时胆小，容易看老师的脸色，做事情没有自信。但他们打狗时却很胆大，而且用很多方法。他们都是心理上有问题的孩子。更深一点说是“爱”的方面有问题的孩子。当我们看到有些孩子那样地爱狗，同狗抱在一起，滚在一起，同狗亲密地交谈，那是一种自然与人交融在一起的感人的情景，可是当你看到那些虐待狗的情景时，你内心会充满悲伤和遗憾。

爱孩子有多么重要。当一个成人爱另一个成人时，那个成人会明白他得到了爱。但当父母爱孩子时，孩子就学会了爱一切。爱是儿童成长的最好食粮，有爱的能力是最美好的品质。心理学家说：“大脑是爱的器官。”我们知道无论老师如何爱孩子都无法完全代替父母，因为

"爱"这个问题是不能通过任何其他经验来代替的，只能通过父母来做好这一点。我们幼儿园对孩子的爱心，老师们都做得非常好。我们尽量选择一些本身就具备爱的品质的教师，我们在语言上，从姿态、神态、语气、用词上都特别讲究。比如孩子吃完饭离开餐厅，幼儿园老师不能说："请小朋友出去。"而是说："请离开。"我们使语言秩序化。这样就和孩子处在一个很平等的地位上。但是无论怎么做，你永远不能代替那个真实，那个自然而然产生的爱的激情。只有父母能给儿童安全感。很多孩子想让老师抱就说："老师我肚子疼。"老师笑着说："你是不是想让老师抱了？"有些孩子搞破坏，他把枕头往地下扔，把书也往地下扔。老师不知道怎么办，有的老师就说："你去亲他一下。"老师抱住他狠狠亲了一下，他就哈哈大笑，躺在床上。然后他再扔掉，他还要让你亲他。幼儿院里有几个孩子，每天的注意力全放在寻找爱和破坏发泄上。这样的孩子，在家几乎得不到关注。这种孩子明显没有得到爱的满足。我们知道儿童一旦得到爱的满足，在轻松的自由的状态中，儿童的本性都会表现出来。爱这片肥沃的土地就能供给他成长的各方面的条件。他的心理素质、人格素质、道德素质和智力素质就会向前发展。对孩子来说如果爱得不到满足，这个孩子整个状态就表现为不自信，他不跟其他小朋友合作，他经常是想方设法得到别人的爱，或者想方设法来点破坏，或者揣摩父母的心思想得到点爱。一个三岁的小女孩，她的手在玩时弄破了，并出了一点血，一位邻居对她说："你去找妈妈包扎一下，不然会感染的。"她笑笑说："不要紧。"那是一个冬天的黄昏，她在外面玩土，邻居劝她一定先回去包扎一下，再出来玩。她犹豫了一下说："好吧！"便高高兴兴地回家，但当她一进门便放声大哭，夸张她的伤口，她妈妈安慰了她。当她流着泪一出门见邻居还站在门口时，她马上笑着举起手指头说："我是英雄！"

五、妈妈的爱是滋润剂

从怀孕的那一刻起，孩子就和妈妈联系在了一起。她们吸收母体的养分，和妈妈有了一种天生的心理联系，这一点是爸爸无法做到的。

要想让孩子获得好的气质，妈妈首先就要多付出一些，因为，孩子的良好气质离不开妈妈的培养。研究表明，女儿的好气质，99%是来自于妈妈的。只要妈妈能够尽心、用心，这些好气质都会出现在女儿的身上。

从某种意义上来说，孩子的好气质基本上都是来自于妈妈的培养，来自妈妈尽心尽力的爱。可是，要想让孩子具有良好的气质修养，并不是一朝一夕就可以完成的，不是仅仅依靠动动嘴皮子就可以让孩子具有的！大量的事实告诉我们：要想培养一个气质好的孩子，要花费妈妈很长的时间，需要妈妈源源不断的爱。

母体中，妈妈就用爱开始了气质的培养。为了培养孩子良好的气质，有些妈妈在宝宝还在肚子中的时候，就开始了对宝宝的教育。比如，为了让宝宝具有一定的音乐天赋，她们会给胎宝宝播放一些优美舒缓的音乐；为了让宝宝具有一定的美术气质，她们会挺着大肚子一次次地来往于书展、画展之间；为了让宝宝具有一定的语言素质，她们每天都会和宝宝闲聊一会儿；有些妈妈为了让宝宝具有宽阔的胸怀，甚至还由丈夫陪着去登黄山。玲玲的妈妈曾经就这样做过：在玲玲还在妈妈肚里的时候，爸爸妈妈就开始了胎教。爸爸妈妈都是小学老师，深知自己对孩子的重要影响。为了让孩子具有宽广的胸怀，他们便一起去登了泰山。当妈妈提出这个建议的时候，爸爸有点不太乐意。虽然，他也知道这样做对宝宝的好处，可是，考虑到大人的身体，怕妻子受不了。

最后，意见终于统一了：去登泰山，但不要登得太高。那一天，爸爸和妈妈一起登上了半山腰。沐浴着温暖的阳光，妈妈捧着肚子对宝宝说："宝宝，大自然是无限宽阔的。我的宝宝也一定能够具有宽阔的胸怀！"

为了让孩子获得良好的气质，妈妈们使用了各种各样的办法，付出大量的心血。比如，为了让孩子获得音乐的技能，不惜花血本为孩子报音乐辅导班；为了让孩子获得坚毅的品质，努力为孩子创造艰苦的条件……可以说，为了孩子的成长，妈妈们可以付出自己的一切。

可是，事实证明，孩子的好气质，99% 是来自于妈妈的。只要妈妈爱孩子，能够尽心、用心为孩子，这些好气质都会出现在孩子的身上。

那么，妈妈的爱能够给孩子带来哪些好的气质呢？

1. 可以培养孩子的乐观心态

为了培养孩子有一个好的心态，不仅要让孩子学会理解别人、支持别人、谅解别人、宽容别人、包容别人，还要让孩子学着笑对人生、笑对生活，使自己生活在幸福和快乐中。

2. 可以培养女孩温柔、男孩坚强的性格

在培养女孩的时候，妈妈要按照女孩生长的自然规律去培养，而不能够按照男孩的生长规律去培养。在妈妈的培养下，孩子不仅会变得宽厚、善良、贤淑，还会变得温柔、平静、稳重、淡定，彰显出温柔的个性特征。

3. 可以培养孩子的文化内涵

妈妈们一般都比较重视孩子的学习，为了增强孩子的文化修养和内涵，她们会让孩子多读书，多看唐诗宋词，多读优美散文。她们不但

要让孩子有高深的文化知识，能够上好的学校，还会让孩子具有高雅的生活情趣和深厚的文化积淀，使孩子成为一个有文化内涵和文化品位的人。

4. 可以培养孩子的文明礼仪

每一位妈妈都知道，孩子的外在形象很重要，需要掌握一定的文明礼仪。在妈妈的引导下，孩子不仅会懂礼仪、懂规矩，还会“坐有坐相，站有站相”；不仅会把“您好、请、对不起、谢谢、再见”每天都挂在嘴边，还会通过不间断的练习和使用，成为一个受人尊重的人。

5. 可以培养孩子的独立意识

为了让孩子具有这一良好气质，妈妈会让孩子学会独立，学会不依赖别人。她们会培养孩子的独立意识,不仅让孩子拥有自己的一技之长，有独立生活和创造幸福生活的能力，还会让他拥有自己的事业和追求，有自己的固定收入，从而在经济上获得独立，赢得别人的尊重。

6. 可以培养孩子的坚强和坚韧

在妈妈的指导下，孩子会具有坚强的性格。这样的孩子不仅敢于面对困难、不怕困难，还能勇于接受新生事物，善于改变自己；不仅有理想、有抱负，朝着自己的理想和目标去努力、去拼搏，还会让他们去主动适应社会、适应生活，学会坚持、坚韧和坚强，用平静的心态面对人生的挑战。

7. 可以培养孩子高贵的气质

在妈妈的培养下，孩子不仅会具有高尚的道德水平、优秀的品德，还会具有较高的社会地位，受到他人的尊重。与人相处的时候不仅落落大方，做事的时候也会不卑不亢。她们会是高贵的人，拥有自己的理想和追求。她们不仅处世内敛、谈吐文雅，举止端庄，而且胸怀宽广，富有爱心。

8. 可以培养孩子的艺术素养

当今社会，妈妈们非常重视对孩子的艺术修养和艺术素质的培养。她们会培养孩子学习弹琴、画画、唱歌、跳舞、书法、下棋等艺术特长，即使孩子将来不能够成名成家，但也会具有一定的艺术素养。她们还会指导孩子学会欣赏美、发现美、创造美，使她成为美的化身。

9. 可以培养出孩子善良的品格

为了把孩子培养成一个善良、有爱心的人，妈妈们不仅会让孩子热爱大自然、保护大自然，还会让她们爱护小动物、保护小动物；不仅要她们爱护儿童、呵护儿童，还会让她们关爱社会，对社会奉献自己的爱心……在妈妈的教导下，孩子会成为一个心中有爱，又能够付出爱、播撒爱的善良的人。

10. 可以培养出孩子率真的性格

在孩子的成长过程中，妈妈会把快乐的元素、清新的元素、率真的元素注入孩子的意识当中，孩子就会形成良好的习惯。在妈妈的教育下，孩子会学会微笑。要把微笑当成孩子必修的课程，当成一种交际语言，对身边的每一个人展示自己甜美、可爱的笑容。在妈妈的指导下，孩子会变得自然大方、性格率真，会以自然、清新、亲切的形象出现在大家面前。

任何一个妈妈都希望自己的孩子能够成才，都会尽自己的努力来教育孩子。可是，为什么有的孩子品格高尚，而有的孩子却是性格恶劣呢？这主要因为妈妈教育方法的不同。

在培养孩子良好气质的过程中，妈妈爱孩子，就既要和孩子相处得亲密无间，又要与孩子的错误行为作斗争。切忌不要一味地因为爱而放纵你的孩子。那么妈妈如何用爱来培养孩子呢？

第一，直接给孩子指出来。孩子在幼儿园生活和学习的过程中，难免会遇到一些事情，比如：不想吃饭、考试不及格、朋友之间相处不好等。当孩子遇到这些事情的时候，作为妈妈就可以给她们直接指出来。比如：可以告诉她们，不吃饭对身体不好，如果继续努力成绩一定会提高的；也可以直接将朋友之间的解决办法指出来。看看下面的妈妈是如何做到这一点的：

一天，放学回到家里之后，孩子便哭了。孩子一副委屈的样子，妈妈看到了便问她发生了什么事情。

孩子述说了一切。原来，同学们看到孩子的水杯很漂亮，都想摸摸。这样，便将孩子的水杯摸得脏兮兮的。孩子挺生气的，可是又不敢发火，于是一整天都没有喝水。妈妈听了之后，便对孩子说："首先，同学都想摸你的水杯，说明你的水杯好，你怎么能够生气呢？其次，经过那么多人的手，水杯肯定会被弄脏，你可以自己去洗洗啊！根本就没必要生气。再次，如果你不喜欢同学摸你的水杯，就要直接跟他们说出来'我不愿意'，难道连这点勇气都没有吗？"

孩子知道，每次只要一出现问题，妈妈都会给自己分析的，都会告诉自己该怎么做。而且，他也知道，妈妈的分析都是正确的。于是，便对妈妈说："明天，我就按照你的意见来做！"

当水杯被同学弄脏，女儿不开心的时候，妈妈给她直接作了分析，帮助孩子找到了解决问题的办法。这位妈妈是明智的。这样做，不仅可以让孩子学会宽容，还会让孩子获得良好的友谊；不仅会让孩子敢于拒绝别人，还会让孩子变得更有主见。

第二，巧用便条等文字工具。

有些妈妈当发觉孩子出现了某些问题的时候，会通过书信等方式巧妙地给孩子指出来。事实证明，这也是一种不错的方法。

孩子有点挑食，妈妈给她说了很多次，孩子就是不改。一天晚上吃饭的时候，孩子又只吃了一些自己喜欢的西红柿炒鸡蛋，其他的菜一点儿都没吃。

妈妈似乎有点生气了，说："让你多吃菜，怎么就吃这么一点儿！说了你多少次了？"孩子听了，顶嘴说："不想吃，就是不想吃！为什么老是逼我！"说完，将碗一放，便回自己的卧室去了。妈妈知道，这样直接和孩子交战，是一点儿作用都没有的。于是，便给孩子留了一张纸条：

孩子，妈妈提醒你吃饭，是为了你好。现在，你正是长身体的时候，营养跟不上，会影响到自己的生活和学习。今天，妈妈的语气是重了点，可是，都是为了你好。希望你能理解妈妈的用心！

爱你的妈妈

第二天，孩子在书房里拿书包的时候，发现了这张纸条。孩子知道自己错了，便接受了妈妈的建议。从那以后，孩子就不再挑食了。

在和孩子进行沟通的时候，有些心里话是不好意思直接讲出来的。

这时候，就可以通过便条等文字工具，将自己对孩子的爱告诉她。文字性的东西，往往具有口头表达所不具有的优势，可以给孩子留下深刻的印象。

第三，身教是一个无形的老师。

妈妈的行为就是一位无声的老师，对女儿的成长起着潜移默化的作用。要想取得理想的教育功效，妈妈们就一定要以身作则，不管在任何时间、任何地点，都要严格要求自己，做孩子的好榜样。

周妈妈知道，在自己的身上可以看到孩子未来的影子。因此，在女儿面前她非常注意自己的言行。为了让孩子养成井然有序的习惯，每次吃完饭，她都会将厨房收拾得井井有条；为了让孩子养成良好的看书习惯，每次看完书，她都会将书放回到原处。为了让孩子变得有主见，每次遇到跟自己有关的事情，她都会自己拿主意，即使错了，也会积极主动地寻找原因。为了让孩子远离电视的影响，每天吃完晚饭之后，她不是拿起毛衣织一会儿，就是出去散散步，要不就是看看书。就这样，等到考上大学的那一天，孩子感激地对妈妈说："谢谢，妈妈！"

第三章　性格教育：好性格从娃娃做起

一、让孩子大胆说出自己想法

法国教育家洛克说，在让孩子大声说出自己想法的过程中，他们的个性得以张扬，心灵得到了放飞，思想得到了解放，自主意识得到了加强。只要给孩子大声说话的机会，就会还他们以自尊与自信。

让孩子能够大声说出自己的想法是非常重要的，除了以上的好处外，更重要的是让孩子学会了勇气，更加独立自主，坚持不懈。

一般而言，孩子敢把自己的感受、想法说出来，表示他与父母的关系是开放的，能自由交谈而无所顾忌。如果父母为了维护自己的权威，板起面孔强迫孩子按自己的指令做事，会损伤孩子的自尊心，引起孩子的不满，使他们关闭自己的心灵，不愿再与父母沟通。有些孩子本来是把妈妈作为朋友，乐于向妈妈倾诉内心的感受，却遭到冷淡与拒绝，使他觉得自己不受重视，不受尊重。

孩子敢于大胆表述自己的看法，是一种自信的表现，是一种能力的体现。父母鼓励孩子主动说出内心的想法，可培养孩子的创造性。鼓励孩子主动说出内心的想法，还可发展孩子独立自主的意识，有益于孩子的健康成长。无论孩子的意见如何幼稚，父母都应认真倾听，加以鼓励。父母还可故意提出不同意见与孩子进行讨论。当孩子反驳父母的意见时，父母应予以鼓励。如果孩子的想法不对，父母可以认真地倾听之后加以纠正。父母有了这种态度，才能培养出具有创造性头脑的孩子。

父母与子女的良好沟通，其重要性是毋庸置疑的共识。而鼓励孩子主动说出内心的想法,是走向成功沟通的第一步。不认真倾听孩子讲话，不让孩子把话说完，是对孩子的不尊重。否则，久而久之，会伤了孩子的心，使孩子产生对抗情绪，造成沟通困难。

随着与自我意识相联系的情绪情感和道德感的初步萌芽，孩子会因为受到别人嘲笑而感到不愉快，也会因为自己的行为符合了大人的要求而产生快乐的满足感。而父母对待孩子的不正确的态度和语言，会使孩子产生心理阴影：小时候不敢说出自己的心里话，长大后不敢面对他人、面对挫折，心灵易产生自卑等消极情绪，而且很难恢复。这种不良经验会跟随孩子一生，影响其今后对他人和对自己的看法，不利于孩子健康人格的形成。

著名心理学家皮亚杰认为，成人与孩子最本质的区别，就是孩子的思维与成人的思维存在质的不同。孩子有自己的思维习惯、方式、逻辑，当成人以自己的思维方法作出结论，而以自己的标准来训斥孩子，这是不尊重孩子，扼杀孩子天性的愚蠢做法。

孩子向父母敞开心扉，说出胆怯，说出疑惑，说出建议，说出奇思妙想，才能最终说出光明的未来，说出健康的人格，说出灿烂的明天。那么怎么鼓励孩子主动说出内心的想法呢?

方法一：多听少说，给孩子以话语权。

一天，美国著名主持人林克莱特访问一名小朋友，问他："你长大了想当什么呀？"小朋友天真地回答："我要当飞机驾驶员！"林克莱特接着问："如果有一天，你的飞机飞到太平洋上空，所有引擎都熄火了，你会怎么办？"小朋友想了想说："我先告诉飞机上的人绑好安全带，然后我挂上我的降落伞，先跳下去。"

当现场的观众笑得东倒西歪时，林克莱特继续注视着这孩子，没想到，接着孩子的两行热泪夺眶而出，使林克莱特发觉这孩子的悲悯之情远非笔墨所能形容。于是林克莱特问他："为什么要这么做？"小孩子的回答透露出一个孩子的真挚想法："我要去拿燃料，我还要回来！我还要回来！"

亲切、平和、耐心地倾听孩子的内心想法，不要急于判断，那么父母肯定也能听到孩子最善良、最纯真、最清澈的心语。父母与孩子沟通不良的一个很重要的原因，是由于父母过于主观，没有静下心来去倾听孩子的真实想法。父母应以宽容、鼓励的心态来倾听，让孩子感觉到父母对自己的平等与尊重。不要经常指责、埋怨孩子，随意地打断孩子的话语，从而使孩子关闭心灵之窗，不愿与父母交流。

方法二：站在孩子的角度去理解孩子的内心。

一天早上刚起床，小刚就跑到妈妈面前说，自己做了个梦。妈妈当时正在准备早饭，没有时间搭理他，就制止了小刚的说话，让他去洗脸刷牙。

饭桌上，小刚又和妈妈谈起了自己的梦，说梦见自己长了两只翅膀，妈妈非但没有夸奖孩子的想象力，还说他太无知了，人怎么会有翅膀。

妈妈的表现让小刚很失望，从那之后，小刚变得沉默了。

父母应站在孩子的角度，理解孩子的思维方式，引导他们正确地区分和表达。孩子的心是纯真的，孩子的眼睛是纯洁无瑕的，他们以自己的方式体验和成长。父母应该理解孩子，而不要给他们当头棒喝，不要急着去责备。学着用孩子的思维方式去思考问题，才能走进孩子的心灵。

方法三：允许孩子提出不同的意见。

宁宁的爸爸是个很开明的父亲。他对孩子具有宽容的心态，洒脱的教育，很少对孩子说“不准”、“不要”。他尊重孩子的个性，欣赏孩子的“淘气”，鼓励孩子说出不同的意见。

一次，他给宁宁出了一道有带启发性的思考题，“一棵树上站着三只小鸟，一个顽皮的孩子用弹弓打掉了一只，试问树上还有几只小鸟？”宁宁说：“三减一等于二，树上应该还有两只。”妈妈在旁边笑起来，说：“宁宁，你再好好想想。”但宁宁却执着地说：“就是两只嘛。”于是爸爸启发他说：“宁宁有主见，敢于坚持自己的主张，是好样的。但是，你想一想：打掉的虽然只有一只，但弹弓一响，其他两只也就吓跑了，所以，一只也没有剩下。”这样才结束了争论。

父母应该鼓励孩子大胆提出与自己看法不同的意见，给他们创造一个宽松的成长环境。培养孩子的求异思维、发散思维和逆向思维，鼓励孩子与众不同、标新立异和突发奇想。这样才能使孩子没有压抑，敢于张扬自我；平心静气，坦然接受失败和错误，并将其转化成成功的基石。这一切将为孩子打造一个健康的心灵，使他们成为一个“抬起头来走路”的自尊、自信的人。

二、让孩子学会做选择题

每一个孩子刚出世时总是很无助的。照顾他们本来就是父母的天职，尤其是出生后 9 ~ 12 个月，小宝宝们很在乎是否有一个人不停地照顾他们，借此获得安全感。有的心理学家甚至认为，可能正是因为这种无助，使得他们讨人喜欢，容易引起他人的兴趣：父母可以尽心尽力照顾他们，他们绝对领情。

但是，婴儿阶段也是一个发展极快的阶段，他们很快就会不再需要这种无微不至的照顾了；随着自我控制技能的逐步发展，他们迅速地进入了自我表现阶段。

当孩子到了凡事都想拒绝你的帮助、亲身尝试一下的年龄，当孩子虽然笨手笨脚但依然热情万丈地要“自己来”的时候，我们脱口而出的那些“不要乱动，不要乱跑”、“让妈妈帮你”、“你不懂，听我的”的呵斥，对于孩子究竟意味着保护还是伤害？我们一起看一个可能正在你身边发生的故事：

玩具店里，妈妈带着仔仔买玩具。

“仔仔乖，告诉妈妈，你喜欢什么样的玩具？”

“恐龙。”仔仔高兴地说。

“恐龙有什么好玩！没意思。要买就买能动手又能动脑的。”妈妈拽着仔仔走到智力积木专柜前面，“看看这个怎样？妈妈觉得你一定喜欢！”接下来的事情就很简单了：妈妈选了其中一种，妈妈打开看了看，付了钱，然后把积木交给仔仔。

“看，这个积木又好玩又能开发智力，仔仔最喜欢了！对吧？”妈妈边说边走，后面跟着仔仔和他最“喜欢”的积木。

仔仔最“喜欢”的积木，却是妈妈选的。因为妈妈认为她最明白儿子需要些什么。她是否真的明白仔仔的心思我们不是很关心，我们关心的是仔仔，我们想知道仔仔自己是否还清楚：我到底喜欢什么？

现在的他还知道自己喜欢恐龙，但以后呢？有一天他会认为自己真的喜欢积木。

那才是最大的悲哀：他会从一个没得选择的小孩子，变成一个不会选择的成年人；从一个本来聪明伶俐的仔仔变成一个没有主见、人云亦云的扯线公仔。

这是一些值得注意的现象。一方面，一些家长、教师由于怕孩子自己选择错了，总是不敢真把选择的权利交给孩子；而孩子的自主性往往表现在他的选择上，如果从来不给他选择的权利，也就永远学不会选择，就永远没有自主性。

另一方面，有一些家长和老师，在交给孩子选择权的时候，又盲目地放手。有的家长、教师误以为尊重孩子，让孩子选择，就是他想怎么选择就怎么选择，表现为完全放手。而一个成功的选择，前提是正确的动机和对事实的全面了解和分析。由于有的家长、教师让孩子“选择”的目的不明确，为选择而选择，既不考虑孩子的认识和能力，也不考虑选择对象的范围，更没有想到成人自己的重要任务是引导，也就出现了四个方面的误区，自然也就不可能取得正面的教育效果。

（1）缺少对孩子“选择”动机的分析。实际上孩子的选择，既反映他的动机，又反映他的认识和能力。如有的孩子为了偷懒，选择容易的作业或轻松的家务劳动；又有的孩子为了盲目的攀比，选择过于艰深的作业或昂贵的礼品。对孩子“选择”动机的分析，对于了解孩子，研究他的自主选择的特点，进行价值引导，有的放矢培养都是非常重要的。

（2）“选择”对象的泛化。有的成人不论有无必要，处处让孩子进行选择，其实并不是所有的环节都需要孩子进行选择，正像“统一命题作文”和“自由命题作文”各有各的用处一样，一般情况下，正常的教学进行中，没有必要去让孩子选择“老师是不是往下讲”；有的家长盲目地相信“抓周”（在孩子满周岁的时候，摆出各式各样的物品让孩子去选择，抓到书本，就以为孩子爱学习；抓到钞票就以为孩子能赚钱）。其实，这是把孩子力所不能及的选择对象，简单地交给孩子，实际起不到发展自主认识的作用。

（3）忽视对孩子“选择”意识和能力的培养。对于未成熟的孩子来说，他们的“选择”在一定意义上只是一种学习过程，是一种进入社会之前的“演练”。有的成人由于没有意识到这一点，因此容易仅仅满足孩子有选择行为，而忽视对他们“选择”意识和能力的认真培养。

下面的故事也许会给你一些感触：

儿子今年3岁，生日那天，“我”答应送给他一件礼物。儿子要玩具车，因为他迷上了动画片《玩具总动员》，对恐龙情有独钟。

在玩具店，“我”正在挑选小车子，儿子手里拿着一把玩具刀爱不释手，他拉拉我的衣服：“妈妈，我要刀。”与儿子一起玩的小朋友都有刀，儿子极为羡慕。其实一把刀才值两元钱，可“我”觉得不能一下子都满足他，否则他会认为东西来得很容易，不懂得珍惜。于是我对儿子说：“今天是你的生日，妈妈答应给你买一件礼物，但只能是一件，要小车子，还是要刀，你自己决定吧。”

“妈妈，我要小车子。”儿子看看盼望已久的小车子，又看看手中的刀，都舍不得放下，“妈妈，我也要刀。”儿子可怜巴巴地看着“我”，眼里含着泪，我有些心软了。“又不是多么值钱的东西，至于把孩子为难成这样吗？”卖玩具的看不下去了，试图说服我。可“我”转念一想，如果“我”在这些事上迁就孩子，就会养成他任性、撒娇、耍赖等不良习惯。而在鱼与熊掌之间取舍，更能让孩子珍惜他来之不易的东西。于是“我”对儿子说：“你今天已3岁，是小男子汉了，自己的事自己决定，你挑一件吧，但不能后悔啊。”见“我”毫无商量的余地，儿子左看右看，最后选择了那把刀。虽然“我”比较看中那套价钱较贵重的小车，但“我”尊重了儿子的选择。儿子拿着那把刀，喜滋滋地说：“妈妈，这是我挑的刀。”那分自豪感就甭提了。从此，那把刀就成了儿子的珍爱之物，睡觉时都要放在枕头旁边。

这件事对“我”触动很大，使我明白了，孩子天生具有对事物的喜好或厌恶的选择能力，如何发掘孩子的这种能力并善加引导，是每个家长面对的课题。父母应该重视孩子的这种能力，不要横加干涉，要让孩子放开手脚，在各式各样的诱惑面前学会选择，在选择中培养孩子的自尊、自信、自立；培养孩子的责任感，让孩子懂得一旦选择了，就绝不轻言放弃，要对自己的选择负责。而且，在孩子选择的过程中，家长可以发现孩子的兴趣及特长，能有效地避免在孩子教育上的盲目性。

在家庭教育中，多给孩子选择的机会，在日常生活中，培养孩子掌握选择、判断和取舍的能力就显得尤为重要。如果我们能多给孩子选择的机会，孩子会感受到他们被尊重、被信任，从而带给他们自信和成就感，使他们感受到自己能把握生活。

在日常生活中，我们可以提供给他们选择的机会很多，如今天穿哪件衣服，在条件允许的情况下，由他们自己安排自己的活动等。在没有原则性冲突的情况下，可以尽量按照孩子的安排来处理他自己的生活。同时，对于1岁多的宝宝来讲，已经开始认识自我，进入第一反抗期，允许他们作出自己的判断和选择，正是运用这一自我意识的敏感期，建立他们自信和自理能力的良好开始。而且，选择性的问题常常可以使家长避开处于反抗期的孩子以“不”来回答所有问题带来的难堪：在这一阶段，对于开放性的问题（“……好不好？”“咱们……吧？”等问题）家长很难得到满意的回答，孩子往往以“不”来作为标准答案。而“选择题”对于1岁多的宝宝来讲，一般会进行认真的思考和答复。

在让孩子自己作出选择的时候，做家长的要有耐心，因为孩子的反应能力是和成人不同的。不能自己一发问，孩子就能回答，一定要给孩子反应和思考的时间。而耐心的等待，更会表示出尊重孩子的兴趣和选择。有时候，我们还需要适当地重复我们提供的选项，因为孩子开始学习思考的时候可能在过程中忘记自己在干什么了：孩子的注意力持续还是短暂的。另外，明确地说明和处理一件事的同时，仍然包含选择是完全能做到的。比如某件必须要做而孩子并不想做的事情，如果我们在它的处理过程中设置一些方式方法上的选择机会，孩子往往会较愉快地进行选择从而完成这项工作。

总之，从小给孩子机会选择做什么事情并承担由此而来的后果，有助于他们建立起良好的自信和自我负责的品质。

三、称赞你的孩子

小孩子喜欢受到别人的称赞。比如今天他穿一件新衣服，就要给他父亲看；穿了一双新鞋子，就要给他同伴看。到了四五岁的时候，这种喜欢嘉许的心理还要来得浓厚。假使他不愿意刷牙齿，你可指着一个牙齿洁白而肯刷牙齿的小孩子说："他的牙齿多好看，多清洁，你若天天刷牙齿，你的牙齿也会像他那样整齐好看呢！"小孩子听了你的话，恐怕就要去刷了。若刷了之后，你就可称赞他说："呀！你的牙齿是白一点了，好看得多了。"他听了必然觉得非常高兴，下次洗脸时就喜欢刷牙了。

明明爱画图，若画得好，妈妈就称赞他几句，鼓励他几句，并且替他在图画上写"很好"的字样，他就显出很快乐的样子。所以以后他常常喜欢画图画，画了之后，常把图画纸拿来给妈妈看，并且叫妈妈在纸上写"很好"两个字。

赞美有利于培养孩子良好的行为习惯和道德品质。孩子道德品质形成的最初阶段是非观念模糊，自制力差，因此，成人的引导、奖励与赞美至关重要。赞美孩子，能让孩子逐渐形成良好的行为习惯和心理定式。成人对孩子小小成功表示赞美，可以强化孩子获得成功的情绪体验，满足其成就欲，激发他继续尝试的兴趣和探索的热情。对孩子的言行作出正确评价，并经常予以赞美，也有助于融洽家庭气氛。

我们做父母的有多久没有称赞孩子了？会不会有时想要对孩子说些甜言蜜语，却又说不出口或不知道怎么说呢？以下的一百句好话，提供给年轻的爸爸妈妈作个参考。

（1）真可爱（2）好极了（3）好主意（4）好多了（5）真好呀（6）做得好（7）非常好（8）恭喜你（9）了不起（10）很突出（11）很不错（12）太好了（13）太棒了（14）太奇妙了（15）真是杰作（16）那就是了（17）那就对了（18）多美妙啊（19）我

好爱你（20）继续保持（21）你做到了（22）你做对了（23）你很能干（24）进步真快（25）做得漂亮（26）做得好极了（27）极佳的表现（28）就是那样做（29）继续试试看（30）真令人惊讶（31）真令人感激（32）真的谢谢你（33）这正适合你（34）你办得到的（35）你学得真快（36）你帮得很对（37）你真是可爱（38）你走对路了（39）你还记得呢（40）记性真好呢（41）那实在太好了（42）继续加油努力（43）我真以你为荣（44）我很喜欢那样（45）你真是好帮手（46）你做得顺手嘛（47）你可以办到的（48）你以前做到了（49）你快要做到了（50）你想出办法了（51）你真懂事不少（52）你已经有把握了（53）你做得漂亮极了（54）你真让父母开心（55）你今天比以前好（56）你每天都有进步（57）你几乎像个大师（58）你真是让我感动（59）你想出好办法了（60）哇！看你的了（61）好（竖起大拇指）（62）我们都做得很好（63）进行得很顺利嘛（64）对了，就是这样做（65）你下次会做得更好（66）你今天做得好认真（67）你真是我的小王子（68）你今天做了不少事（69）你真学到了不少东西（70）你没有任何差错嘛（71）你正尽力地做好它（72）你一定练习很久了（73）你真的不断在进步（74）真是个聪明的孩子（75）真高兴你如此表现（76）再试一次就做到了（77）我就知道你能做到（78）我很感激你的帮忙（79）真的让我感到快活（80）这正是我说的好事（81）今天做得比平常好（82）这才是我的好孩子（83）那件事你做得真好（84）没有人是十全十美的（85）你这么快就想出来了（86）你今天确实做得很好（87）你正进入很好的情况（88）你今天确实做得很好（89）你已经有很好的开始（90）你真是我的得力助手（91）

你真像美丽的小甜甜 （92）那真是一件温馨的事 （93）这是做得最好的一次 （94）真是有史以来最好的 （95）继续做，你会越来越进步 （96）现在你可以一路顺风了 （97）我真高兴有你这样的孩子（98）你不会忘记你做得那样好 （99）我为你今天所做的感到骄傲（100）看到你做得那样认真，使我觉得欣慰，有你真好！

但是称赞不可用得太滥，一滥就失掉它的效用，不用为妙。

快3岁的小刚，智力发展得不错，能用积木砌出他所见过的汽车。父母对孩子的“模仿力”和“创造力”感到很满意，于是倍加称赞，还常让他在别人的面前“表演”，这样，他赢得的称赞就更多了。一天，家里来了客人，小刚照例地进行“表演”。可是，同来的一位和小刚年纪相仿的小客人，在同小刚一起用积木建“高楼”时，小刚却怎么也不如小客人建得那么高。这时，小刚竟一手把小客人建的“高楼”推倒了，并抢过积木，到一旁“造”起他的汽车来。

客人走了，父母问小刚为什么这样做。使他们感到惊讶的是：小刚竟委屈得泣不成声……显然，这时候孩子的心灵，已被妒忌心占据了。由于平时过多的称赞，使孩子滋长了一种自以为是的思想，觉得自己真有什么都比别人强的本领，以至于使他不能容忍别的孩子在这方面比自己强。

可见，孩子每一点进步，都是应该称赞的，但这种称赞不应该是廉价的、言过其实的，而应该是适度的、恰如其分的。尤其重要的是，在称赞的同时，做家长的要善于诱发孩子学习新知识、新技能的兴趣，向他们提出切合实际的新要求。这样，才能使孩子不断进步。

那么该怎么称赞你的孩子呢？关于表扬孩子有一个很恰当的比喻——“称赞，就像青霉素一样，绝不能随意用。使用强效药有一定的标准，需要谨慎小心，标准包括时间和剂量，因为可能会引起过敏反应。

1. 夸具体不夸全部

“宝宝真棒”，这样的表扬对家长来说真是轻车熟路。在家长眼里，孩子的每一个成长细节都是值得惊叹和赞美的——宝宝会笑了，宝宝会翻身了，宝宝会蹦了，宝宝说话了……就是在这种不断的惊喜中，家长已经习惯于对着孩子说出“真棒！”“真好！”这样的评价，甚至一句轻轻地“啊”都充满着赞赏的语气。

家长随口的夸奖，可能意识不到会带来怎样的消极影响，直到有一天，发现孩子变得害怕失败，经不起一丁点儿挫折。

总是笼统地表扬孩子，比如你真棒，会让孩子无所适从。也许孩子只是端了一次饭，妈妈与其兴高采烈地表示“好孩子，你真棒”，不如告诉他“谢谢你帮妈妈端饭，妈妈很开心”。有针对性的具体表扬会让孩子更容易理解，并且知道今后应该怎么做，如何努力。

2. 夸努力不夸聪明

“你真聪明！”——又一个家长惯用的评语。家长对孩子的每一个进步如果都用“聪明”来定义，结果只能是让孩子觉得好成绩是与聪明画等号，一方面他会变得“自负”而非“自信”，另一方面，他们面对挑战会采取回避，因为不想出现与聪明不相符的结果。

美国的研究人员让幼儿园孩子解决了一些难题，然后，对一半的孩子说：“答对了 8 道题，你们很聪明。”对另一半说：“答对 8 道题，你们很努力。”接着给他们两种任务选择：一种是可能出一些差错，但最终能学到新东西的任务；另一种是有把握能够做得非常好的。结果 2/3 的被夸聪明的孩子选择容易完成的；被夸努力的孩子 90% 选择了具有挑战性的任务。

3. 夸事实不夸人格

“好宝宝”这样的话是典型的“夸人格”，家长们会无心地将其挂在嘴边。但“好”是一个很虚无的概念，如果孩子总被扣上这样一顶大帽子，对他反而是种压力。

成年人也是，当领导不断夸奖你时，开始还会沾沾自喜，但慢慢地就会感觉到压力，甚至不想做得完美，以便得到喘息的机会。

如果家长的称赞总是“言过其实”，孩子也会有压力，觉得自己不配这样的赞美。他们会怎么办呢？那就是在你刚刚赞美完他的时候，他就做出让你头疼的事情，以示“真诚”。

此外，家长要做到以上正确夸奖孩子的具体方法，还需要三大窍门：

1. 留心孩子的努力

为达到激励孩子的目的，真正做到“夸具体”、“夸努力”，家长首先要对孩子做事情的整个过程有所了解。有的时候可以亲眼看见孩子的良苦用心和付出的努力，当你在总结孩子成绩的时候，不妨详详细细把自己的所见所闻描述出来。比如孩子写完作文之后，你可以说：“文章的开头很好，你能想出这样的开头实在不容易；中间的描述能感觉出你经过了仔细的观察。结尾的一句话也比较精彩，用它来点题很恰当……”这样，你把孩子在作文上所花费的辛苦一一说了出来，愉快自信的笑容立刻就会洋溢在孩子的脸上。

如果你没有亲眼见到孩子的努力也没关系，你可以用提问的方式让孩子自己说出努力的过程，这中间不失时机地加以适当的点评，同样可以给孩子一个有益的赞美。

2. 夸孩子别嫌“啰唆”

仔细分析一下，家长们对待表扬的态度的确是随便了一些，甚至有点心不在焉、张嘴就来。当孩子表现好时，家长的第一反应就是“你真棒”，看起来既省事又符合鼓励为主的教育精神。其实这样的表扬多了，对孩子毫无意义。

所以当了解了“夸具体”原则时，很多家长开始很难适应，不知道除此之外还能说些什么。很简单，教你一招——好话不嫌“啰唆”，看看上述有益的表扬语，哪一句不比“你真棒”啰唆？这就意味着要用更多的话语描述孩子的努力，结果自然引起孩子共鸣，夸奖的目的也就达到了。

3. 把夸奖当“预防针”

夸奖不仅仅是事后对孩子的肯定，有时候在预见到孩子对某些事情可能有抵触时，可以事先夸夸孩子，用表扬来打预防针，可能会有意想不到的“疗效”。

演员宋丹丹在新书《幸福深处》中就有这样一段：有一次儿子巴图生病，我对小阿姨说：“我发现巴图和别的小孩儿不一样，别的小孩儿吃药都哭，可他从来不哭，他不怕吃药。这一点他和别的小孩儿真的不同。”“然后我把中药端给他。他捧着碗，烧得红红的小脸一副紧张的表情，闭着眼睛一口气就把药喝下去了。我们大家都赞不绝口。从那次起，多么苦的药他都不怕。”

试试这样夸孩子吧：

有益的称赞：我喜欢你的卡片，很漂亮，也很风趣。

（孩子的感觉）：我的品位不错，我可以信赖自己的选择。

无益的称赞：你总是这么体贴。

有益的称赞：非常感谢你今天洗了盘子。

（孩子的感觉）：我很负责。

无益的称赞：你比其他人做得好。

有益的称赞：你的作文有几个新的想法。

（孩子的感觉）：我也可以有创造性的。

无益的称赞：你写得不错，当然了，你还有很多地方需要学习。

描述性的语句以及孩子由此得出的积极结论是精神健康的基石。孩子从我们的话中对自己作出结论，事后还会默默地对自己重申。会使他们对自己及周围的世界抱有积极看法。

四、如何培养孩子的自控力

常有家长抱怨自己的宝宝一不如意就乱发脾气、不喜欢遵守规则、碰到困难就轻言放弃等，这多是由于宝宝缺乏自控能力引起的。

自我控制能力是个体能够自觉选择目标，在没有外界监督的情况下，适当地控制、调节自己的行为，抑制冲动，抵制诱惑，坚持不懈地保证目标实现的一种综合能力。自制力是一种善于控制自己的情绪、支配自己行动的能力。对孩子来说，由于中枢神经系统尚未发育完善，神经纤维尚未全部髓鞘化，神经传递的行动容易泛化，不够准确，因此会常表现出自制能力比较弱。比如说：妈妈不让孩子饭前吃零食，孩子也知道，但当他看到香喷喷的点心和甜甜的巧克力时，禁不住美味的诱惑，趁妈妈不在家就拿来吃了，到吃饭时就不能好好吃饭了。又比如：孩子去了医院，在路上，他答应妈妈看病时不哭。但当医生把听诊器放在他的前胸时，他又哇地哭了出来。孩子的这些行为都说明，他们并非有意和大人过不去，而是缺乏控制自己的能力。

是否具有良好的自控能力，直接关系到宝宝的学习、生活、社会交往及其良好个性的形成，因此培养宝宝的自我控制能力是很有必要的。对孩子的自制力，不应消极地等待它能树大自然直，务必从小积极培养。

1. 从“他制”到“自制”，正确处理孩子因缺乏自制力犯下的错误

看看下面的故事也许会给你启发：

周末，儿子打游戏打了很久，作业也没做，“我”问：“你准备打到几点？”他扭头看看钟，说：“我再打10分钟。”

“好，说话可算数？”他从鼻子里发出一声：“嗯。”

这小子一定是一万个不情愿。不行，我得狠下心。打算到时间了就把他从电脑上赶下来。

10分钟过去了。“我”返回来一看，他还在打，我强忍怒气，脸上平静地说：“你平常不是说，说话要算数吗？”他脸一红，对我一笑，马上关掉电脑。

以后他打游戏，“我”要他自己规定时间，时间一到，必须马上关机。

开始，他还要“我”提醒监督。以后只要停止打游戏的时间一到，“我就”走过来，他便会马上关机，哪怕正打得热火朝天。再后来，“我”

规定只许打1小时。我偷偷观察，发现时间一到他就不打了，比以前自觉多了。

打游戏没有节制，是因为孩子的自制力还很差。如果家长一走过来就劝说他停止或强行终止他的行为，只会让孩子难以接受或产生抵触情绪和逆反心理。不妨让他自己规定终止行为的时间，给孩子一个缓冲，让孩子在心理上有个预备期。

当孩子做出了一些缺乏自制力的事情时，如：打坏东西，弄脏了衣服等，父母应当容忍孩子的这种行为，耐心对他讲明道理，不宜以粗暴的方式对待有过失的孩子，否则使孩子产生了反抗情绪，反而起不了教育作用。

低龄的孩子还不能判断和评价自己行为的适宜度，这时，家长就要制定一些必要的“家规”了。起初，孩子可能只是粗略地懂得“要这样做”、“不要那样做”，即使不理解为什么，但是习惯成自然。随着孩子年龄的增长，“家规”也应赋予更多的道德意义，要让他们明白为什么要这么做。但要注意，规矩不能太多，要善于抓住主要矛盾。

2. 循序渐进，允许孩子犯一些小错误，坚持适度原则

自制力的形成需要一个过程，不是一蹴而就的。当孩子缺乏自制力的时候，如：打坏东西、提一些过分要求等，父母应当宽容一些，粗暴行为只会让孩子产生反抗情绪。

父母对孩子要有足够的耐心，当孩子的行为变成一种习惯时，自制力也就自然而然地形成了。不能今日河东明日河西，使孩子无所适从。这样当然也就难以培养孩子的自制能力。此外，规则不宜过多，“不许”多了，将会压抑孩子的探索欲。

3. 奖励已形成的自制力

家长的奖励可能是孩子坚持的动力。精神上，家长可以多赞赏孩子，“你真的长大了，坚持下去，一定会成功的！”物质上，家长要注意奖励不要过于频繁，不能说“你今天要是能学习一个小时我就给你买件新衣服！”这样会使孩子的自制力带有表演性质，不利于孩子的发展。

4. 在游戏中培养自制力

游戏是培养孩子自制力的好方法。例如，让孩子充当哨兵的角色，跌倒了不许哭，站着也不许随意走动，再胆小或调皮的孩子也可以做到。

5. 建立合理的家庭制度

这就是现在所说的“契约教育”。家长跟孩子定好规章制度，比如玩游戏的时间、看电视的时间。规矩一旦定下来就不许变动，孩子和家长都要遵守。当孩子行为不合规矩的时候，家长就要跟他讲道理，告诉他，他越界了。

父母应以一致态度对待孩子，使孩子知道什么事情可以做，什么事情不允许做。有规可循，孩子才能逐步建立起抑制不良行为的能力。也许开始培养时，孩子并不一定完全理解某种做法的道理，而是单纯地反射。如：父母不许孩子玩火柴，每当孩子拿起火柴时，就受到不能玩的约束，久而久之，看到火柴就不动手了，但对于火柴燃烧，玩火很危险的道理却还不甚了解。随着年龄增长，在培养孩子树立约束自己准则的同时，要让孩子懂得其中的道理，及时进行道德教育。

五、我分享我快乐

现在的孩子基本上是独生子女，是家庭中众多成人关怀、照顾的唯一对象，缺乏能与之分享物质和情感的兄弟姐妹。他们“唯我独享”，具有强烈的自我中心倾向。常常以自我为中心，有什么好东西就习惯自己先占有，如今不少孩子容易因过多的宠爱而变得自私、狭隘，喜欢独吞独霸，不懂得与人分享。这对培养孩子健康的人格是极为不利的。

小孩子不肯与人分享是很自然的，尤其是现在的独生子女，每天被爱包围着，而且很小的孩子常常认为凡是他能够得到的东西都是属于他的。这些现象主要是我们大人自身的原因造成的，有些老人或家长太宠爱孩子了，总爱把最好吃的部分留给孩子，自己从来不舍得尝一口，哪怕孩子把好吃的东西送到大人嘴边时，大人还乐呵呵地说：“宝贝吃，妈妈不爱吃或者奶奶不爱吃，宝贝一个人吃吧。好东西是专门留给宝贝的”等，久而久之会造成孩子自私自利，独吞独霸的性格。

必须要从小培养孩子与他人分享的意识。正如苏联著名教育家马卡连柯曾深刻指出：“一个独生子女成为家庭关注的中心是不应该的。父母要是甘心这样做，就不可能使自己摆脱掉事事以孩子为中心而俯首屈从的有害倾向。”要教育好独生子女，使他们具有良好的品行，父母就要从小注意让孩子习惯于与别人平等生活。例如，吃糖果或点心，父母就要有意识地人人分到，不能光让孩子一人享用，要使孩子意识到，这些东西，不仅他可以吃，爷爷、奶奶和爸爸、妈妈也可以吃。有时，还可以故意让孩子自己来分，以教育他关心他人。如果让孩子经常吃“独食”，或者把大的、多的给他，时间一长，在孩子的头脑中就形成这样一个观念：凡好吃的东西，或者大的多的，都是给他的。不少年轻的父母视孩子为掌上明珠，小小的孩子恰似一颗“恒星”，一家人都围着他转。其实，“骄儿一日百年悔”，名为爱子，实为害子。这种缺乏理智的爱，只会使孩子在父母的最好的动机下养成最坏的性格特点和行为。所以，从一开始，父母就要在细小的行动上，尽量避免孩子产生独霸和事事占先的心理，养成礼让和关心别人的习惯。

时常听到妈妈抱怨自己的孩子不肯与其他小朋友分享玩具的行为。其实妈妈们大可不必因为孩子的“小气”行为而兴师动怒。说到底，三四岁的孩子开始慢慢区分你我他，开始有“所有权”的概念，也就是我们这一代小时候所淡薄的那个“私有”概念，这是很正常的。与此同时，他们还年幼，还没有理解到自己的东西可以和别人一块儿玩、一块儿用的好处，所以，孩子懂得“所有”比懂得“分享”要早得多，不过，也只有当孩子懂得了“所有”，才能学会“分享”。因此，如果你孩子现在有点“小气”，有点不愿跟其他小朋友分享的小火苗，那么作为妈妈的你应该感到高兴，因为你的孩子正在懂得“所有”这个概念，正在迈出学习“分享”的第一步，只要稍加引导，就能让孩子接受分享。

这时候,正是我们家长不动声色介入,教会孩子分享是快乐的好机会。

第一，营造安全感。

当宝宝对自己的物件和环境缺乏安全感时，就比较容易产生自私和占有欲强的情况，进而拒绝分享。宝宝最信赖、最亲密的人是妈妈，那么迈向“分享”的第一步尽量从妈妈这里开始，而游戏则能为宝宝营造一个放松的环境，让他更好地去学习和适应某种新的角色。

比如妈妈可以准备一个色彩丰富、带有声响的布质小球，在跟宝宝玩互相传接小球的过程中，让宝宝意识到小球只是短暂地离开，过一段时间后还会再回到自己手上。等宝宝习惯了这个游戏之后，就可以进入下一轮新的挑战，将宝宝的玩具从他身边“借走”，但是答应在10分钟后还给他。就这样来回重复“借”几次，让宝宝明白东西只是暂时借给妈妈，所有权还是自己的，即使现在离开了自己，但终究还是会回来的，于是宝宝对玩具就有了安全感。

另外，妈妈自己也可以通过与孩子共享某些物品来强化他的分享意识，比如和孩子分享一盘切好的水果、让孩子穿穿妈妈的靴子、戴戴妈妈的太阳镜等。在允许孩子做这些事情的时候，别忘了对他说：“这些都是妈妈的，妈妈愿意和你分享。”让宝宝感受到接受别人给予的快乐。

第二，在游戏中经常重复演示“分享”。

等宝宝习惯与妈妈玩“分享”游戏之后，就可以邀请一些与宝宝相熟的小朋友，请大家各自带上玩具来一起玩。首先，提议宝宝们互相交换各自的玩具玩，一开始能交换着玩3分钟就可以了，让宝宝了解到“把自己的玩具借给其他小朋友，自己也就能玩到别人的玩具”。在这3分钟里，既能够玩到新的玩具，自己的玩具也没有任何损失。

在这个从心有戒心过渡到心情欢愉的过程中，妈妈首先可以鼓励宝宝从自己不太在意的玩具开始分享，这样宝宝的抵触感会减弱很多。另外，妈妈应挑选宝宝比较熟悉的小朋友开始练习分享。最后，还有非常重要的一点需要注意，在集体游戏时，妈妈要在一边护航，保证孩子们的玩具在分享后能够重新回到各自手中。有了愉快而安全的分享经验之后，宝宝慢慢也就能够接受分享。

第三，选择鼓励协作的集体玩具。

在宝宝 1 岁左右时，可以让宝宝跟其他年龄相近的宝宝一起搭积木，对于鼓励宝宝积极参与协作来说，搭积木是一项非常合适的游戏。布积木具有积木的功能和外观，但安全的布料材质可以让妈妈更放心，也能让较小的婴幼儿提前开始玩积木。

对于 2 ~ 3 岁的宝宝，妈妈可以准备一些合作创意的玩具，如一套神奇水画火车。宝宝们可以一起在画垫上任意发挥想象，只要画出轨道,配套的小火车就可以沿着这条轨道前行。有了以往快乐分享的经验，4 ~ 5 岁的宝宝就开始喜欢更有挑战性的玩具了，比如多米诺探险营，更加强调整体统一的合作，能让宝宝们学会一致行动，通过合作来完成游戏的每一个细小部分。正是这些合作与分享，更多地培养出了小朋友之间的团队精神，让他们学会以更适当的方式与他人相处。

第四，尊重孩子的物权意识。

“这是我的！不许动！”当妈妈看到自己的孩子不愿意分享玩具，甚至还要去抢其他孩子的玩具时，可能会觉得非常尴尬、一点儿面子都没有。此时，有的妈妈可能会大声训斥孩子，乃至不顾孩子的意愿而勒令宝宝去分享玩具。可是，这种勒令或斥责会让宝宝感到他并不能真正拥有或支配那些玩具，他的东西随时会被强势的大人拿走，他无力保护自己的东西。因此，以后孩子在下意识中会更加努力地保护或隐藏自己的东西，也就是表现得更加趋向“自私”。

当然，在家长强大的压力之下，有些宝宝只能无奈地表现出“大方”，但事实上他仍然不能坦然地接受与别人分享，等长大之后，等到自己有了足够的自主权之后，他甚至会变得更加没有安全感、在行为上更加“小气”。所以，在遇到孩子不服从“分享”的指令时，妈妈不妨先尊重孩子的物权意识，不动声色地转移他的注意力，等待下一次机会再来练习分享。只要宝宝对分享没有心理阴影，他就会顺利地进入下一个成长阶段：自愿分享自己的东西。

还有一种情况，宝宝过于“大方”、对玩具没有任何价值观念。比如一个2岁的女孩，用一个原版芭比娃娃去换一支棒棒糖，差点没把妈妈惊得背过气去。其实，即便遇到这样的情况，妈妈也不能责怪宝宝。因为宝宝对玩具的价格没有准确的理解，在那个时刻，玩具对这位女孩的价值体现就是能立即品尝到甜甜的棒棒糖。等到她吃完棒棒糖之后，她才会关心自己的芭比玩具怎么不见了。所以，即使这样的交换观念是不成熟的，妈妈也应该坦然接受，不要过早地强行给宝宝灌输价格观念，因为人类一切的心智成长都有其自然轨道和进程。当然，如果那位拿棒棒糖的宝宝的妈妈可以说服自己的宝宝借玩一会儿芭比娃娃，然后再归还给那个女孩，那就是一个最有效的分享游戏了。

第五，给宝宝树立榜样。

宝宝学会分享的最好方式就是模仿。妈妈可以尝试和宝宝分享自己的冰激凌，让宝宝戴自己的围巾、发卡、帽子，穿爸爸的鞋子、戴爸爸的手套等，当然也要让宝宝拿一些东西出来分享，如一起玩他的玩具、一起看他的故事书。重要的是要让宝宝亲眼看到妈妈给自己东西或者拿走他的东西，让他在这个过程中学会和家人分享，进而学会与其他小伙伴分享自己的玩具、食品等。

也有部分的父母，因为太过于重视对孩子的分享教育，以至于使用了一些错误的方式，家长们千万别学：

其一，强迫孩子分享。

假定你在办公室上班，老板突然过来抢过你的笔记本电脑，并将它交给另外一个同事，你会对老板感激涕零，并且心甘情愿与你的同事分享吗？同样的道理，强迫小孩子与小伙伴分享，对他来说也是一种伤害。

其二，强求大的让着小的。

大多数妈妈都会告诫哥哥姐姐将手里的物品让给弟弟妹妹，其实这是不公平的，没法让孩子从这样的分享方式里获得分享的快乐，更学不到分享的技巧。

其三，强迫孩子轮流玩。

强迫孩子轮流玩是最常见的分享教育策略之一，但是，在别的孩子刚刚把玩具拿到手的时候，孩子就急于将玩具夺回来。3 岁以下的孩子还没有完全建立起时间的概念，因此轮流玩仍然不是有效解决孩子之间争端的好方法。

其四，抢走孩子手里的玩具。

当小孩子之间因为玩具而起争端的时候，千万不要抢走一个孩子的玩具交给另一个大声哭闹的孩子。这无异于在向孩子传达错误的观念，那就是只要哭闹就可以达到目的、只要动手去抢就可以解决问题。

五、吃饭、过节也要讲礼仪

可能不少家长都遇到过这样的尴尬：餐桌上孩子当着客人的面乱抓乱吃，旁若无人；见了长辈孩子没大没小，不叫人；在商场或超市孩子大哭大叫要买玩具或食品……

孩子自来到这个世界就投入了人际关系之中，就必须学会一定的社交礼仪，否则就会使得你身边的人不自在，更谈不上进一步与别人合作。

学习社交礼仪必须从小抓起，那么该让孩子学会哪些必要的社交礼仪呢？

1. 餐桌礼仪

一个细节可以看出一个人的素养乃至一个社会的文明程度，餐桌礼仪也一样。这里提倡的餐桌礼仪不是时时扮绅士装淑女，而是从内心流露出来的，在简陋的环境下，它是别人给出帮助后的一声谢谢，在优美的环境里，它是斯文有礼的进餐。所以，我们看到春运期间滞留在火车站的孩子对给他牛奶的援助人员说“谢谢”的时候，我们觉得那也是餐桌礼仪，而且更让人感动。

下面是一些小孩都该学的中西餐都适用礼仪：

（1）除非是3岁以下的毛毛头，不然不要把桌上的餐巾塞在领口里，而要平放在膝盖和大腿上。

（2）喝汤时，汤勺由内向外慢慢舀起，不要舀得太满，有大半勺就行了。喝完汤后，汤勺平放在汤碗托盆的外侧。

（3）永远只拿取面前的食物，即使那不是我最喜欢的。

（4）即使非常饿，也不能把自己的盘子装得满满的，一点也不礼让其他人。

（5）不要狼吞虎咽，吃到连嘴角或头发也沾到食物，很失礼啊！

（6）嘴里啃着东西的时候不要说话；要谈话，就先把食物吞下。

（7）喝水前，先擦一下嘴巴，这样就可以保持杯子干净。喝水的时候，不要发出很大的声音。

餐桌礼仪要从平时开始训练，英国家庭教育素有“把餐桌当成课堂”的传统。从孩子上餐桌的第一天起，父母就开始对其进行有形或无形的“进餐教育”，目的是帮助孩子养成良好的用餐习惯，学会良好的进餐礼仪。我国的大教育家孔子就有“食不言,寝不语”的礼仪之语。

对大部分家长来说，节假期间，跟家人、客人一起进餐的机会比平时多很多，而这也是对孩子进行餐桌礼仪教育的极好机会。每个家长都希望带孩子出去时获得朋友的赞赏，不过，家长的功课要做在前面，要从平时就开始关注孩子的餐桌礼仪，这样到了一定的场合，才不会出现一些本不应有的尴尬。

偶尔，您会在餐馆里看到这样情景：就餐的父母和孩子展现出有涵养的餐桌礼仪——孩子们笔直地坐在自己的座椅上，使用刀叉就餐，吃东西不发出声音，不大声喧哗。这样的家庭在荷兰很常见。如果您自己有几个孩子总在制造噪声、坐在自己的座位上不停地摇摆、一旦盘子吃空就即刻消失在桌子底下将每个人的鞋带系到一起，您定会对前述的场景非常地妒忌。那些允许自己的孩子在餐馆里跑来跑去的父母更是不受欢迎，这样做无论是对厨师还是对其他的客人都是极大的不尊重。

那么该怎么让孩子学会餐桌礼仪呢？下面是给父母的六条小提示：

（1）每天都要重复事先约定好的餐桌礼仪规定。但要采取一种轻松惬意的方式来达到。因为最终目的是要每个人都能够吃好，而不是要将之变成一个劳改营。采用令孩子们感兴趣的主题，不要求快。在同一时期内有计划地教会一个或两个礼仪。

（2）解释原因，对良好的行为进行奖励。这样做往往会比只是惩罚不好的行为取得更好的效果。马上表扬您的孩子，如果他是用叉而不是用手指来吃饭。具体告诉他在餐桌就餐时哪些方面他是做得好的。在任何时候都尽量向孩子解释要遵守礼仪的原因，这样做有助于培养他们的自觉性。

（3）要使就餐时的气氛温暖亲切。

（4）如果您的年夜饭是在餐馆进行的，给孩子们带上一些在上菜前可以玩耍的物品。如果可以在外面玩耍就带上一个小球；如果是坏天气的话就带上勾画/描图本及彩笔，或者是选择有提供孩童游戏处所的家庭餐馆。

（5）平时在家中自己要以身作则。在餐桌旁就座时是为了用餐。不要拿着食品在房间里走来走去食用。

（6）树立榜样。教孩子向做得好的小朋友学习，也可借助录像带、书籍、图片等进行教育。

2. 节日礼仪

节假日的到来，无论是小孩子还是家长都感到非常开心和快乐，因为有时间去走亲访友了，在这同时也是对孩子的一种不同程度的考验，这是需要家长和老师在日常生活中的一点点地积累起来的结果。

外出做客没规矩，不仅会破坏当时的喜庆气氛，还会让妈妈爸爸颜面扫地。所以，出门前妈妈一定要给孩子打好“预防针”，还可以利用路上的时间，适当强调一下“规矩”，教孩子使用礼貌用语“您好”、“您早”、“谢谢”、“再见”等，做个有礼貌的小客人。

下面是孩子应该遵守的8项节日礼仪：

（1）进门先向主人问好。到亲友家做客，见到主人的第一件事就是打招呼、问好、拜年，并能正确使用称呼，如叔叔、阿姨、爷爷、奶奶、哥哥、姐姐等。未经主人允许，不要到其他房间走动，更不能只顾自己开心，在沙发上、床上一通折腾。大人们谈话聊天的时候，宝宝不要随便插嘴，如果有事情要告诉妈妈，大大方方说出来，不要咬耳朵，这是不礼貌的表现。

（2）不和小主人抢玩具。小主人对自己的玩具自然有支配权，到人家做客，小主人提供什么玩具就玩什么，不要肆意乱翻。看到自己没有的“好玩意儿”，可不要想着据为己有，征得同意后再拿过来玩，之后还要记得放回原处。如果一件玩具两个宝宝都想玩，妈妈应该规劝自己的宝宝不要争抢，要学会用商量的语言与小主人沟通。

（3）养成讲卫生的好习惯。平日，妈妈就要教导宝宝养成讲卫生、爱护环境的好习惯。到亲友家做客，吃东西剩下的果壳、果皮要主动扔到垃圾桶里，或者放到指定的地方，不要随手乱扔。饭前饭后要洗手，如果手上沾上了果汁、菜汤，更要及时清理干净，以免弄脏桌布或家具。

（4）做热情的小主人。如果有小客人随父母到家里做客，宝宝应该如何接待呢？最好的表现自然是热情大方地接待。宝宝的得体举动，自然会引来客人们的好评。

（5）主动问好。有小朋友到家里做客，宝宝要跟随父母在门口迎接，热情问好，因为你是小主人呀。如果客人带来了礼物，接受的时候可一定记得道谢。很多客人会问宝宝一些问题，比如“叫什么？多大了？在哪里上幼儿园？”要大大方方回答，不要扭捏。

（6）与小朋友分享乐趣。事前和宝宝约定好，如果小朋友来了，应该主动拿出自己的好吃的、玩具和小朋友分享，这才是有风度的表现。不要做对小朋友不友好的事情，更不要说对小朋友不友好的话。

（7）才艺展示，增强自信。客人来了，正是宝宝展示才艺的最佳时刻，也是锻炼宝宝“胆量”的好机会，为客人们背诵儿歌或古诗，表演舞蹈或者唱一首歌，都能为聚会增添欢乐气氛。

（8）不乱发脾气。事先告诉宝宝，爸爸妈妈对其他小朋友的夸奖和表扬是出于礼貌，宝宝可不要为此而觉得父母冷落、忽视了自己，甚至大吵大闹，非要争个第一才心满意足。更不能借着家里有人的时候，向父母要这要那，提出物质要求，甚至无理取闹。

对于孩子节日礼仪的培养，父母要注意：

（1）活动安排要周到。如果要带着宝宝参加以成年人为主的活动，妈妈应该先安排好宝宝，比如准备一些游戏，或者带几样玩具，以免宝宝觉得无聊，甚至哭闹。

（2）不要冷落小宝宝。有客人来访，妈妈爸爸可不要因为怕宝宝打扰客人，而将他放在一旁置之不理。应该向宝宝介绍来的是谁，再向客人介绍一下自家宝宝，还可以让宝宝帮客人拿拖鞋、拿杯子，培养他的社交能力，帮助他成为有责任感的小主人。

（3）做不到的不强求。不要强求宝宝向客人打招呼，如果宝宝不肯，切忌强求他，否则非但达不到目的，还会产生副作用。建议妈妈爸爸最好暂时放弃，等宝宝平静以后，再告诉他："这是应有的礼貌，你去别人家里，也希望主人能够热情欢迎你呀。"让宝宝设身处地想一想，有助于他理解。

春节是中国最重要的节日之一，是家家户户欢聚一堂的日子，在这段时间内不管是走亲还是访友，做得最多的就是人与人之间的交往。对孩子来说，这正是他学习交往的最佳契机，但在他尝试与人交往前，父母得先告诉他一些春节过年礼仪：

第一，别只教孩子讨红包。"恭喜发财，红包拿来"，教育专家在从事幼儿教育研究时发现，或许出于好玩的心态，不少年轻的父母总是喜欢教孩子学说这样的"祝福"。殊不知，这很容易给孩子留下错误的印象，以为过年就是“讨压岁钱”或是吃喝玩乐，而忽略了节日的真正含义。她建议父母，抽时间跟孩子讲讲“年”的由来，有哪些习俗传统，告诉孩子过年意味着家庭团圆，也寄托着对来年的展望。明白了什么是过年，孩子们才会对传统节日多一些敬意。

第二，学会分享莫攀比。亲友聚会，孩子们会接触到不少同龄伙伴。互相攀比谁的压岁钱多，谁的新玩具高级，甚至为此争争吵吵。这些镜头，可不应该成为新春即景。家长不妨准备一些诸如橡皮泥之类的玩具，供几个孩子共同完成，学会合作，或是鼓励孩子们交换玩具，分享快乐。对幼儿来说，身体素质发育尤为重要。因此，您还可以引导孩子们互相约定，看看新的一年里，谁能先学会游泳，学会打球，或是学了别的什么体育技能。这样的比较，可比争一样玩具有意义得多。

第三，餐桌礼仪要注意。新春佳节，聚餐频繁。家长们可得注意了，别认为孩子年幼，就可以任其享受大家的宠爱，成为餐桌“小霸王”。既然是参加筵席的一分子，就同样要注意餐桌礼仪。您得提醒孩子，别只顾着把好吃的堆在自己面前，别忘了给长辈们夹夹菜；敬酒时，也可以举起饮料杯，送上祝福；想离席去旁边玩，可以，但得先得到父母允许，并和同桌的长辈们打个招呼。别忽视了这些细节小事，它们将帮助孩子学会尊重他人。

第四，出门前的准备工作。关于打招呼，1 岁的小孩不太会说话，所以事先教他们看到人要叫人，抱拳作揖等。2 岁以上的，可以教孩子说“恭贺新年”“岁岁平安”之类的吉祥话。

关于收红包，2 岁以下的幼儿，不知道红包是什么，只要告诉他别人给他时，要说声谢谢，然后放进自己口袋或给妈妈。宝宝稍懂事后，要事前跟他们说好不要马上拆红包。

接受糖果巧克力时，孩子虽然听大人讲过不能吃太多糖果巧克力，但还是不能控制。所以，大人要自己控制，并讲清楚如果拿太多这些东西，就要剥夺一些他喜欢做的事情或东西。

特别提醒：

（1）别让热情的大人亲宝宝的小脸，以免细菌交叉感染。

（2）尽量少带宝宝去人多、空气质量不好的公共场所，比如大型超市、百货公司等。

（3）其他礼仪。

①问候长辈的礼仪。见到人问候，是最基本的礼貌，但似懂非懂的孩子却不是每次都乐意这么做，因此常让一旁的大人着急，如果是碰到殷殷期盼的爷爷奶奶，恐怕就更糟。

这种时候父母应该放轻松，因为小孩没和长辈住在一起，感情不够，叫不出来很正常。但有方法可循，养成孩子见人打招呼的习惯。

首先，在见面前，一定要先告诉孩子“待会儿会见到什么人”“要如何称呼”，以及“该说什么”，让他们有心理准备，甚至可先练习一下。

见了面，要留时间给孩子叫人，而不是大人忙着说话。如果突然间发现孩子还没打招呼，就急着催孩子，结果越催越糟。一旁的大人该做的是鼓励，鼓励他们把先前练习过的说出来，如果真是害羞，一时怯场，让孩子点点头，笑一下也可以。

事后，则要大大赞赏孩子今天所做的事。例如，“你今天叫爷爷奶奶，叫得很大声很好”。甚至，可买点小礼物送给他。当他发现嘴甜可让大家都开心，又可得到奖赏时，他会很乐意去做这件事。

② 公共场所的文明举止。

没有哪个父母能忍受孩子在大庭广众红着脸大声尖叫或哭闹，甚至赖在地上不走，如果又有旁人的眼光，就更难堪了。

事先预防是最主要的。外出前先告诉孩子,这趟外出的目的是什么,让他们知道会发生什么事。出门前，也要先跟孩子说好规则，确定他们都明白，并问他们是否能遵守。到了外面，这些规则一定会被打破，但大人要耐心地提醒与纠正，直到孩子遵守。

在公共场所男孩子的举止应具有“阳刚之美”，要自然大方，从容不迫，谈笑自若，不要装腔作势。而女孩子的举止应该优雅得体，尽可能显示出女孩子温柔可爱、轻盈大方的天性。孩子在公共场所的文明举止，既显示出个人的修养，也反映出家庭的教养水平。所以，家长要特别重视孩子这方面的教育，要经常利用可能的机会对孩子进行教育。

如电梯门口，看见先生给女士让路，家长可以告诉孩子这就是一种文明举止，是男孩子应具备的“阳刚之美”；饭店里，看见服务小姐举止优雅、热情大方地招待客人,家长可以告诉孩子这也是一种文明举止,是女孩子应具备的“阴柔之美”。

③ 迎宾待客的礼仪。

家长应教给孩子一些热情待客的礼仪常规。客人来访，让孩子起立迎接，面带微笑，主动问候：“您好！”请至客厅坐下后，安排孩子双手递上茶水、糖果等；客人提问时，告诉孩子要大大方方地回答；在客人面前，防止孩子撒娇、闹脾气；在父母与客人交谈时尽量让孩子保持安静，不要随意插嘴，打断大人间的谈话；客人带来的礼物，要让孩子当着客人的面有礼貌地道谢后打开或分吃；客人告辞时，要让孩子起身送至门口，亲切道别。对于年老体弱的客人，要让孩子搀扶行走。

孩子迎宾待客的礼仪常规是一种综合性的，只有在掌握了最基本的一些礼仪要求的基础上才能正确运用它。所以，日常生活中，家长要不断强化孩子最基本的礼仪规范，力求转化为孩子的良好自觉行为习惯，同时，家长在家里来客人的时候，要经常带着孩子一起接待客人，为孩子做示范，家长还可以为孩子专门设计一些情境，让孩子有机会实践自己所学到的各种礼仪。

六、孩子应该明白的50条行为规范

“不经规矩，不成方圆”，孩子幼年时文明行为规范的培养和教育是非常重要的。下面是50条孩子应该明白的行为规范。

（1）有礼貌地回答大人的提问。

（2）说话的时候看着对方的眼睛。

（3）为别人的精彩发言喝彩。

（4）尊重别人的意见和想法。

（5）胜不骄败不馁。

（6）别人询问你的同时，你也应该询问别人。

（7）打喷嚏时一定要用手捂住嘴。

（8）感谢别人送给你的东西。

（9）不对收到的礼物说不喜欢之类的话。

（10）经常给人一些意外的惊喜。

（11）不要对别人的成绩指手画脚。

（12）上课时，别人读课文的时候自己的眼睛应该跟着别人读的地方看。

（13）回答提问时，语句要完整。

（14）自己不要提出要什么样的奖励之类的要求。

（15）老师布置的作业一定要每次都交。

（16）快速做好课前准备。

（17）经常做好整理归类等工作。

（18）不要抱怨老师布置的作业。

（19）对待代课老师也要有礼貌。

（20）上课时没有经过老师的允许绝对不从位置上站起来。

（21）对每个老师都要主动打招呼。

（22）对来访的客人要热情欢迎。

（23）团结同学朋友。

（24）不要盯着被批评的人看。

（25）对老师布置的作业有疑问时立即向老师询问。

（26）做完了一件事情以后一定要收拾好周围的东西。

（27）乘坐公共汽车时不要说话。

（28）记住别人的名字。

（29）对于好吃的东西不贪心。

（30）发现别人掉了东西，应该帮着捡起来。

（31）为后边进门的人撑住大门。

（32）撞到或者踩着别人了要道歉。

（33）进入公共场所不喧哗。

（34）到别人家或者参观时，要会称赞别人的东西。

（35）集合时不讲话。

（36）接电话时要礼貌应对。

（37）对于给了自己帮助的人要道谢。

（38）乘坐自动扶梯时应该靠左（右）站。

（39）大家一起在走廊走路时不说话。

（40）不插队。

（41）在电影院里绝不喧哗。

（42）不带学校不允许带的东西进学校。

（43）受到他人欺负应该报告老师。

（44）敢于为自己的信念挺身而出。

（45）以乐观向上的态度面对人生。

（46）尝试自己想干的事情。

（47）接受错误吸取教训。

（48）诚实。

（49）快乐生活每一天。

（50）把自己培养成自己所能成为的最伟大的人。

七、培养孩子的幽默感

所谓的幽默感就是通过语言或肢体语言的表达方式，让与自己互动的对象感到愉快的言语或举止。有这种言行举止的人，我们称为具有幽默感的人。

幽默感与儿童的认知、人格、创造性、社会技能、情绪等的发展密切相关。心理学家称，良好的幽默感可以增加儿童的词汇量，扩大知识面，提高对形象语言的理解，发展元语言意识，增强知觉意识以及提高解决问题和社会交往能力等。

人的幽默感大约三成是天生的，其余七成则须靠后天培养。因而在儿童教育专家的倡导下，许多父母甚至在婴儿刚出世6周便开始对其进行独特的“早期幽默感训练”。实际上，不少较聪明的婴儿这时确已萌发“幽默意识”。

幽默感在人际交往中起着举足轻重的作用。一个幽默风趣的人，往往比不具幽默感的人更受到大家的喜欢。同时，幽默还能帮助我们更好地应对生活和学习中的压力和痛苦，更开心地生活。随着时代的发展，现代家庭开始越来越重视小孩子幽默感的培养。

幽默是一种人生态度，更是一种人生智慧，其心理基础是乐观、积极向上的心态。俄国文学家契诃夫说过：不懂得开玩笑的人，是没有希望的人。在现实生活中，幽默可以淡化人的消极情绪，消除沮丧与痛苦，舒缓紧张气氛，更能带给自己和别人喜悦和希望。那么，如何培养小孩子的幽默感呢？

（1）父母首先应该是幽默的人。上课幽默风趣、深受学生喜爱的俞磊老师认为，幽默感有先天的成分，不过后天的培养更加重要。孩子应该是父母生命的延续，应该是父母最真实的镜子，潜移默化中，父母的许多特点在孩子身上都得到再现，所以，要培养孩子的幽默感，为人父母者，首先要看看自己应该是否也需要培养幽默感？最起码，要能真正欣赏幽默。

（2）教育孩子学会乐观宽容地面对人事，乐观、宽容应该是幽默的精髓，要学会幽默，就要学会宽容大度，克服斤斤计较的狭隘思想，同时还要乐观、要培养孩子的乐观心态，最重要的应该是，当孩子遇到困难时，父母应站在孩子一边，给予积极的鼓励和支持，要帮助孩子积极进取，只有这样，才能教会孩子以正确的态度和措施保持乐观。

（3）热爱生活，用心去感悟生活。生活无处不无幽默，只是缺乏发现幽默的眼睛，引导孩子用心去观察、感悟生活，培养对事物的洞察力，用自己的视角去看世界，绝对不因循守旧，应该是提高幽默的一个重要方面，只有迅速地捕捉事物的本质，以恰当的比喻，诙谐的语言，使人们产生轻松的感觉。

（4）适当的自嘲也应该是幽默。真正幽默的人,绝对不怕受人嘲笑，而且非常善于自嘲，而这种自嘲实际上应该是建立在自信的基础之上。

（5）多给孩子看或读幽默轻松的故事。幽默有趣的小故事绝对不仅能使孩子在轻松愉快的氛围中喜欢上阅读，还能潜移默化地培养孩子的幽默感，同时，很多儿童文学作品中的主人公都应该是乐天派，他们虽然遇到各种各样奇怪的困难，但总能化险为夷，继续乐观地对待人生，多给孩子读或看这样的故事，可以培养孩子对乐观情绪的向往。

（6）多让孩子讲讲有趣的事。孩子对发生在自己身边的有趣的事，总是很有表达的欲望，这时家长需要做的，就应该是认真倾听，并发出会心的欢笑。如果孩子有足够的幽默感，大人还可引导他们编幽默故事，给课本、电影或电视剧改变甚至添加一个令人捧腹的结局。

八、自己动手丰衣足食

在日常生活中，家长应该本着“大人放手，孩子动手”的原则，培养幼儿的自理能力。在现实生活中，有一些家长怕累着孩子，怕孩子做不好，自己重新再做太麻烦，因而不让孩子做一些力所能及的事；还有一些家长认为，吃饭、穿脱衣服等生活技能是不用训练的，因为小孩长大自然就会。其实这些观念都是不正确的。

从儿童发展的观点来看，不给予孩子锻炼的机会，就等于剥夺了孩子自理能力发展的机会，久而久之，孩子也就丧失了独立能力。所以我们要本着“大人放手，孩子动手”的原则，让幼儿做一些力所能及的事情。

在家里，家长可以根据孩子的兴趣和能力因势利导，通过具体、细致的示范，从身边的小事做起，由易到难，教给幼儿一些自我服务的技能，如学习自己擦嘴、擦鼻涕、洗手、刷牙、洗脸、穿衣服、整理床铺等。这些看上去虽是很小的事，但实际上给幼儿创造了很好的锻炼机会，无形中增强了幼儿独立生活能力。

当孩子完成一项工作后，做父母的要给以适当的肯定和赞赏，当孩子的存在价值被肯定，自己的工作能力被肯定，他们也会感到无比的兴奋和快乐，在很大程度上增进孩子的自信心。

1. 培养孩子的自理与独立能力有几大好处

午睡后，幼儿园老师发给每位小朋友一个香蕉，绵绵却举着香蕉请老师帮忙剥开，老师问：“绵绵自己剥，好吗？”绵绵说：“每次都是姥姥剥好了给我吃，我不会……”无独有偶，3 岁半的果果穿衣服也请老师代劳，他不知道怎么系扣子，即便偶尔扣上一个，却十有八九安错了地方，在家里，都是奶奶帮他穿脱衣服。

像绵绵、果果这样的孩子在我们身边比比皆是，他们习惯于在所有的事情上“动口不动手”。长此以往，孩子难以学会自理，将会后患无穷。据社会心理学家所做的一项调查表明，那些从小习惯于依赖父母的孩子，日后自理能力和独立性都比较差，遇事总是指望父母一帮到底，随着子女的需求和父母的能力之间的差距越来越大，孩子就会埋怨父母，引发亲子冲突。

帮助孩子动作技能更协调。吃饭、穿衣，洗脸、整理玩具，实际上都是孩子探索世界的一部分。让孩子动手做这些事，能增进肌肉发展和动作协调，也能提高孩子解决问题的能力。

养成孩子负责、独立的态度。3岁是培养孩子独立自主的关键期，在这一时期用正确的方法引导孩子自己的事情自己做，伴随而来的是自信与成就感。孩子有了自信,学习愿望就会较强,效果也会更好；同时，还能从小培养起孩子对自己负责的态度和独立处理问题的能力，并尽快适应幼儿园生活。

3岁宝宝的听说能力有了一定的发展，基本上能明白大人的话了；四肢活动、手的抓握及小手指的配合能力也比较强了，手眼已经能够互相协调起来，具备了独立做事的能力；而且，这时孩子进入第一反抗期，从主观上愿意尝试，很喜欢说不，以拒绝父母的帮助，父母何不顺水推舟？如果能有意识地放手让孩子自己去做，逐渐探索与练习，宝宝到幼儿园后就不为难、妈妈也不用愁了。

把某些事划入宝宝的责任范围，应遵循一个原则：那就是在他有能力学习做某一件事时，教他如何操作——自己动手“丰衣足食”，会吃、会喝、会穿，这是宝宝必备的生活能力。

2. 拒绝“饭来张口”

吃饭前，给宝宝穿上罩衣、戴上围嘴，武装到位；在周围的地上铺好报纸、告诉他：“从今天开始，宝宝要自己吃饭了。”为了吸引宝宝，不妨准备一个形状好看的餐盘，如树叶形的、草莓形的。将五颜六色的饭菜放入餐盘，再给宝贝做个拿勺子吃饭的示范，剩下的事情就交给宝宝自己完成吧。等孩子吃饱了，再清理“战场”。经过一段时间的训练，宝宝就能独立吃饭了。

3. 用杯子喝水

准备一个训练杯，就是有两个手柄、杯盖上有个突起的小嘴儿。宝宝双手握杯，将杯子举到嘴边用力吸，或直接往嘴里倒。一段时间后，取下杯盖直接喝。开始时杯里的奶或水不要太多，以少半杯为宜。熟练掌握了这个技能，宝宝下一步的任务就是学着从饮水机上接水喝了。当然，这时只让他接凉水。

4. 穿、脱裤子与系扣子

在幼儿园，老师不可能挨个跟着宝宝上厕所，所以必须学会自理。每天上床前由宝宝自己脱衣服，传授要领：手放在腰部，用力往下推；学会了脱再学穿：两脚伸进相应的裤腿，两手用力提裤腰。裤子最好是松紧带的，学起来容易些。

在游戏中学系扣子能引起宝宝的兴趣，比如给娃娃、小熊等穿上衣服，将扣子伸进对应的扣眼中。这比单纯学习穿衣服有意思多了，效果还好。

5. 勇敢的宝宝自己睡

由成人陪伴午睡的宝宝，会觉得幼儿园的午休时间很难熬。提前培育宝宝自己睡，能帮孩子“闯”过这一关。

6. 独处从 2 分钟开始

无论是白天还是晚上，都尽量让宝宝自己睡。开始，宝宝很不情愿单独躺在自己的小床上，妈妈不妨采取循序渐进的方式，比如说：“你静静地躺着，过2分钟我就回来。”2分钟后准时回到宝宝身边，然后再对他说你3分钟后回来，反复几次，时间一点点延长。当你不在的时候，留下音乐或故事给他听，在轻松的心态下，孩子容易入睡。

7. 我们就在你身边

借助讲故事、做游戏的方式使孩子明白，爸爸妈妈、奶奶姥姥让他自己睡的目的是让他很快成为一个能干的“棒宝宝”；同时告诉宝宝：“我们或者老师就在隔壁，你睡着的时会来看你。在你需要的时候，会立刻出现在你的面前。”这样，孩子就有安全感了。

第四章 做一个健康的孩子

一、合理的营养饮食很重要

学龄前儿童的膳食，应该是从婴幼儿膳食组成逐渐过渡到成年人的膳食组成。虽然这个时期的小儿生长速度比前一阶段要慢一些，但他们仍在继续生长发育，大脑的发育日趋完善，而消化功能还没有完全成熟，加之小儿随年龄增长，逐步过渡到可以部分独立生活，由于活动量增大了，活动内容丰富了，所以，营养素的需求也就更多了。

学龄前儿童饮食中的营养，学龄前儿童在饮食中需要足够的蛋白质，而蛋白质在食物中主要存在于谷类食物、豆类食物、动物性食物中。乳类在小儿食品中占有特殊的地位，它不仅是很好的蛋白质来源，而且钙和核黄素的含量也较高，所以，每日应给小儿吃一定量的乳类食品，学龄前儿童每日供给半斤牛乳或 1 ～ 2 两动物性食品和豆类食品，就能基本上满足小儿机体对蛋白质的需要量。

蔬菜和水果是食物中维生素 C 主要来源，甚至是唯一的来源，在选用蔬菜时，要注意选择一些绿叶蔬菜，如小白菜、油菜、苋菜、菠菜等，菠菜含草酸较多，不利于钙的吸收，烹调时应先用水焯一下，使草酸溶解到水里，为了避免维生素 C 在烹调过程中破坏，可以给小儿多吃一些生的蔬菜如西红柿及水果等，平均每人每天应供给 4 ～ 6 两蔬菜为宜。

宝宝的营养是很重要的，这也是都知道的，很多宝宝也是会出现营养不良的情况，但孩子也是有营养充足的情况，那么宝宝营养充足的表现是什么？

首先看身高和体重标准。人体的正常生长发育，尤其是身高和体重，肯定受饮食的影响。例如战后早期，住在美国的日本人，比在日本本土的日本人身材高大，这就是饮食不同的缘故。幼儿如果营养充足，身体的发育肯定会合乎一般规律的。幼儿体重大体符合以下公式：体重（千克）= 年龄 ×2+8；幼儿身高大体符合以下公式：身高（厘米）= 年龄 ×5+75。从营养与健康的关系看，符合标准的身高和体重，至少是健康的某种标志。

其次看抵抗疾病的能力。婴幼儿出生后，从母体带来的抵抗疾病的抗体大约在出生后 6 个月就消耗完了，所以出生半年后各种传染病很容易发生。为了预防传染病，婴幼儿要进行各种预防注射，这就是人们俗称的“打防疫针”。对于一个营养充足的孩子来说，这将会对抵抗传染病的发生起重要作用。可是对一个瘦小虚弱的孩子来说，所起的预防作用将是有限的。世界上不少地区的孩子活不到 7 岁就夭折了，原因主要是营养不良、抵抗不住各种疾病的侵袭。

最后看智力营养状况。喂养不当的孩子智力都很低。有一些学者观察了营养不良和营养正常婴幼儿的行为特征，两者在“远距离交往”上明显存在差异。营养正常者，能离开母亲独自玩耍，而且会用眼神、声音、微笑、手势与小朋友交往。营养不良者的远距离交往的能力差，胆小、不活泼，离不开母亲，语言、符号的使用少等。

上述就是对宝宝营养充足的表现的介绍。儿童正是长身体的时候，因此加强营养是很重要的，所以家长朋友一定要掌握儿童饮食的特点，那么学龄前儿童饮食的八要点是什么呢，下面我们一起来了解一下。

1. 培养良好的饮食卫生习惯

饮食卫生习惯主要有不挑食、偏食，按时吃饭，不暴饮暴食，饭前、吃东西前洗手，不吃不洁食物，吃饭时不看书、不看电视、不说笑，饭后不做剧烈运动等。

2. 注意摄入蛋白质的质量

儿童在生长发育期需大量的蛋白质，而且蛋白质的质量要优良，即摄入肉、禽、蛋、豆类的蛋白质，但不宜多吃高脂肪食物。

3. 膳食要均衡，食物要新鲜、品种多样化

通过均衡的膳食，即粗细、荤素搭配，是可以达到儿童的营养需要，而不必买营养品、滋补品之类。

4. 适当吃些零食

可在午后三四点钟时吃一些零食，可缓解饥饿，补充营养，现提倡吃些坚果类零食，因为它们营养丰富，而且通过咀嚼有利于咀嚼肌发育，有益于视力。但应控制食量，而且不在饭前吃。

5. 补足水分

学龄前儿童活动量大，新陈代谢旺盛，对水的需要量也大，应注意补足水分。值得注意的是，人工配制的各种果味饮料、碳酸饮料，不宜作为儿童补水之用。

6. 早餐不宜马虎

调查表明，从早餐中获得足够热能和蛋白质的孩子，其体形和机能发育较好，学习效率亦高。早餐不但要吃，而且要吃得好，可选择鸡蛋、牛奶、米饭、面包、小菜、馒头、果酱、芝麻酱等搭配吃。

7. 补充矿物质、微量元素

处在生长发育的儿童对矿物质、微量元素需求量大，调查表明，他们是易缺乏钙、铁、锌、碘及维生素 A 等营养物质的人群，应注意从食物中摄入补充。可增加乳制品、豆制品、海产品及肉类、动物肝脏及新鲜蔬菜的摄入。

8. 注意食物的色香味，进食环境整洁优美

良好的进食环境是合理营养的基本条件，儿童进餐的环境应整洁、卫生，不在吃饭时训斥、指责他们，让他们保持轻松愉快的心情专心进食，以利于食物的消化吸收。

总之，膳食要均衡，要荤素、粗细搭配，并注意优质蛋白质的摄入，养成良好的饮食习惯，不挑食，不偏食，尽量少吃饮料、小食品，这样才能避免肥胖症或营养不良症的发生。

9. 均衡膳食的建议

（1）当孩子要求食物或饮料时，确信孩子实际上也饥饿或口渴。如果孩子的真实目的是想引起你的注意，就要与他交谈或玩耍，但不要拿食物来进行安慰。

（2）孩子玩耍、听故事或看电视时，不要让他吃东西。这会导致他

因为“下意识”地猛吃而过饱。

（3）计算他经常吃的食品所含热量，并监视他平均每天摄入多少卡热量的食品。4 ~ 5 岁孩子每天的总热量需要 900 ~ 1800 卡，或大约 40 卡 / 千克体重。

（4）限制孩子摄入牛奶。牛奶是一种重要的食品，主要是由于它的钙含量较高，然而喝太多牛奶将降低孩子对其他食物的欲望。孩子每天饮用 500 毫升牛奶就足以满足其钙的需要量。

（5）只有在孩子要求再要一些食物以后，才给他一小份。

（6）食用甜点不超过一天两次，强调用健康饮食代替诸如软饮料、糖果、面粉糕饼、含盐或脂肪过多的食品。过多的甜点不仅会使孩子对正餐的食欲下降，还会将牙齿长期暴露于引起牙齿空洞的食品中。为了使牙齿空洞和热量过多的风险降到最低，鼓励孩子食用下列营养点心：水果和水果汁；手抓三明治；胡萝卜、芹菜和黄瓜；燕麦片粥；乳酸麦麸面包或饼干奶酪。

（7）不要用食物来奖赏孩子。

二、早睡早起身体好

有人说，小婴儿“睡一睡就长一长”；也有美国最新的科学研究报告表明，宝宝小时候睡眠不足或睡眠习惯不良，长大后有可能成为“问题少年”。早睡早起，对于宝宝的生长发育及智力发展都具有重大影响，并且对于正在迅速成长的小宝宝来说，爸妈如只是一味要求宝宝早起而没有确保其足够的睡眠时间，绝对是对健康有害的。因此，爸妈不仅要让宝宝养成早睡早起的好习惯，更要注重宝宝的睡眠质量，把握好宝宝在睡眠中的生长发育契机。

良好的睡眠习惯对宝宝的生长发育及智力发展具有一定的重要影响，但有的宝宝经常晚上不睡，早上不起，影响了爸爸妈妈的日常生活和工作。在最近公布的国际睡眠分类中，把赖床也纳入了睡眠障碍的范畴，成为了一种影响消化、血压、呼吸等内脏功能的疾病。很多家长都有过这种经历，由于宝宝不起床，一天的日程安排就要泡汤了。

尤其是已经开始上幼儿园的宝宝，赖在被窝里不肯起来，让原本就十分紧张的清晨时光变得更措手不及。但是您注意到了吗？“早睡早起”，其实是一对好兄弟，所以，要宝宝早起，首先得做到早睡。这也是全家人都该养成的良好作息习惯，只要生活有规律了，无论什么季节，您和宝宝都能拥有健康、精神的每一天哦！

您家宝宝赖床吗？您是不是也在为宝宝赖床影响您的日常生活和工作而感到烦恼呢？如何让您的宝宝按时起床，养成良好的作息习惯呢？

1. 叫醒宝宝的方式

充足的睡眠是保证宝宝身心发展的必要条件。可是如果宝宝在早上迟迟不醒，那爸爸妈妈一天的安排都不能顺利进行。医学研究又证明，一个人他只有自然醒来，才会一整天都神采奕奕。所以这个时候我们爸爸妈妈可以用一些心思，营造一些气氛，巧妙地让宝宝自然醒来。下面介绍视觉唤醒法，听觉唤醒法，触觉唤醒法，还有嗅觉唤醒法，让宝宝自然地醒来。

视觉唤醒法：光线变化是最好的自然闹钟，因为小宝宝的生物钟是跟着太阳走的，早上爸爸妈妈拉开窗帘，让光线照亮宝宝的双眼，宝宝也很容易苏醒。

嗅觉唤醒法：就是用食物的美味，让宝宝胃口大开迫不及待地要享受，或将窗户打开一条小缝，让外面的清新空气，或花的香味飘进房间，宝宝就会在美妙的嗅觉感受中苏醒过来。

听觉唤醒法：清晨，家长在宝宝房间里，故意发出一些平时生活中自然的声响，这个声音是自然发出，并不是像闹钟那样刻意营造的声音，所以宝宝不会很反感，而且这种声音可以很自然地唤醒宝宝。

触觉唤醒法：父母把手伸入宝宝的被子里，沿着宝宝的小脚往上轻轻点触，一边点，一边根据点到的部位念儿歌：

宝宝的小脚丫醒了

宝宝的小腿醒了

宝的大腿也醒了

……

一直到宝宝的小脸蛋。但在冬季做这个游戏，家长一定要注意手的温度，过冷的手会刺激到宝宝，让宝宝感觉不适。

这样摸几遍，宝宝肯定能醒。宝宝睁开眼后，妈妈便看着宝宝说，“宝宝你睡醒了，你睡得好吗？”要用愉快的声音跟他说话。如果宝宝还不太愿意动，妈妈就去给他找两件衣服来，让他自己选一套，给他穿衣服。要是宝宝还是没太清醒不愿意动，妈妈就逗逗他：“这小衣服真好看，妈妈想看看你穿上什么样，来，咱们穿衣服吧。”穿好衣服后，妈妈再跟他说：“宝宝，咱们都穿好衣服了，起床了，不能躺着了，走，妈妈带你洗脸刷牙去。”从而开始一天的活动。

2. 分析宝宝赖床的原因，并对症下药，从根本上解决赖床问题

如果早上宝宝醒了之后，还是会大哭大闹非常不愿意，那其实就说明宝宝确实是没有睡够。这个时候就应该从分析宝宝的睡眠时间和作息规律入手，真正地保证宝宝充足的睡眠。这样，赖床的问题才能得到自然的解决。

很多宝宝赖床，都是因为晚上睡得晚，早上又得早点起来，导致睡眠不足引起的。

（1）帮助宝宝克服怕黑的心理。不少宝宝晚上睡得晚，很重要的一个原因是怕黑，导致很难入睡。即便好不容易睡着了，晚上也容易做噩梦，受到惊吓。碰到这种情况，应该怎么办呢？最主要的还是要帮助他克服对黑暗的恐惧。

怕黑，是出于人类对求知的恐惧。宝宝在两到三岁的时候，他们的大脑处于思维活跃期，一到黑夜宝宝就会产生一些莫名其妙的想象。这时候的办法就是让宝宝认识黑夜，了解黑夜。同时也要求家长尽量不要让宝宝去看那些怪物的形象，或者一些电视里暴力的形象，更不能用这些怪物的形象，去吓唬宝宝。

让宝宝认识黑夜，了解黑夜，做手影游戏可谓一个不错的办法。手影游戏很简单，就是利用光线的变化，在墙上投射出来一些影子，从而让宝宝很自然地认识到光线变化不过是一种自然现象。如果是晚上做这个游戏很容易，晚上本身就是黑暗的，只要把家里的灯关上，只留一盏小灯，就可以跟宝宝玩了。如果是白天，可以把家里的窗帘和灯都关上，打开手电筒，照射在墙壁上面，然后就可以带领宝宝在手电筒与墙壁的中间玩影子游戏了。妈妈先示范用双手做出不同的手影，再让宝宝一起学习。宝宝会很感兴趣的。玩过一会儿之后，再把手电

筒关掉，这时宝宝就会发现，影子是因为光线的存在才会有的，如果光线没了就变成了黑暗的世界，什么都看不到了。妈妈还可以引导他："这是影子的游戏。因为光的变化才有了影子。那你说白天过了之后是什么？""黑天。""那黑天过了之后呢？""要睡觉。""哦，黑天要睡觉，那睡醒了天就怎么样啊？""亮了。"如果宝宝能够答出来，要记得鼓励他真棒。还有很重要的一步，那就是玩完游戏后，再引导宝宝："现在咱们就让天亮起来好不好？"带领他一起把窗帘拉开，恢复光亮的世界。

两三岁的宝宝怕黑，其实是很正常的事，爸爸妈妈除了教宝宝认识黑夜，了解黑夜外，还可以在宝宝的房间安一盏小夜灯，这样晚上给他一点光亮，有助于他克服对黑暗的恐惧。也可以挑选一个他自己喜欢的小毛绒玩具作为一个安慰物，在晚上搂着它睡觉，这样也可以给宝宝安全感。不过妈妈要注意，使用毛绒玩具，一方面要注意定期清洗，保证它的清洁，另一方面就是等宝宝长大一点，慢慢对黑暗不再那么害怕的时候，就应该帮助他戒掉这个安慰物，避免他过度地依赖。

（2）引导宝宝早点上床睡觉。睡觉前不要吃得太多、太饱。因为如果宝宝晚上吃得太多，会导致肠胃不舒服，这样也会使宝宝不能尽快入睡。一般来说，晚上吃一餐饭，喝一次奶，吃一点水果是可以的，但其他的零食就最好不要给他吃了。

家长要以身作则。当叫宝宝睡觉的时候，我们大人也要以身作则，否则宝宝就会说，为什么你不让我看电视，你们就能看？为什么我要睡觉，而你们不睡？所以，为了配合宝宝的作息时间，在他入睡前这段时间，我们大人也要以身作则，不看电视，全家都营造一种睡前的氛围。这样带宝宝去睡觉的时候，可能就会顺利一些。

建立良好的睡前模式。帮助宝宝养成规律的睡眠习惯，还有一个特别重要的事情要做，就是睡前仪式的建立。什么是睡前仪式呢，就是睡觉前在固定的时间做固定的事情，而且这一系列的事情的顺序也是固定的。比如我们希望宝宝九点钟能入睡，那就从八点半的时候开始先带他去卫生间，然后洗漱一下，再让他上床，给他讲故事，直到关灯睡觉。只要这套仪式是固定的时间、固定的顺序，坚持这样做下去你就会发现宝宝入睡非常顺利。

睡觉前不要太兴奋。宝宝晚上太兴奋,也是宝宝入睡晚的一个原因。但工作繁忙的父母，晚上很晚才能回到家，很想和宝宝亲密接触一下，以增进亲子感情，这时候我们的建议是跟宝宝做一些安静的活动。推荐一个“小飞虫”的游戏。

妈妈和宝宝各伸出一个食指，然后面对面地各自摆动伸出的食指，并念儿歌“小飞虫、小飞虫，请你快快停一停，停在哪，停在哪，停在宝宝的鼻子上”当念到“停在哪停在哪”的时候，妈妈和宝宝伸的两个手指相对点住，当念到“停在宝宝的鼻子上时”，妈妈和宝宝都用手指指着宝宝的鼻子，并停上一会儿，告诉宝宝“小鼻子不能动了”。接着说“停在宝宝的嘴巴上”，把手指停在宝宝的嘴巴上，让小嘴巴闭好了。再说“停在宝宝的眼睛上”，把手指停在宝宝的眼睛上，让宝宝将眼睛闭上。还可以说“停在宝宝的胳膊上”，胳膊就不能动了；“停在宝宝的小腿上”，小腿也不能动了。宝宝的全身都不能动了，那就睡觉吧！

这个游戏特别适合宝宝睡觉前玩。长期坚持下来，作为睡前仪式的一部分，这样就可以让宝宝每天都自然地入睡。

3. 友情提醒

改善宝宝赖床的问题，千万不要急躁，一定要给宝宝一个缓冲的过程，让宝宝逐渐地去适应。您制定好了规则，只要温柔坚定地去执行，三到七天就一定能够看到效果。而且在制定好了规则之后，我们做家长的也不要忘了和宝宝一起共同努力。

三、亲近大自然，让心境更开阔

你的宝宝是否在自己的小房间里待得太久，从未听过月夜里的蛙虫鸣唱？宝宝的玩具箱里是否充满了太多的洋娃娃和益智玩具，却不曾有过最朴素的树叶粘贴画？年轻的父母们，在秋高气爽的季节里，快带宝宝投入大自然的怀抱，和万物生灵做朋友，让孩子更好地成长。

现在，不少家长认为对孩子进行智力开发，就要让孩子多写、多算，殊不知，对孩子来说，最好的老师就是大自然。在秋高气爽的日子里，多带宝宝出去走走，呼吸新鲜空气并接受阳光的沐浴，不但可以培养宝宝热爱大自然的天性，也能让宝宝在大自然中学到很多东西。

大自然是一个丰富多彩的世界。它的千姿百态吸引着富有好奇心的孩子。如果家长能有意识地引导孩子学会观察，就会打开他们向大自然求索知识的心扉。

有位外国的教育家说得好：“大自然是世界上最有趣的教师，它的教益无穷无尽，然而，世界上有很多孩子却没有机会与这位教师亲近，实在遗憾。”那么让孩子接近大自然，有什么益处呢？

首先，独特的绿色有助于松弛幼儿脑部神经，产生愉快的情绪。那里的阳光、空气和水，都能让孩子的身心得到放松和锻炼。现在的许多孩子沉迷于日韩的动画片中，沉迷于电脑游戏里，而家长往往只会大声地训斥。我们为何不尝试着转移孩子的视线呢？与其周末去吃一顿洋快餐，还不如换上轻便的衣服，带孩子到郊外，让关在钢筋水泥世界中的孩子投入到大自然的怀抱中。

其次，通过户外活动可以锻炼宝宝的体格，促进生长发育。在大自然的怀抱中，让宝宝踮起脚尖来摸一下小树的叶子，蹲下来看看蚂蚁搬家，跑一跑去追逐空中飞舞的蝴蝶，这些大肌肉动作的练习，让宝宝在不自觉的玩耍过程中都轻松实现了。

再次，通过户外活动可以培养宝宝的观察和分析能力。在培养孩子的观察和分析能力时，要引导他们从整体到局部有顺序地进行观察。例如观察柳树时，先让孩子对柳树的特征有一个较为完整的认识，然后再分别观察柳树每一部分的特征，如树干、树叶、树枝是怎样的，形态如何，还可以让孩子捡一些不同形状的树叶，带回家和孩子一起制作简单的树叶粘贴画和树叶书签。孩子有了运用多种感官的机会，视野开阔了，思维也会活跃起来。

另外，通过户外活动还可以培养宝宝的语言表达能力和思维能力。如带孩子到户外时让他们感受室外的温度，对大一些的宝宝，家长就可以让他们边观察边用自己的语言来概括一下秋天的景色和对秋天的感受。让孩子学习用比较恰当的颜色来描述一下四个季节，比如春天的绿色，夏天的蓝色，秋天的黄色，冬天的白色等。

此外，户外活动还是建立父母与孩子良好亲子关系的纽带。积极的亲子关系，会使孩子感受到爱与被尊重，从而对自己、他人有积极乐观的认识。宝宝从小建立起积极的人际关系，有利于培养良好的心理素质。通过户外活动增加了家长与孩子在一起的机会，家长能够更好地了解孩子。在绿色的草坪上与孩子一起躺下，陪着孩子嗅嗅青草香、享受阳光洒在身上与微风吹拂肌肤的感觉，创造亲子间自然的美好回忆，是多么惬意的事情啊！

大自然中四季的更替、气候的变化、动植物生息以及丰富的地理环境等，对宝宝感官刺激与认知的发展，皆是最直接的启蒙良师。年轻的爸爸妈妈们应多带孩子到大自然中去寻找知识，开发智力，陶冶性情。

那么父母们该通过什么方式让孩子“亲亲”大自然呢？赏鸟活动、倾听大自然、种植花草、养养动物、看大自然相关的书籍或者影片都是不错的选择哦。

1. 让孩子把大自然带回家

（1）把大自然的景物记录下来。自然界中有许多取之不尽的教育素材，在观察中，应为孩子准备相关的材料（写生板、绘画用纸、画笔等），鼓励孩子把看到的美丽景色画下来，加深他们对大自然的美的感受。我们的孩子对街上五彩缤纷的灯光早已不感兴趣，但对小小萤火虫儿的兴趣却很高。我们也可以带上相机（有条件的还可以带上摄像机），把欢笑和美好的景物记录下来。

（2）还可以带孩子到大自然中收集、制作简单的标本。例如叶脉的标本：收集各类树叶——用清水和柔软的刷子把叶子洗净——用水把叶子煮烂——小心去掉叶肉——染上自己喜欢的颜色。可带领孩子制作一些简单的植物和昆虫标本，帮助孩子分门别类进行保存，这将激发孩子探索科学知识的愿望。

（3）我们还可以在家里开辟空间，种植花草，并引导孩子做好观察记录。当种子慢慢地发芽、长叶、开花……孩子开始学会爱护美，创造美。当家里充满绿意，到处生机勃勃，你会欣喜地发现，孩子比以往细心得多，做事情也更有条理性了。

2. *带宝宝在户外活动时的注意事项*

（1）多为孩子提供拥抱自然的机会。尤其是城市的孩子，由于长期居住在高楼林立的环境里，远离自然，许多孩子很少有接触自然的机会，甚至连一般的农作物都不认识，家长应该多给孩子提供亲密接触大自然的机会。

（2）注意孩子的安全。孩子年龄小，自我保护意识差，到自然环境中难免会出现危险情况。因此，家长应在出发前多给孩子讲解一些保护性的常识，并且在游玩过程中时刻注意保护孩子，以防发生摔伤、蛇咬伤、溺水等意外事故。

（3）对孩子不能求全责备。孩子到了自然环境中，由于好奇和兴奋，可能会到处跑跳，有时会跑到草丛中捉昆虫，或到小河中捉鱼虾，甚至有时会趴在地上观看昆虫活动，往往会搞得衣冠不整，满身泥土。家长不能用成人的标准来要求孩子，给予过多严厉的责备，这样会影响孩子探索大自然的兴趣，变得缩手缩脚，达不到预期的目的。

（4）多给孩子讲解。到大自然中，成人也有自己的兴趣、爱好，家长不能只顾自己游玩而忽视对孩子进行知识传授，要充分利用这个时机，给孩子讲解所看到的事物、现象，耐心解答孩子的提问，开阔孩子的视野，增长孩子的知识。

四、劳动最光荣

太阳光金亮亮 \ 雄鸡唱三唱 \ 花儿醒来了 \ 鸟儿忙梳妆 \ 小喜鹊造新房 \ 劳动最光荣 \ 小蜜蜂采蜜忙 \ 幸福的生活从哪里来 \ 要靠劳动来创造 \ 青青的叶儿红红的花儿 \ 劳动最光荣 \ 小蝴蝶在玩耍 \ 不爱劳动不学习 \ 我们大家不学它 \ 要学喜鹊造新房 \ 要学蜜蜂采蜜糖 \ 劳动的快乐说不尽 \ 劳动的创造最光荣……早就有少儿歌曲《劳动最光荣》一曲，来激发学生热爱劳动，热爱生活的思想。

哈佛女孩刘亦婷从小就是一个“小小劳动者”，常常以劳动为光荣，在劳动中快乐成长。刘亦婷在 3 岁时，就已承担了一些家里打扫卫生的任务，家里每次吃完东西后，桌子上和掉在地上的果皮都是由她负责收拾干净。在上街买东西时，她也要负责问路、问价、向售货员提出自己的要求等事务。有时由于时间紧不能排除她就要上前向有关的服务人员和排在她前面的人说明具体情况，要求得到优先的照顾。

这些事情，刘亦婷每次都办得很出色。为了不使刘亦婷在道德观上发生混乱，她的妈妈在事先已教过刘亦婷：“你如果用欺骗或耍赖的方法插队，是自私的行为，这种行为令人讨厌。如果有困难，要光明正大地请求别人的帮助，你只要说清需要帮助的原因，大家一般都会先照顾你的，因为中国人都知道要尊老爱幼。你如果说清楚，我们就能办这件事了。”

对此，刘亦婷非常清楚“加塞儿”和“要求优先”的差别，她每次在受到照顾后，都会真心诚意地向照顾她的人连声道谢。

美国哈佛大学的学者威特伦用了 40 年时间，对 256 名波士顿少年的表现进行追踪观察。得出的结论是：那些从小爱劳动、能自理的孩子在成年之后，与社会上的各种人有良好关系比那些不爱劳动的孩子要多2倍，失业要少16倍，收入要多5倍，其身体健康状况也要好很多，生活美满幸福，劳动可以让孩子获得很多能力，感到自己对社会的贡献。这是从社会学角度来看的。

从生物学的角度来看，一个人的成长也需要进行劳动和制作。劳动和制作必须要动手，手上有很多通向大脑的神经束，可以促进脑神经的发育；而且劳动和制作，一定会伴随着思维和想象，能够促进智力的发展，所以人们常把“心灵”和“手巧”相连。

我们的家长千万不要忽视了孩子干家务活，孩子帮助干家务学到的知识，胜于书桌前的学习。

家务里面的确有不少生活的学问。比如，如何把衣服叠整齐美观了，这里面有很多考究。T恤衫、衬衫、裤子、棉袄的叠法各不一样，怎么叠才最简单又最好看，这就是锻炼一个孩子的分析能力、想象能力和美感的机会。再如，择菜也有学问，白菜、菠菜、青菜和芹菜各有择法，同样的菜也有嫩老、新鲜度等具体情况，怎么择快、怎么择不浪费是有不少知识可学的。通过择菜，还可以知道一些农事知识，什么季节有什么菜，是怎么长出来的等。这些知识很感性，也很有趣，对孩子来说容易接受。家长可以在教孩子洗袜子时，谈论肥皂和洗衣粉去污原理的不同；孩子在协助家长做菜时，向孩子谈论糖和盐的浓度与味道等。

美国一位儿童教育专家说，我们不能让孩子永远站在我们的后边，保持天真无知，而应去筛选生活，找出孩子在我们的指导下能承受的经历，使他有机会去体验生活自学成才，认识自己的能力。我们对自己和孩子不可能把每一件事情都安排好、把握住。如果拼命去作这个尝试，将会使自己烦恼无限。

让已习惯于“饭来张口，衣来伸手”的孩子改变他好逸恶劳的习惯很困难，这就需要有一整套奖罚制度才能奏效，而且这不一定能让孩子在内心热爱劳动。但要让孩子在把模仿大人当游戏的幼儿时期，养成热爱劳动的好习惯，孩子就会发自内心地热爱劳动。

下面是一些从小培养孩子爱劳动的策略：

（1）抓住学习动机最强烈的时机。从孩子的发展过程来看，孩子都是喜欢做事的：开始学走路就不要大人抱，学吃饭的时候不要人喂，要自己舞匙弄筷地吃；给他穿衣服，他还会抢着自己套上身……这些时候，便是孩子学习做事情最强烈的时候。家长应耐心地教给他们做事的方法，指导孩子做好他们想做的事，使孩子享受到“我会做”的喜悦和成就，千万不要顾虑到安全或觉得麻烦而不肯让孩子尝试，让他们错失了学习的最佳时机。

（2）在游戏中学习。对于年幼的孩子来说，他的生活就是游戏，学习做家务也是一种游戏。要他收拾玩具的时候，你可以这样说：“玩具宝宝玩累了，他们要回家睡觉了，让我们送它们回家吧。”开饭的时候你可以说：“妈妈当厨师，你当服务员，请服务员帮忙把菜端出去。”当孩子感觉做家务就像玩游戏那么有趣时，他们一定会喜欢。

家长让孩子劳动时，孩子可能正在玩。既然玩是孩子的天性，家长就要巧妙利用这一点，让劳动和游戏相结合，唤起孩子对劳动的兴趣。对于上中学的孩子，家长可以让孩子来当一天家，给孩子一定的钱，让孩子量入为出，安排一天的饮食起居、料理好家务。孩子不仅可以换位思考，懂得家长持家的不容易，还能让孩子具有主人翁意识，明白“家庭责任”的含义。

另外，在劳动过程中，家长应该主动开口，和孩子交流、互动。家长可以给上小学的孩子讲故事、唱儿歌、背古诗，让孩子在劳动的同时，能够获得轻松、愉悦的情感体验，在说说笑笑中，完成了劳动任务，孩子非但没有感觉到累，反而感到和家长之间更亲密、融洽了；家长可以引导上中学的孩子，说出孩子感兴趣的事，和孩子一起讨论，也可以听孩子说说班里的事。无论孩子说什么，家长都不要质疑和指责，而应该耐心倾听、分享孩子的心事，让孩子劳动、倾诉两不误，让孩子在劳动中得到情绪的释放，还可以起到减压的作用。

（3）要“舍得”让孩子劳动。不要总认为孩子小，许多事情都舍不得让他做而事事代劳，久而久之，孩子没有机会练习，渐渐地，很多事情就真的不会做了。因此，要舍得让孩子锻炼。

在家庭教育中我们常常能看到这样的情景：女孩看到妈妈在洗衣服，她也会要求学着洗。这时女孩的妈妈便说：“这是妈妈干的活儿，你还太小，洗不干净，万一你把手洗破皮了可怎么办！”男孩看到爸爸在修理家用电器，往往会跃跃欲试。这时男孩的爸爸会说：“这是大人干的活儿，你修不了，回头再电着你，你还是自己玩会儿吧。”殊不知，家长对孩子的“不舍得”，在孩子眼中却是“不信任”的表现，这是对孩子劳动潜意识的扼杀，也是对孩子劳动积极性的打击。

所以，家长遇到这种情况时，一定不要拒绝孩子，应该抓住这个引导、教育孩子劳动的大好机会，不仅要耐心地手把手去教孩子，而且要告诉孩子劳动的正确方法和技巧，还要提醒孩子注意安全以及在劳动中保护自己。只有这样循循善诱，家长才能让孩子始终保持对劳动的热情，从而更好地培养孩子的劳动能力，使孩子养成“眼中有活儿”、热爱劳动的好习惯。

（4）平时多练习。很多家长由于赶时间上班，没时间和孩子磨蹭，看孩子做得慢且糟，就干脆自己来做。其实，家长可以利用晚餐后的时间慢慢教孩子，并试着让他自己来做，自然就熟能生巧了。

（5）要按孩子的实际水平和能力提要求。孩子的年龄不同，动作技巧、认知程度、体力、耐心均不相同，父母让孩子做家务，应视孩子能力来做，不宜超过，以免孩子因挫折而产生抗拒和畏惧感。

（6）示范在先，家长以身作则。在训练孩子学习生活劳动的具体操作技能时，应做到三性：即父母的示范性、要求的层次性、孩子操作的独立性。如教孩子扫地、洗手帕、洗袜子、穿衣、穿鞋等，先让孩子看大人怎么做，边示范边耐心细致地给他讲解操作要点和注意事项，然后手把手地教，再逐渐放手让他独立操作。

如果家长总是把劳动看成是一种枯燥无味的差事，整天为了干家务活儿而抱怨“真倒霉，这么累还得洗衣服！”“太烦人了，这么晚还得出去倒垃圾！”或者有的孩子的父母总是为谁多干了、谁少干了而争吵不休，那么孩子肯定不会觉得干家务活儿会有什么乐趣。

家长应该以身作则，不仅应该主动承担家务劳动，还应该定期打扫楼道公共区域的卫生。社区内如果开展义务劳动，家长也要积极响应、参加。另外，家长带孩子去奶奶、姥姥家时，要主动帮老人买菜、做饭、打扫卫生，最好让孩子也跟着一起干些力所能及的家务活儿。这样孩子看在眼里、记在心上，自然会增强劳动意识，提高劳动自觉性。日后不用家长催促和监督，孩子就能自愿地承担起劳动义务。

（7）重复提示。幼儿早期出现的劳动热情，往往会给家长增添一些麻烦，可能要浪费大人一点时间，甚至还会糟蹋一些东西，但是切不能因此轻易地放过教育孩子的好机会。应因势利导，耐心讲解，反复示范。

（8）多容忍、少责备。在指导孩子时，口气要温和，不宜不耐烦，应有耐心、有步骤、以游戏的方式和心态教导孩子学习。

（9）积极鼓励，适当赞美。家长要珍惜孩子每次有益的尝试，以鼓励表扬为主。孩子每做好一件事，应及时给予肯定和鼓励。如：给他一个微笑，拥抱一下或说声“谢谢”、“干得不错”都可以使孩子感到高兴和自豪，体验劳动的愉快，激起再劳动的欲望。当他失败的时候要安慰他没有关系。

（10）注意安全，同时别怕孩子出错。在满足宝宝好奇与学习的动机时，安全问题也是不容忽视的。比如：不让孩子自行拿取危险物品，父母要替孩子拿。较大的孩子应教他正确使用方法和动作，以确保安全。

孩子在劳动的过程中，难免会因为一时不慎出错，孩子洗碗时没放稳，碗全摔在地上。面对突发状况，孩子难免惊慌失措，家长应先确保孩子的安全，询问和检查孩子是否受伤，然后再采取息事宁人的态度，轻声安慰孩子，告诉孩子家长小时候刷碗也曾摔碎过，这都是在所难免的。等孩子的情绪稳定下来后，家长要耐心指导孩子收拾残局，用扫帚将摔碎的碗清扫出去，以免扎伤家人。等孩子彻底冷静下来后再告诉孩子，以后刷碗时尽量把水开得小一点，根据碗的大小码放好，等等。

家长必须明白，摔坏的东西是有价的，孩子对劳动的热情和积极性是千金难买的。此刻对孩子的宽容，恰恰能让孩子长记性、引起孩子足够的重视，同时孩子的责任心也能够随之形成和增长，使孩子受益终身。

五、阳光的孩子最可爱

一般说来，家长对孩子不是溺爱和过分保护，就是斥责和过多批评，这虽然是两种截然相反的教育方式，但其教育结果是一样的，那就是使孩子失去自信心。

在现实生活中，独生子女越来越多，孩子变成了家里所有成人关注的对象。家长时时刻刻都在关注着孩子的动静，唯恐有丝毫闪失。加上孩子做任何事情都表现得笨手笨脚，动作又慢，此时在一旁观看的大人会不由得急躁起来，往往会自己动起手来代替宝宝做事。这样很容易使宝宝产生自信心不足和盲目依赖家长的心理。长期如此，家长就剥夺了孩子自己做事的权利，孩子也就什么都不会干了，同时也无从学习动手做事，他的自信心也就越来越没有了。另外，有的家长采取恐吓手段以达到保护孩子的目的，比如害怕孩子走出家门去闯祸，就对孩子说“外面有大灰狼”“有坏人要把你带走”之类的话，使孩子只能老老实实地待在家里。这样一来，孩子是变得听话了，可是，他的自信心也就随之消失了。

许多家长对孩子的期望过高，总有一种恨铁不成钢的心理，总是拿自己的孩子和别人的孩子攀比，总觉得自己的孩子不如人家的孩子，所以经常斥责孩子或过分批评孩子，使孩子产生自卑感，从而失去自信心。其实，每个孩子由于先天遗传基因不同，或是后天的家庭经济状况、教育环境、生活给养、生活空间、社会关系等方面的千差万别，导致每个孩子各有所长，各有所短。所以家长千万不可用同样的标准去要求孩子，给孩子施加压力，让孩子失去自信。

“孩子因为缺乏自信，做事情总是小心翼翼的，生怕自己做得不好，出错出丑。因此对于新鲜的事物，他们一般都不太愿意去尝试。”国家二级心理咨询师、EQ（情商）研究者张博士指出，除了以上这些特点外，不愿尝试新鲜事物、被动地与人交往、团队中默默无闻、遇到挫折易自暴自弃、心情通常也不太好，在心理上通常被定为“孩子缺乏自信的五大特征”。

自信的孩子又是怎样的？据调查显示，自信的孩子有五大表现：68% ~ 72% 的孩子在学校的表现比较积极；51% ~ 68% 的孩子一直都比较受周围小朋友的欢迎；42% ~ 68% 的孩子会注意他的仪表是否干净整洁；57% ~ 99% 的孩子能耐心倾听别人的意见；47% ~ 72% 的孩子总是能果断地做出决定。

张博士表示，孩子的自信心对他们的身心健康也会有很大的影响，因为不自信的孩子一般都不太喜欢自己，对自己不满意，这样一来就常常处于一种悲伤、抑郁的情绪当中，从而影响身心健康成长。

那么怎么让孩子有自信，拥有阳光的心态呢？

（1）认真对待宝宝的要求。经常忽视宝宝的需要，会让他因不被重视而失去信心。当他在电话里满怀期望地提出：“妈妈，牛奶。”你在外面一时不能满足他，告诉他具体时间：“回到家，妈妈给你拿，好吗？”

（2）给孩子自己做选择的机会。周末带宝宝出游，征求他的意见，但不要问：“你想去哪里？”而是这样问：“你想去动物园还是水族馆？”给他选择的范围，让他自己做出选择，会增添对自己的信心。

（3）不要嘲笑宝宝说错的话。宝宝刚学说话，发音不准确的时候，不要嘲笑他，也不要当时刻意强调，换个时间再教他。在宝宝语言学习期，你的嘲笑会使他丧失学习语言的信心和兴趣。

（4）认真对待宝宝的提问。宝宝提出问题，耐心倾听，如果你回答不了，老实告诉他。让他知道任何人都有做不到的事情，打消他对别人的敬畏心理，从而增加自信。

（5）用商量的口气让宝宝做力所能及的事情。比如“把报纸拿给妈妈，好吗？”让孩子知道，被人需要是提高他自信心的最好方法。

（6）给宝宝一个展示作品的空间。让宝宝在家中最醒目的墙面上张贴他的涂鸦之作；在柜子上为宝宝做个陈列架，陈列他的小制作。荣誉感最能激发孩子的自信心。

（7）给宝宝一个属于自己的领地。给宝宝一个房间，没有条件的可以给他房间的一部分，让他有一个自由玩耍、不受束缚的小天地。因为拥有自己的“领地”，让他心中充满骄傲感，这会让他平添自信。

（8）他的宽容是培养宝宝自信的土壤。不要总是因为孩子房间里或者桌面上很乱而责备宝宝，而是教他自己收拾散落的玩具，并且跟他一起做。

（9）不要拿孩子和别人比较。不对宝宝说：“妹妹已经会数数了，你还不会，你可真笨！”哪怕他真的比别的孩子差。总是拿比他强的孩子和他比较，最易挫败孩子的自信。

（10）让宝宝偶尔当当家。带宝宝去超市，把待付款交到他手里，让他交给收银员。他还不会算账，但至少带宝宝去超市，把待付款交到他手里，让他交给收银员。他还不会算账，但至少让他知道钱能买东西。逐渐让孩子自己掌握零用钱，让他当家，会增加他生活的自信心。

（11）让宝宝选择自己的衣服。给宝宝购买衣物，让孩子自己挑选颜色和款式。也许他选的颜色你并不喜欢，但不要否定他的眼光。孩子的意见被尊重是他自信的开始。

（12）和孩子一起看他喜欢的动画片。和孩子一起看他喜欢的动画片，和他讨论喜欢的人物和台词，对他的观点表示感兴趣。平等的相处和交流是给他自信的阶梯。

（13）让宝宝做一些力所能及的事情。让宝宝独立清洗自己的小袜子、小手帕，哪怕洗不干净。孩子的自信来自于每件小事中你对他的认可。

（14）鼓励宝宝表演特长。当宝宝表演背诗、讲故事和唱歌的时候，给他打拍子，表示应和。锻炼他敢于从容登台表演，就是锻炼他的自信心。

（15）让宝宝多和同龄人玩耍。让宝宝接近陌生小朋友，积极鼓励他与各种年龄的人自由交往。培养他的社交能力其实就是在培养他的自信心。

（16）帮助宝宝拟订详细计划，并提醒他执行。比如帮宝宝制订练琴计划，制订计划时和他协商时间。执行时提醒他："宝宝，我们现在该练琴了，对吧？"让他养成按计划做事情的习惯。做事胸有成竹，做人才能充满自信。

（17）宝宝玩可乐瓶、鞋盒等各种废弃物，不要武断制止他。孩子喜欢探索他感兴趣的东西,你制止他的兴趣,也就挫伤了他探索的信心。

（18）孩子在玩游戏的时候遇到困难，让孩子自己解决。孩子在拼七巧板时遇到困难，要鼓励孩子自己想办法，解决这些困难。实在想不出办法时，你可以侧面指点。战胜困难可以让他自信倍增。

（19）当孩子有进步的时候要具体表扬。和孩子相处时，经常寻找值得赞许的具体理由，用赞许的语言鼓励他，但不要空洞地表扬孩子。可以说："宝宝知道自己小便了，有进步嘛。"不要说："宝宝你真行"

空洞地表扬孩子。具体的称赞给他自信，空洞的表扬会让他自大。

（20）重视自己对孩子的承诺。本来并不想带他去麦当劳，却随口答应他去，承诺了却不去实现。你的失信让他失去自信，也失去对你的信任。

（21）帮助宝宝发挥个性中积极的方面，让他成为有个性的人。宝宝是急性子，就锻炼他做事的速度；是慢性子，就锻炼他的条理性。强迫他改变秉性会让你对他失去信心，更让他失去自信。

（22）教他从小认可自己的长相。比如告诉他虽然他不是大眼睛，但小眼睛只要有神就很好看。很多不自信往往源于对自己相貌的不认可。

（23）向孩子提供书籍和材料，支持他干自己梦想做的事。让孩子认识到自己的才干和能力，他才会更有自信。

（24）尽量让宝宝在生活中脱离依赖。上幼儿园要准时，争取让闹钟叫醒他而不是妈妈一遍遍呼唤。生活能自理的孩子才能在没有依靠的处境中充满自信。

（25）让宝宝从小学会游山玩水。带宝宝旅游时多给他讲述所遇到的动物、植物、地理、典故等各种知识，见多识广才能自信倍增。

（26）不用辱骂来惩罚孩子的过错。辱骂不仅打击孩子的自信，还让孩子产生逆反心理。

（27）宝宝遭遇挫折，用缓和的语气同他一起分析这次经历，下次就不会有同样的错误。重新鼓起他的自信心，尤其重要。

（28）父母遵循合理的行为标准，做受人尊敬的人。父母在社会中不受人尊重，最损伤孩子的自信心。

第五章　道德培养：如何让你的孩子顺应社会

一、培养孩子道德比培养智力更重要

一个孩子生出来 99.99% 都是聪慧的，尤其现在信息社会的发达，使得孩子有了更快的发育，人们总是在用“小人精”、“小大人”来形容他们，可爱而天真。

但许多家长在培养孩子方面总存在误区，更多的是培养他们的智力开发，忽略了品行道德的培养，更确切地说，大人没有起到以身作则言传身教的作用，反而把成人世界的许多不道德的思想行为传给他们幼小的心灵。

一个孩子和奶奶出来玩，走在街上，奶奶和别人聊天，这个不满两岁的孩子看见路上有张纸，就蹲下把纸捡起来放到旁边的垃圾箱里。多可爱的孩子！但他的奶奶却大呼小叫地说：宝贝，你捡它干吗，把手弄脏了吧，以后不许捡地上的东西，该得传染病了。孩子的这个行为一定是有人教他的，但一定不是他的奶奶。孩子的行为非但得不到表扬反而被训斥，孩子以后就会逐渐变成事不关己高高挂起了。其实这个奶奶一定要表扬孩子，然后再告诉他捡完东西一定要注意洗手，脏手不要乱摸。

在小区里家长带着孩子散步游玩，经常有家长让孩子在小区的绿地里或甬道边便溺。家就在旁边，为什么不到家里去呢？为什么要随地大小便而破坏小区的环境呢？这就是家长自私自利的行为对孩子潜移默化的影响，这种孩子长大了可能就会做出在路边开开车门就小便的恶劣行为。

孩子是一张白纸，当他睁开眼睛看世界的那一刹那，就开始辨别是非好坏，我们做家长的一定时时刻刻注意我们的行为，检点自己，把真善美教给孩子，让孩子从小有鉴别好坏的能力，在孩子成长的每一天中教给他责任感、教给他爱心。

孩子在玩玩具或者看书，当结束时，一定让孩子自己把东西收好，东西放在一定的地方，任何人不包办代替，这就是在培养孩子的责任感。

孩子无论看见谁，都要培养他打招呼的习惯。在家父母回来，爷爷奶奶来都要叫，出门看见认识的人也要叫，形成习惯礼貌就成自然了。如果在家谁都不叫，谁来了他都不看，出门打死他都不会叫别人，如果这时大人再缓解尴尬的局面："我们孩子认生"。那以后孩子就更不懂得礼貌是什么了。

一个孩子有礼貌，有爱心，会人际交往，有公共道德，有责任感，这些事是将来孩子在社会上安身立命不可缺少的好品质。如果家长只重视智力开发，一味地教识字、教数学、学英语、琴棋书画，不重视道德的培养，那再好的智力往往会成为成功的绊脚石。

道德是情商的一部分，只有情商高的孩子才能成才。情商高的孩子人见人爱，就会有贵人相助，在将来竞争激烈的社会中才能成功。

每一个父母都是爱孩子的，也是望子成龙的，而一个合格的人才应该是德才兼备的。为此，首先要培养孩子具有良好的品德。

抓好品德教育，就要从品德形成的起步点开始，达到先入为主，以便一开始就在儿童大脑中留下非常牢固的、良好的、深刻的痕迹。起始性教育主要体现在家庭教育上。儿童出世来到人间，第一次喜、怒、哀、乐，第一次学说话，第一次学走路，懂得第一个道理等都发生在家里。不论父母是有意识还是无意识地进行教育，孩子都在父母身边接受最初的起步教育。父母的教育好比在白纸上画画，第一笔怎么画，怎样构图，涂什么颜色等，这对儿童今后能否画出美丽的人生画卷是相当重要的。家庭对孩子的起始教育对一个人将产生终身的影响。

家庭品德教育应该从什么时候开始呢？一般认为 2 ~ 7 岁是一个人品德、个性开始形成的重要时期。在这个时期，孩子的大脑神经活动具有高度的可塑性，容易接受外界的各种刺激，形成暂时性的神经联系。这时形成的一切都非常的牢固，并将作为“第二天性”。实践证明：对一个不良个性及品德的改造，往往比培养一个优良的品质要困难得多。所以父母对孩子的品德培养既要抓早，又要抓严，讲究方法，才能取得良好的结果。承认品德的可塑性，关键在教育。教育时要启发孩子认识自己，树立模仿榜样，加强集体观念，养成文明礼貌。人的道德品质的发展是贯穿于整个一生的，所以教育工作也是长期的、重复的教育过程。

二、孩子也会有道德感

有的家长说，“我的孩子从小就胆小，性格内向，不会和人打交道，所以别人容易忽视他”，其实，让孩子变得人见人爱并不需要您去改造孩子的性格，您只要对孩子进行适当的道德教育，他就能成为一个彬彬有礼、尊敬长辈、有同情心、心地善良的孩子，这样的孩子自然人见人爱。

是的，3 岁以后的孩子，会随着社会交往的增加，生活范围的扩大，开始产生道德感，例如同情、互助、友谊、尊敬、羡慕、羞愧、自豪、义务等。因为这个时候，他已经能够理解大人对他提出的要求：什么是对的，什么是不对的；什么是可行的，什么是不行的。他会在幼儿园和伙伴、老师相处时，自己体验这些道德感。

因为不同年龄的孩子，对道德感的体验也是不同的，所以可以根据孩子的年龄采用不同的方式来培养他的道德感。

（1）3 ~ 4 岁的孩子

这个年龄段的孩子的道德感体验不深，往往容易随着成人的判断而改变。他们的道德判断容易受到成人的暗示，只要大人说是好的，或他自己觉得有兴趣的，就认为是好的。反之，则是坏的。同时，他们判断某件事情，只凭结果，而不注意行为的动机。

例如：一个 3 岁的孩子在幼儿园听老师说“要和小朋友友好相处”时，他会点点头，但当他和小朋友抢玩具时，他不会意识到这有什么不对。

例如：4 岁的孩子看到有个小朋友帮着班里修玩具，却把玩具修坏了，他会认为这个小朋友不好。

妈妈对策：以身作则，自己良好的行为规范就是孩子最好的榜样。让孩子养成良好的行为习惯，越早越好。在给孩子讲道理的时候，把你想要强调的道德规范设计在美好的结果中，效果会比从头到尾大讲道理要好。

（2）4 ~ 5 岁的孩子

这个年龄段的孩子已经掌握了生活中的一些道德标准，而且开始注意别人对自己行为的关注，同时，他也开始关心其他人的行为是否符合道德标准。

例如：一个5岁的孩子想玩小朋友的玩具，他友好地和小朋友商量，老师表扬他懂礼貌，他就会非常高兴。以后，他也会用这种商量的方式来处理类似的事情。如果遇上别的小朋友抢玩具玩，他会出于“正义感”而向老师“报告”。

妈妈对策：要多表扬孩子良好的行为习惯。因为表扬是一种良性的强化刺激，孩子会因为遵守道德规范而感到由衷的高兴。

（3）5 ~ 6岁的孩子

这个年龄段的孩子，道德感的发展开始趋向复杂和稳定，对好、坏、对、错，他们已经有了比较稳定的认识。同时，他们开始注重某个行为的动机、意图，而不单从结果来进行判断。

例如：一个6岁的孩子不需要别人提醒，就知道抢别人的玩具是不对的。如果他遇上另外两个小朋友在抢玩具玩，很可能是直接阻止他们而不是去告诉老师。

例如：6岁的孩子看到有个小朋友帮着班里修玩具，虽然把玩具修坏了，他还是认为这个小朋友并没有做错，修玩具是出于好心，这个小朋友和其他弄坏玩具的小朋友是不一样的。

妈妈对策：孩子的道德标准基本上开始稳定，这时，如果对某些事物有不同的看法，您最好用讲道理的方法来说服他。这个年龄段的孩子，已经能理解您对事物前前后后关系的分析，他会体谅您的用心。

另外，设身处地为他人着想也是一种能力，从心理学上来说，就是移情。学龄前的孩子已经具备了较强的移情能力，他人的情绪状态可以引起他一致的情绪反应，在培养孩子的道德感时，您要在日常生活中见物则诲，引导他设身处地去体会他人的感受。

根据孩子自身的心理特点，在家庭中开展品德教育应注意以下几点：

寓教育于故事、游戏之中。孩子心理上具有容易接受暗示和具体形象的特性，既好奇又爱模仿。他们对道德行为的认识，是从肤浅的表面现象开始的，并逐步到比较深入的本质的理解，而且常以成人的认可为标准。因此，通过讲故事、看电影、游戏等方式来进行品德教育是最为有效的，但要注意形象性、榜样性和针对性。以身作则，做孩子的表率。父母的言行对孩子的成长，对孩子选择人生道路起着关键性的作用。有很多父母很重视自身的品德和文化修养，因此，子女可以从父母的模范行为中受到潜移默化的影响，汲取很多有益的营养。

创造良好的教育气氛。孩子主要的生活环境是家庭，家里的环境和气氛的好坏对孩子道德品质、性格、兴趣爱好的形成，起着潜移默化的作用。为了陶冶孩子的良好情操并逐步形成良好的品德，家庭要形成团结友爱、民主活泼、勤奋好学和勤俭朴素的好风气。

三、必须培养孩子的四个道德品质

一般来说，道德品质的培养包括知(道德认识)、情(道德情感)、行(道德行为)、意(道德意志)四个方面。下面分类给大家讲解如何培养孩子这四方面的道德品质。

1. 道德认识的培养

道德认识指对事物的是非、行为善恶的评价。掌握是非标准，划清善恶界限，才能使孩子知道应该怎样行动，为什么要这样行动。3 ~ 6

岁的幼儿已经具有初步的是非观念，知道哪些行为是对的，哪些行为是错的；懂得了什么是乖，什么是不乖，通过看电影和画册，慢慢分清了谁是“好人”，谁是“坏蛋”。但这种认识带有具体性和形象性，并且往往就事论事。他们对一个行为的分析，主要是根据行为的结果，很少考虑行为的动机。比如一个孩子由于不当心摔碎10只杯子，而另一个孩子为了偷吃橱里的东西摔破了1只杯子，小小幼儿在比较这两个孩子的行为时，都认为前者的错误要比后者严重的理由是一个打碎的杯子多，一个打碎的杯子少。对此，父母必须正确看待，正确评价。那么，家长应怎样正确评价孩子的道德行为呢？可以从以下两方面着手。

（1）要坚持原则性和鲜明性。生活中的许多现象，常涉及道德评价问题。孩子们的道德评价能力主要是在父母的影响下形成的，开始时常常只是模仿、重复父母对周围现象的评价，以后才慢慢地学会独立思考、独立分析。所以，家长对周围现象的评价一定要坚持原则，是非判断鲜明，给孩子打下爱憎分明的烙印。如果家长是非含糊、善恶不明，或者是非混淆、善恶颠倒，就很难帮助孩子形成正确的道德评价，并会对孩子产生不良的影响。正如马卡连柯指出的：“如果在儿童早年不能给予合理的教育，使儿童养成不良意识和行为习惯，那就会给以后的再教育带来几倍、几十倍的困难。”可见父母作为孩子的启蒙者，责任是相当重大的。为了孩子，为了社会，马虎不得。

（2）在要求一致的情况下，孩子的道德认识就比较容易形成并趋于稳定。反之，如果对同一行为，父亲说对，母亲说错，或者父母与老师持相反的道德准则，或父母说的和做的自相矛盾等，都会导致孩子的道德认识易变、模糊。道德要求的连贯性也很重要，只有前后要求一致，孩子才能有一个明确的目标。否则，今天要求这样做，明天又反其道而行之，就会使孩子感到无所适从。

2. 道德情感的培养

道德情感是一种高级情感，它是按照一定的道德认识去评价自己或他人的行为时所产生的一种情感体验。当一个人受到表扬时，便会产生愉快的情绪。当一个人受到批评时，就可能产生不愉快的感受。当幼儿的“自我意识”逐渐增强时，就不再轻信别人的评价，而是独立地对别人、对自己进行内心的评价。当自己的行为符合自己所遵循的道德规范时，就会产生由衷的喜悦。反之就会感到十分难受、羞愧，甚至受到良心的责备，以致觉得没脸见人。这说明，7 岁前的幼儿已具备初步的道德情感，要使这种情感逐步提高、稳固化，就需要父母以身作则，积极影响和感染孩子。孩子最容易受到家长情绪的影响，亲子之间往往是相通的，父母还要善于利用具体的道德形象引起孩子情感上的共鸣。孩子听故事的时候，容易被故事中人物的行为所感动，与故事中人物的情绪连在一起，有时会难受，以致流出眼泪；有时会高兴，以致致忘乎所以，手舞足蹈。另外，在日常生活中还要针对孩子的道德行为，向孩子讲清楚，由于自己的过失，将会带来怎样愉快。总之，要通过生动、具体、形象的方式逐步提高孩子的道德认识，逐步深化其道德情感。

3. 道德行为的训练

孩子的道德面貌是通过他的言行举止反映出来的。衡量一个人道德品质如何，不仅要“听其言”，更重要的是“观其行”。

培养儿童的道德行为，首先需要父母适当地引导。当孩子还不懂得怎样做时，父母可以先帮助他完成某种道德行为，然后再让他独立行动。对于做错事的孩子，不是一味地责备，而是要给孩子讲清楚，为什么不能这样做，应该怎样做。其次，需要父母培养孩子做到学用一致。如果只是心里知道应该怎样做，而不知在现实中去运用，道德认识再好也是无用的。这就要求父母经常去督促检查、严格管教，以确保良好行为的落实。

4. 道德意志的培养

道德意志是为了达到一定的目的，而支配着自己行为的一种精神力量。这股强大的精神力量能使道德行为持之以恒，贯彻到底。孩子道德意志坚强，就能够督促自己克服困难，坚持不懈地实现着自己的信念和诺言。而意志薄弱的孩子，在某些条件下，也能有一些道德行为，但是，一旦遇到困难，就会摇摆不定，半途而废。所以，培养孩子的道德意志，是家庭道德品质教育的重要内容。

四、注重培养孩子的道德选择能力

家长除了要从以上四个方面培养孩子的道德素质外，还需要注重培养孩子的道德选择能力。

家庭里的道德教育特别需要以社会为背景，要把变迁中的社会环境作为小孩子学习的课堂，要针对小孩子面对社会多元化资讯的所思所想，同时还要勇于面对社会道德领域中新的挑战。

为什么今天的小孩子喜欢明星？为什么小孩子们对课堂上讲的道

理不感兴趣，却对社会上的各种“新闻”津津乐道？为什么我们的思想道德教育总是达不到预期效果？归根结底是时代和小孩子本身都发生了变化。

当代小孩子生活在多元化的意识形态背景下，在价值观念、信仰追求、行为模式、情感表达等方面，学校、家庭、社会的主流影响越来越有限，而社会上各种现象，如明星的行为、富人的生活等越来越强烈地影响了一代人的价值体系和道德准则。这种情况下，培养当代小孩子的道德选择能力，就成了小孩子思想道德教育改革的重要内容之一。

培养当代小孩子的道德选择能力，是指要从小培养孩子在复杂的、多元化的社会生活中独立、理性地选择价值目标的能力。它包括三个方面：第一，基本价值的选择能力；第二，符合社会规则和社会发展进步趋势的行为能力；第三，与这种适应相一致的情感状态及情绪表达能力。

培养道德选择能力，可以从以下几个方面做起。

第一，教育需围绕小孩子的需要。

小孩子的教育活动要坚持围绕社会现实和小孩子的发展需求寻找教育主题。要改变家庭中道德教育计划千篇一律、简单死板的状态，认真研究小孩子成长的焦点和他们关注、议论的热点，以及他们在成长过程中与社会、与成人、与同龄伙伴的矛盾点、他们发展的关键点等。

比如，小孩子们关心的学习压力问题、日常生活中怎样处理和其他伙伴之间的矛盾冲突问题、怎样面对物质利益的诱惑、怎样以友爱之心面对社会问题等，都应该在日常道德教育活动中帮助小孩子去认识，去掌握。

真正把小孩子成长的需求、小孩子在现实社会生活中的困惑放到家庭思想道德教育之中去，帮助小孩子学会思考和选择。

第二，重视辨析现代道德价值。

小孩子面对的传统的道德教育大都以思想观念为系统，如爱国主义、集体主义、革命传统教育等，采用的方法也大都是教诲式的，所选取的榜样人物一般也离小孩子们的现实生活有距离，而小孩子们在现实生活中的很多困惑却得不到及时正确的引导。

家庭里的道德教育特别需要以社会为背景，要把变迁中的社会环境作为小孩子学习的课堂，要针对小孩子面对社会多元化资讯的所思所想。同时还要勇于面对社会道德领域中新的挑战，社会的发展不断给道德提出新的问题，过去被认为不道德的行为，今天就可能得到公众承认和默许。所以，家长也很有必要与小孩子共同学习。

道德教育要敢于面对挑战，接受挑战。“考试作弊可耻？还是作弊被抓才可耻？”“考试得了好成绩告诉竞争对手气他对不对？”等问题，都是小孩子在现实生活中可能遇到的，也是常常被大道理掩盖从而在小孩子们的实际行为中被混淆的道德问题。

要敢于引导小孩子们去讨论，去认识这些问题。应该运用多种形式引导小孩子进行价值辨析，通过讨论、辩论等形式，帮助小孩子面对社会的方方面面、多种信息，不断地进行思辨。

这样，一方面可以帮助小孩子澄清很多混乱的价值，另一方面也培养了他们实际的道德能力。

培养小孩子的道德选择能力应该注意 3 个关键：

（1）明确小孩子需要什么。小孩子的需求是随着社会的发展而变化的，要改变千篇一律的教育模式。

（2）进行道德教育要结合小孩子的兴趣点，引起小孩子的共鸣有利于道德教育的进行。

（3）要积极引导小孩子去认识一些可能被混淆的道德问题，使其自己正确地自主判断。

五、祖辈在孩子品德教育中的角色

祖辈协助父辈担任教育第三代的重任，现在已经相当普遍。据中国老龄科研中心的调查：在城乡被访的2万多位老人中照管孙辈的高达33.24%，他们自觉或不自觉地加入了培养我国跨世纪人才这一伟大工程的行列。但是，在我们现实生活中，由于老人们往往缺乏培养跨世纪人才高标准的意识，加上观念陈旧、抚育方法不科学，常常会陷入教育误区。

1. 祖辈常易陷入的教育误区

误区之一，百依百顺。不管孙子的要求是否合理，只要孩子开口：“我要……”“我要吃巧克力”“我要喝奶奶的人参蜂王浆”，“我要变形金刚”“我要电动火车”“我要骑在爷爷背上，驮着我在屋里转圈圈”……一切都可以有求必应。只要“小祖宗”开心，哪怕是上天摘星，下海捞月，老人家赴汤蹈火，在所不辞！报上曾披露一位老祖母在为小孙子入小学做了充分准备后，询问：“小宝贝，你还需要什么？”孙子竟然回答：“再给我打几下！”原来，小孙子经常在他奶奶身上练“武功”，奈何老人近来身体不佳，经不起拳打脚踢，于是向邻居一位待业青年商议：能否做“替身”，最后达成协议：五角一拳、一元一脚。在小孙子一阵“嗨、嗨、嗨……”声中，二十元也就顺顺当当地落入待业青年的腰包。

误区之二，宠惯消费。有些老人常以高档礼物和大额钱款来表示对孙子的爱心。有一个一年级小学生，他奶奶说他每个礼拜天就得花去50元的零用钱，他外公是一位退休的建筑工程师，现在海南打工。暑假一次汇给他零花钱1000元。祖辈的一味迁就、给予、满足，导致孩子物质需求的恶性膨胀、攀比虚荣、追求高消费，渐渐地使孩子堕入“小小年纪大把花钱的新贵族”群。

误区之三，姑息纵容，对孙子女的坏习惯坏毛病不但不给予及时教育纠正，反而护短包庇。有一个女孩爱拿别的小朋友的东西，等人家家长找来时，她奶奶硬说是孩子拾的，竭力掩饰自己孙女的过错。还有的孩子在外面专找比他小的孩子欺负，而他的祖辈不但不批评，反认为小子有出息，在外吃不了亏。有的学生考试不及格，祖辈担心他父母处罚他，竟跑到学校找老师求情，让老师高抬贵手给其加分。诸如此类，不一而足。

误区之四，包办代替。许多学校专门开设劳动课，在学生中开展“自己的事情自己做，不会做的事情学着做”的比赛，来弥补理应由家庭教育承担的不足。然而许多家长却反其道而行之，该孩子自己做的事情，家长都包下来，尤其是老人，比父母包办代替有过之而无不及，在家里的生活全包了，连学校作值日，老人家都去帮着干。

误区之五，“筑隔离墙”。培养孩子社交能力是儿童早期社会化的一项重要内容，然而，我们有些老年人却患了“社交恐惧症”，和小朋友接触怕得传染病、怕挨打受欺负、怕学坏、怕闯祸，怕这怕那，宁可把小孙子关在家里不鼓励也不允许与他人积极交往，建立良好的伙伴关系。当今独生子女在家里本来就够孤独的了，又大多住在楼房，原来就容易“鸡犬相闻，老死不相往来”加上人为地垒起一堵与外界隔绝的墙。其结果不利于孩子健全人格的发展。

误区之六，“望子成龙”。父母望子成龙心切，祖辈又何尝逊于父辈？他们全然不顾孩子本身的素质条件，有无兴趣爱好，能力能否支撑，潜力究竟有多大，不惜智力投资。形形色色过量施教，充斥了孩子所有的课外时间，压抑孩子的天性，限制了儿童的自由。弄得孩子疲惫、逆反、违拗、心态失衡，给孩子的个性与品德发展带来严重危害。

2. 祖辈对孩子道德品质教育的要领

在教育子女的问题上，祖辈始终应该当好配角，绝不能喧宾夺主，毕竟家庭教育的主角应该是孩子的父母，如果一切包办代替，既不利于孙辈的成长，更有损孩子的父母在教育中的威望，但愿孩子的爸爸、妈妈、爷爷、奶奶都能明确自己的角色地位，共同教育好我们的下一代。

（1）爱而勿溺。做爷爷奶奶的疼爱自己的孙子女，这是人之常情。也是家庭品德教育的出发点和基础。祖辈的爱是一种强大的力量，它能使儿童感到自己处在幸福之中，它为培养孩子纯洁的思想，高尚的情操，坚强的意志和良好的行为习惯打下扎实的基础。但祖辈的爱如果过分了，失去了分寸和理智的调节，就会成为溺爱，而溺爱常常会给孩子带来心灵的病态，甚至成为孩子畸变的祸根。为此祖辈要以明智的爱去教育自己的孙子女，所谓明智的爱，就是有节制有分寸的爱，是情感与理智和谐结合的爱。例如《我们一百万》小主编张炼红的奶奶与妈妈是农村妇女，她们十分疼爱自己的孩子，但又重视子女良好素质的培养，他们家有几亩责任田，家长总要让小炼红到田里从事一些力所能及的事，如割稻、锄草、插秧等，让她出出汗，劳累劳累，品尝劳动的滋味，培养她艰苦耐劳的精神。因此她连续三年被评为“市三好学生”。这种爱就是明智的爱。此外，祖辈要正确地对待孙辈的需要，凡正当的，合理的需要，在家庭条件许可的情况下予以适当的满足；至于不正当的、不合理的物质需要，就应加以劝导和教育，特别是要善于理智地对待孩子的挫折。做为爷爷奶奶应该懂得一个朴素的真理：即孩子不会永远是孩子，总有一天他将作为一个“独立的人”走向生活，进入社会。祖辈与其费尽心机为他们设置免遭困难或挫折的“安全圈”，倒不如让他们到艰难困苦的环境中去磨炼意志，培养他们的抗挫能力。

（2）严而有格。严就是严格要求，孩子由于年龄小，是非观念薄弱，缺乏社会经验，需要祖辈与父母严加管教，提出相应的要求。没有要求就没有教育。但这个“严”必须有“格”，也就是要符合一定的格式与标准，绝不允许家长专制残暴，为所欲为，施以拳打脚踢的错误方法。

要做到严而有格，这个“格”就是指，第一，要求是合理的。对孩子的要求要有利于孩子德、智、体全面发展。例如禁止孩子看黄色小说，要求孩子讲文明礼貌等；第二，要求必须是适当的，即经过孩子的努力是可以做到的；第三，要求必须明确、有计划。让孩子明白应该做什么？怎样做？为什么要这样做？

严格要求必须建立在民主平等和尊重的基础上。长辈应该认识到孩子是一个独立的人，他有自己的理想、爱好、个性，有他自己对生活的看法。长辈可以而且应该给孩子以指导与引导，但不应该将自己的意志强加于孩子的头上，长辈与孩子间产生意见分歧时要平等地交换意见，不要滥施家长的权威。笔者曾咨询过一位家长：“……我这个孩子太伤我的心了：为了培养他，我们特地花了万把元钱的学费转到这所赫赫有名的学校里来念书，可是成绩不但没有进步，反而开起‘红灯’来了……我该怎么办呢？”为了了解该孩子真实的思想，我与孩子个别交换意见，他说：“……我怎么不想学好呢？但，我控制不住自己，头脑里老是出现家长可怜而又凶狠的脸……”“你家长不是待你很好吗？”我问。“这叫待我好吗？他们只知道自己做生意、搓麻将，却硬要把我送进这所寄宿学校。他们希望得到的仅仅是我的分数，使他们脸上有光彩……只要我考得不好，就一顿痛打……我需要的是家长的理解和做人的尊严……”我还能跟家长说些什么呢？

（3）奖罚分明。

①奖赏与赞美是教育孩子的有效方法，也是建立温馨家庭的良方，在奖励与赞美时，做爷爷奶奶的应注意：

立即奖励具体的好行为：多用精神的鼓励，少用物质、金钱的酬赏。常以微笑、口头称赞等方式予以鼓励。

不要吝惜赞美的话：孩子有好行为，长辈的赞美要大大方方地送。多说鼓励的、积极的、支持的话，这样能培养孙辈乐观进取的精神。特别要注意，当孙子女与您说话时，您一定要放下手边的工作，专注地听，适时地答应，让孩子喜欢与您无所不谈。

赞美要真诚，发自内心；过于夸张，不切实际的赞美会令孩子觉得不安和虚假。

正确的赞美是：

“你能自觉做功课，准备考试，我好欣慰。”“你懂得照顾弱小同学，我欣赏。”“担任中队长很辛苦，你却不抱怨，不简单！”每个人都喜欢听好话，真心的赞美可以肯定孩子的努力。

② 慎用惩罚：惩罚像一帖药剂，它虽可立即见效，但处理不当，副

作用很大。在对孙子女惩罚时，请注意：

★在盛怒时不要惩罚孩子。

★先约法三章，犯错时再依法惩罚。

★惩罚的方式与强度要与不当行为相配：如：乱丢垃圾，罚扫房间、拖地板；骂脏话，要求他向对方口头道歉；功课退步，罚他少看电视等。

★惩罚不能造成孩子身心的伤害。

★对事不对人，因为做错事才惩罚。

★不在公开场合惩罚孩子。

★尽量避免使用体罚。

★惩罚后要安抚，告诉孩子长辈真心爱他，希望他学好。

★孩子改过自新时，应即刻赞美与奖励。

★惩罚不可采用杀鸡儆猴、报复、翻老账等方法。

（4）统一要求。统一要求的实质，在于统一各种教育因素，使之形成综合影响的合力网络，提高品德教育的效率。家庭品德教育的统一要求反映在两个方面：一是家庭品德教育必须与学校品德教育紧密配合，统一要求，但在实际生活中的确非常困难。例如某市少年宫组织200名小学生到解放军部队进行4天的军事训练。这个夏令营的活动旨在培养孩子吃苦耐劳、团结互助的精神。开营前学生踊跃报名，不料孩子的爸爸妈妈尤其是爷爷奶奶不少持反对态度：“小小年纪，受不了那个苦！”一个叫楠楠的同学只好不辞而别，给爷爷奶奶留了一张纸条：“我12岁了，不是12天！”集合出发时，送行的家长竟是孩子的几倍，大客车尚未停稳，就有家长捷足先登，拼命地挤进车里为自己的孩子抢占座位。大客车出发，孩子们互相地让座，几个小同学怎么也不坐家长给自己抢下的座位…… 4 天后返回学校时，有的家长开来高级轿车，有的叫了出租车。这场孩子与家长的较量真是出人意料。教师们又惊又喜，喜的是，平时在家中娇生惯养的孩子在夏令营中表现出色，惊的是一些家长在孩子面前表现实在叫人失望。可见，学校教育与家庭教育的统一何其重要。

统一要求更体现在家庭成员对孩子的要求必须统一，尤其是祖辈的教育与父辈的教育要求必须统一。如果孩子做错了事，父亲批评，爷爷护短；妈妈责备，奶奶撑腰，必然会使孩子无所适从，不知听谁的话，久而久之，就会使孩子是非不明，善恶不分，喜欢溺爱、袒护自己的一方，憎恨严格要求的另一方。有的则利用家长要求不一致而掩盖自己的缺点和错误，拒绝接受正确的批评和教育，甚至养成见人行事，投其所好，趋利避害的双重品格。

祖辈与父辈对子女要求的不统一，有时还会影响家庭和谐。据武汉的一项对独生子女的调查，经调查的 875 户中，祖辈能配合孩子父母进行教育的仅占 15%，而大部分老人不能很好地配合子女教育孙辈。当子女管教孙辈时，总有一些爷爷、奶奶、外公、外婆挺身而出，行使家长权威，指责对方，怕孙子女受了委屈。据北京市关于中青年家庭养老状况的调查，在 255 个样本中，有 42%的中青年在对待子女的问题上与老人有分歧，为与老人各项分歧之首，甚至冲突到影响家庭的和睦。

六、父母的表率很重要

人们常说家长是孩子的一面镜子，家长的言传身教塑造着孩子的思想品德。父母的表率对孩子道德观念的培养起着决定的作用。在日常生活中孩子可以通过父母的言行举止学习道德观念，所以，父母想培养孩子什么样的价值观一定要先考虑好，然后在日常生活里表现出来。即使父母没有刻意表现，孩子也能在生活中看出他们的价值观。

一位韩国保育老师的经验：

我二女儿四岁半的时候，有一天她和姐姐、保姆一起去洗澡。忽然孩子气喘吁吁地跑回来了，“妈妈，不得了了，我弄碎了小卖店的暖瓶。保姆奶奶让我赶紧回来，妈妈，我好害怕。”

跟着进来的保姆说，二女儿踢倒了小卖店装冰激凌的暖瓶，可是小卖店的老板没看见，不会有事的。

我对孩子说：“妈妈带你一起去小卖店看看，如果暖瓶真的碎了，我们就道歉，然后赔给他们新的暖瓶。做人应该有勇气承认自己的错误。”

旁边的保姆却劝我说：“还是算了吧，那个暖瓶怎么也得赔 5000 韩元呢。”那时候，这笔钱可不是个小数目。

“妈妈，我把压岁钱全都存进银行里了，是不是真的要赔很多钱啊？”

“妈妈也说不准，我们先去看看吧，如果需要赔很多钱，可以把你的压岁钱加上妈妈的钱一起赔给他们。”

二女儿紧张得不行，一会儿说不去了，一会儿又说她只能待在我的身边。最后，我们拿着 1 万元出门了，快到那个小卖部的时候，大女儿和二女儿都落在了后面，她们是想悄悄地溜掉。我安慰她们说：“没关系的，妈妈在呢！”孩子看见我不害怕，也就跟上来了。

我进了小卖部，马上就对老板娘赔不是：“大嫂，刚才我家的孩子把这儿的暖瓶给踢倒了，她因为害怕跑回家了。真对不起。”

老板娘很大度地说：“虽然暖瓶踢倒了，但是没碎，没关系的。”这时，二女儿才从我身后探出头来说了声“对不起”。那天，我们轻松愉快地买了冰激凌回家。

在养育孩子的过程中我们经常会碰到类似的事情。有时候真不知道该怎么办才好。特别是当钱的数目比较大时，父母会更加犹豫不决，有时候干脆当它没发生过，但别忘了孩子的道德观念是在这个过程中培养起来的。

在美国时，我曾经拜访过一个靠在学校打扫卫生谋生的人家。可能是因为家里穷，他家的男主人偷拿学校的纸杯回家用，而他家里的儿子却以此为荣，还跟我说：“这是我爸爸从学校拿回来的。”

从儿童发育特点上看，孩子的自我中心性和物质中心性都很强，如果父母稍不注意，就会出现像上面的孩子那样，认为把别人的东西拿回家是件好事的情况。

有些学者专门研究了人的道德观念是怎么发育形成的，还提出了如下问题：

有位妈妈从市场买了十个杯子，回来对孩子说，在妈妈收拾这些杯子之前，你先别进厨房，但这个孩子却乘妈妈不在的时候把其中一个打碎了。另一个情形是妈妈买回十个杯子，事先没跟孩子说清楚，就把杯子放在了厨房门后面。孩子因为不知道厨房门后面有杯子，一打开门，十个玻璃杯全给打碎了。你认为哪个孩子犯的错更大呢？

调查结果表明，年龄小的孩子认为打碎十个杯子是犯了更大的错误，但小学三年级以上的很多孩子认为没听妈妈的话，进厨房打碎了一个杯子才是大错误。

我也曾经对韩国的小朋友提出了同样的问题，结果不管是学龄前的孩子还是上小学的孩子，大部分都说打碎十个杯子犯的错误更大。我问他们为什么会这样回答，结果孩子回答说：“打碎的杯子太多了，妈妈会骂的。”跟美国孩子相比，韩国的孩子更重视物质。这是因为大人在日常生活中更重视物质，而忽视了道德和良知教育的缘故。

七、孩子公德教育的培养

3～6岁的孩子正是形成公共道德的关键时期。从这时起，他们就要走出家门，走向幼儿园，走向社会，与公众打交道，学会正确处理与他人的关系，掌握社会基本的道德规范，积极遵守社会公共道德。

（一）教育孩子注意交通安全

近期内交通事故频频发生，广播、电视、报纸杂志、网络等大众传媒有关交通事故的报道沸沸扬扬、热火朝天。在我们身边，交通事故并不罕见，幼儿交通事故也较频繁。我们在谴责肇事司机违规驾驶的同时，也要提高自身的警惕，多加小心，免得灾害祸其身。特别是幼儿，尤其应该加强交通安全教育，从小就要牢固树立安全意识，既要对自己负责，也要对他人负责。

也许平时上街有家长带领幼儿，安全比较有保障；幼儿乘坐交通工具时也要遵守交通规则，注意交通安全。凡事先入为主，幼儿时期加强交通安全教育，幼儿记忆深刻，安全意识树立牢固。那么，如何教育幼儿注意交通安全呢？

1. 了解交通事故的危害

家长可以指导幼儿观看电视、网络上播放的交通事故发生后的危险场景，也可以描述周围发生的交通事故情景，让幼儿了解交通事故的严重危害，如：导致身体残疾甚至死亡，让幼儿牢固树立交通安全意识。

2. 明确交通注意的事项

家长可以收集资料，指出交通注意事项有哪些，让幼儿明确哪些是违规的不安全行为，哪些是正确的安全行为。最好变成易记的儿歌帮助幼儿深刻记忆。

3. 掌握交通安全的措施

家长可以根据具体场景具体分析讲解，让幼儿掌握交通安全的措施。比如：上街过马路时讲明应该注意什么，怎么走最安全（走斑马线，车少人多时一起走）等。

孩子安全健康是天下父母的美好心愿。只要爸爸妈妈帮助幼儿树立交通安全意识，明确交通规则，掌握交通安全的措施，幼儿交通安全是有保障的！

（二）教育孩子讲究公共卫生

4 岁的佳佳特别爱吃零食。她正是长身体的时候，需要补充营养，爸爸妈妈总是给她买许多爱吃的零食，装在她的书包里，让她吃个够。幼儿园离家非常近，佳佳通常都是随父母一同走着去上学。不论是上学还是回家，佳佳总是一边走路，一边吃零食，还习惯随手丢掉垃圾，尤其喜欢一边走路一边嗑瓜子，边吃边吐，沿路都是瓜子壳，引来路人的阵阵眼光，甚至有人埋怨："这孩子，太不讲卫生了！"爸爸妈妈也很尴尬，要求她在路上不要吃东西，可她就是不听。

在公共场所必须维护公共环境的卫生，否则就会受到大众的谴责。那么，如何教育幼儿讲究公共卫生呢？

1. 给幼儿讲解不讲卫生的危害

家长可以给孩子讲解不讲究公共卫生的危害，比如：乱丢垃圾，地上很脏，看见垃圾心里不舒服；垃圾太多，影响人行走；垃圾腐败后滋生很多病菌，人接触后容易生病，影响身体健康；丢垃圾是不尊重环卫工人劳动的行为，增加他们的工作负担；不讲究公共卫生，会遭到大家的谴责，大家都不喜欢。

2. 帮幼儿理解环卫工人的辛苦

讲解环卫工人清晨打扫街道、辛苦工作的事情，让幼儿理解环卫工人的辛苦劳动，维护他们的劳动成果，使城市变得更美丽。家长也可以引领孩子清晨去街道观察环卫工人打扫街道的场面，直观感受，印象更深刻。

3. 奖励幼儿讲公共卫生的行为

经过教育，如果幼儿在公共场所里开始讲究公共卫生，家长可以及时地表扬孩子："佳佳今天表现真不错，真讲卫生，有进步！晚上回家奖励你！"经过表扬、奖励，强化了幼儿的正确行为。

只要家长给幼儿讲解不讲卫生的危害，帮幼儿理解环卫工人的辛苦，奖励幼儿讲公共卫生的行为，就一定能够培养孩子树立社会公德感，成为一个讲礼仪的文明幼儿！

八、教孩子做一个诚实守信的人

几乎刚会说话的孩子就开始撒谎，有时可能更早些。孩子在认识之初，看不出自己言行之间的直接关系，对他们来说，行为远比语言重要得多，而语言都是模糊的，有多重含义的。

孩子渐渐长大后开始明白，故意说谎而误导别人是不对的，当他们发现父母、兄弟姐妹或朋友谎骗自己，会非常愤怒。他们逐渐开始区分谎言的类型和轻重程度。

孩子不诚实有多种原因，有的可以理解，有的不可以。小一点的孩子说谎是为了免受惩罚，得到自己想要的东西或让同伴羡慕。而大一点的孩子说谎多是为了保护隐私。虽然说谎在人成长过程中是不可避免的，但是孩子如果习惯性地说谎或对关系重大的事情也不说实话，就成问题了。

艾克曼描写道："对重要问题撒谎，使父母处理起来更困难，撒谎作为一个问题就更严重。撒谎腐蚀了人与人之间的亲密关系，滋长了不信任，损坏了互相信任的关系。说谎意味着不尊重别人，使得与经常撒谎的人在一起生活几乎变得不可能。"

研究表明长期说谎的孩子，经常有诸如偷盗、诈骗、横行霸道等不良行为。经常说谎的孩子往往出自父母经常说谎的家庭。另外，由于管教不多，甚至厌弃子女的家庭出来的孩子也容易变得不诚实。

作为家长如何培养孩子诚实守信的品质呢？

1. 家长以自己的诚信给孩子做出示范

家长对孩子不轻易许诺，许诺者必兑现，言必信，行必果，说话算数。

这种“身教”是一种“潜教育”，它比“显教育”作用要大得多。

孩子的诚信意识，是从他的人生经历中逐步看会学会的。培养孩子诚信意识的第一任教师当然就是父母。孩子不诚信的行为起初往往是从父母那里学来的。所以，要使孩子诚信，家长首先要做到对孩子诚信，说话算数。

一个男孩说：“我爸爸说，只要我考试得了100分，星期天就带我去公园玩。我真的考了100分，爸爸却说他没时间。”

一个女孩说：“我妈妈说，写完作业就让我出去玩。我写完了，妈妈却不让我出去玩了，说再让我做10道练习题再出去玩。我就不想再做了。”

孩子会从这些家长言行中得到一些经验：大人也是会失信的；撒谎也是允许的，为了达到目的，用许诺来骗一下对方也无妨。

家长们就是这样一次次“说话不算数”，失去了孩子的信任，也失去了自己在孩子心中的威信。孩子也慢慢从这些小事中学会了不诚信。

家长失信于孩子，害处相当大。首先，这让孩子觉得，一个人说话可以不负责任，答应的事也可以不办。于是从小就养成了“轻率承诺”的坏习惯，长大后就会因为“失信”而失去朋友对他的信任。其次，家长会因此失去自己在孩子心目中的威信。家长的威信从哪里来？主要基础就是自己的言行。说话算数、说到做到的家长，会使孩子重视他们所说的每一句话，从小向他们学习“言必信，行必果”。

所以，家长不要在孩子面前胡乱夸口，不要胡乱许诺，不随便许愿，不要为了达到自己眼前的目的就随便地答应孩子的任何要求。当孩子提出要求时，你一定要认真想一想，这种要求是不是合理、能不能兑现。如果是合理的、能兑现的，你就认真地承诺，然后让孩子不断提醒自己履行承诺，一定兑现。万一因特殊情况没能履行承诺，失信于孩子，家长应及时向孩子说明情况或做出道歉，并和孩子一起商量用什么形式弥补，不能敷衍了事。要让孩子感觉到，诺言是沉重的，许诺应十分谨慎。

假如孩子向家长提出的要求是不合理的或不可能兑现的，你一定不要答应，而要耐心地和孩子一起研究出可行的办法再答应。

日常生活中没有多少大事，孩子对待大事的态度就是从小事上培养出来的。

2. 告诫孩子，对人承诺时一定要三思而后行

我国古代大哲学家老子说过一句话："轻诺必寡信。"所以我们应该告诫孩子，在承诺别人之前一定要慎重，要三思而后行，要考虑它的可行性，要留有余地，不要随便许诺又随便失信。考虑自己确实能够做到的再答应别人；一旦答应了的事情，就要千方百计地去做好。这样你才能不失信于人，你才能值得别人信任。轻易承诺别人的人往往是没有信用的人。没有信用的人很难有朋友，也很难取得事业的成功。

3. 当孩子说了谎时，家长要进行正确的引导和教育

世上因为这样那样的事情，几乎没有不说谎的人，尤其是我们的孩子，年龄小，他们还没有形成正确的世界观、人生观，说谎较之成人更是容易，但他们说谎的原因也比较单纯。比如：说谎可以免受惩罚，说谎可以讨父母或者老师欢心，说谎可以获得某种利益需求等。作为家长，我们不要因为孩子说谎，就大动干戈抑或棍棒相加，而是要冷静分析，区别对待，并加以正确且积极的引导，让我们的孩子认识到，

说谎是错误的行为，说谎是不诚信的表现，说谎是要付出代价的。孩子说谎，骗人，起初往往是从说谎得了便宜开始的。但无数事实证明，骗人最终只能是害了自己。正如林肯所说：“你能欺骗少数人，你不能欺骗大多数人；你能欺骗人于一时，你不能欺骗人于永远。”

当孩子犯了错误时，要引导孩子勇敢承认错误，冷静分析错误，主动承担因自己的错误造成的后果，争取“把坏事变成好事”。家长千万别帮着孩子掩饰错误，推脱责任。

要让孩子知道：欺诈，最多能使你占一两次小便宜；知识和技能，才是你终生的谋生手段；诚信的品质，将成就你永远的英名和事业。

4. 要营造诚信的环境氛围

夫妻之间，朋友之间，与父母之间，同学之间，同事之间，我们都要做到真诚待人，诚信做事。“不以言小而失之，不以事小而敷之。”

要做一个公正诚信的人，首先要学会区分正确与错误、光荣与耻辱、公正与褊狭、诚实与欺诈。在家庭日常生活中，要通过讨论分析现实事例来培养孩子这些价值观。例如，孩子向你提到一个同学从别人的包里偷了一个玩具，你就可以和孩子一起讨论分析偷窃的性质和后果；当你发现孩子在学校抄袭了别人的作业，你就可以与孩子一起讨论诚信的话题。当孩子勇于承认自己错误的时候，家长不要对孩子全盘否定，不要让孩子因有了错误就自我否定，妄自菲薄，一蹶不振。要让孩子知道自己的价值所在。要让孩子理解：承认错误、改正错误，是为了历练自己，完善自己。

孩子长期在这样的环境氛围熏陶下，诚信的品质就会逐渐形成。

5. 要让孩子理解“善意地说谎”

诚实的基本要求是不说谎，不骗人，但要告诉孩子，在复杂的社会和人生活动中，目的和手段要有一定的区别。医生为了减轻病人的痛苦，以利于治病救人，往往向绝症病人隐瞒病情，编造一套谎话给病人，他表现的不是虚伪，而是更高更深层次的诚实。只有智慧、德性和能力达到高度统一的人，才能表现出这种高深层次的诚实美。

对孩子实行诚实行为的教育要坚持以下五项：

（1）成人要为你的宝宝树立诚实的榜样。比如你对宝宝的承诺一定要兑现，不能让孩子认为你在骗他。

（2）通过讲故事让宝宝懂得诚实的重要性。比如“长鼻子”，“狼来了”的故事。

（3）满足宝宝合理的愿望和要求。因为过分的限制和严格，容易导致宝宝说谎。

（4）建立必要的规则，让宝宝学会用规则来约束自己的行为。比如，玩具坏了要告诉爸爸，让爸爸来修。

（5）我们要正确对待孩子说谎，要分析原因，多检查自己在教育上的疏漏，不能对孩子横加指责，因为孩子越是怕你就越不会对你讲真话，这是我们千万要注意的。

九、让孩子懂得宽容

孩子的宽容心是一种非常珍贵的感情，它主要表现为对别人过错的原谅。这种感情对于孩子个性的健康发展，尤其是情感的健康发展，以及对于孩子良好人际关系的建立有着非常重要的意义。富有宽容心的孩子往往心地善良，性情温和，惹人喜爱，受人拥护，而缺乏宽容心的人往往性情怪诞，易走极端，不易与人亲近，因而人际关系往往不好。怎样才能让孩子拥有一颗宽容的心呢？

现在的孩子大多数都是独生子女，孩子在学校里受了委屈，父母心疼得不得了。于是有的父母就教育孩子说："别人对不起你，你就对不起他，别人打你，你就打他。"这就助长了孩子不仅在学校里不会处理好同学之间的关系，而且还会影响到孩子将来人际关系的处理，甚至还会影响到孩子日后的夫妻关系。因此，教会孩子学会宽容，不仅是为了孩子今天能处理好同学关系，而且也是为孩子将来的幸福打基础。

现实生活中，人们常常遇到别人对不起自己或有损于自己的事情，对此不要耿耿于怀，不要过分计较在意，能够笑一笑就过去，这就是宽容。宽容是人的一种美德，是做人的一种风度和境界。宽容能使人性情和蔼，能使心灵有回旋的余地，能使人消除许多无谓的矛盾，化干戈为玉帛。宽容的人，时时处处都会受到人们的拥戴，因此他们能够处理好各种人际关系，能够很快地适应各种不同的环境，能够融洽地与人合作，充分实现自己的潜能。

一位翻译曾讲过这样一个故事：

在泰国的一个度假村，有一天，我在大厅里，突然看见一位满脸歉意的工作人员，正在安慰一位大约4岁的西方小孩，饱受惊吓的小孩已经哭得筋疲力尽了。问明原因之后，我才知道，原来那天小孩较多，这位工作人员一时疏忽，在儿童的网球课结束后，少算了一位，将这位小孩留在了网球场。小孩因为一人在偏远的网球场，饱受惊吓，哭得稀里哗啦的。现在孩子的妈妈出现了，看着自己哭得惨兮兮的小孩。

如果你是这位妈妈，你会怎么做？是痛骂那位工作人员一顿，还是直接向主管抗议，或是很生气地将小孩带离开，再也不参加“儿童俱乐部”了？

都不是！我亲眼看见这位妈妈，蹲下来安慰4岁的小孩，并理性地告诉他：“已经没事了。那位姐姐因为找不到你而非常地紧张难过。她不是故意的，现在你必须亲亲那位姐姐的脸颊，安慰她一下！”

当时只见那位4岁的小孩踮起脚尖，亲吻了一下蹲在他身旁的工作人员的脸颊，并且告诉她：“不要害怕，已经没事了。”

就是要这样的教育，才能培养出宽容、体贴的孩子。

做父母的，既可以将自己的孩子培养成胸怀广阔的人，同样也可以将孩子培养成心胸狭窄的人。但为了孩子的幸福，同样也是为了孩子的学习，为了孩子将来能有所作为，我们应当教孩子学会宽容。作为成人的我们应当从以下几方面入手对孩子进行宽容精神的教育：

1. 父母为孩子树立榜样

孩子的宽容之心最主要的来源就是父母。孩子最初是从父母那里学习待人接物的方式的。父母宽容、大度、遇事不斤斤计较，与邻里、同事之间融洽相处，孩子就会学着父母的样子处理同学之间的关系，也会变得宽容、好善、乐于与人相处。

2. 教孩子学会“心理换位”

所谓心理换位，就是指当双方产生矛盾时，能够站在对方的角度上思考问题，思考对方何以会如此行事、如此说话。如果真的能够做到这一点的话，就能够理解对方，就能够减少很多不必要的矛盾。

许多孩子只习惯于从自己的角度思考问题，而不习惯于站在别人的角度上思考问题。要消除这种现象，办法就是“心理换位”。

会下棋的人，可能都有这样的经验，刚学下棋时，往往仅考虑自己第一步怎样、第二步怎样，而不会考虑别人会怎样。只有棋下到一定水平后，才会考虑我怎样，对方会怎样应对，对于对方的应对，自己应当如何一一应对。如此考虑的回合数越多，个人的水平也会越高。处理生活中的问题也是如此，能够“心理换位”，能够站在对方的位置思考，能够设身处地地多为对方考虑，生活中的许多矛盾就都容易化解了。

站在父母的角度上考虑，就会理解父母的良苦用心，站在祖父母或外祖父母的角度上考虑，就会理解老人的那份关爱和唠叨；站在老师的角度上思考，就会理解老师的艰辛；站在同学的角度上思考，就会觉得大多数同学是可爱可亲可交的。所以，教孩子学会心理换位是非常必要的。

3.教孩子学会理解他人，理解人人都有缺点

金无足赤，人无完人，有缺点和不足乃是人性的必然。和同学相交，和朋友相处，完全没有必要求全责备。完全可以求同存异，只要同学和朋友的缺点不是品质方面的，不是反社会的。对于朋友的缺点和不足，对于同学心情不好时所说的话和所做的事，我们没有必要事事计较，事事都摆个公平合理。多原谅一次人，多给人一次宽容和理解，同时也就为自己多找了一份好心境，也会使自己觉得在个性完善的道路上又向前迈进了一步。

当然，宽容不是怕人，不是懦弱，不是盲从，不是人云亦云，这一点是必须向孩子讲清楚的。必须让孩子知道宽容是明辨是非之后对同

学、朋友的退让，而不是对坏人坏事的妥协。对坏人和得寸进尺的人是没有必要宽容的。

4. 让孩子多与同伴交往

宽容之心是在交往活动中培养起来的。孩子只有与人交往，才会发现每个人都有这样或那样的缺点，都要犯或大或小的错误，而只有学会容忍别人的缺点和错误，才能与人正常交往，友好相处。也只有通过交往，孩子才能体会到宽容的意义，体验宽容带来的快乐。如称赞别人的优点，庆贺同伴的成功，帮助有困难的小朋友，采纳别人的合理建议等。这些都能使孩子得到友谊，分享别人的成功，并使自己也获得进步。

在孩子与同伴交往的过程中，父母要特别注意引导孩子宽容比自己强的同伴、比自己“差”的同伴和自己的竞争对手。让孩子不嫉妒比自己强的同伴，不嘲弄比自己“差”的同伴和不故意为难自己的竞争对手。让孩子向好同伴学习，帮助“差”同伴，学会与竞争对手合作。

5. 鼓励孩子“纳新”和“应变”

宽容不仅体现在对“人”的态度上，也表现在对“物”和“事”的态度上。父母要引导孩子见识多种新生事物，让孩子喜欢并乐意接受新生事物，承受事物所发生的意想不到的变化，善知变和应变。允许孩子独辟蹊径地解决问题，孩子一旦习惯于“纳新”和“应变”，他对世间的万事万物也就具备了宽容之心。

十、让自己的孩子有担当——责任心的培养

放权是一种具体的爱和信任。英国教育家斯宾塞曾说："当孩子感到被爱、被信任，奇迹不久就会出现在你眼前。"如果父母对孩子放权，孩子就会对父母的信任表示感激，并全力以赴为自己的决定而努力，为父母的信任负责。孩子的责任感就会在信任中被唤醒。

1. 在劳动中培养宝宝的责任感

3 岁的若岩自我意识空前庞大，他会认为所有别人能做的事他都可以胜任。比如穿衣服、开门、按电梯等。如果你去帮他做，他还会生气发脾气。于是每当妈妈在做家务的时候，她都会同样给若岩一件小工具,让他也一起做。比如妈妈拿大拖把,若岩就拿小拖把,妈妈拿抹布，若岩就拿尘刷。而一些他已经可以做好的事情，妈妈干脆直接分配他去完成，像每天晚上擦凉席之类的工作，妈妈都交给若岩去做。最多在他做完后妈妈再偷偷地重擦一遍。每当若岩做完一件家务，都会受到一句热情的赞美。于是若岩的劳动积极性更加高涨，而且变得越来越有主见，越来越有责任感。

专家解析：

美国心理学家弗洛姆说："责任并不是一种由外部强加在人身上的义务，而是我需要对我所关心的事件做出反应。"

很多妈妈常常会发现孩子的许多没有责任心的表现，并为之感到头疼。其实，每个孩子在幼儿阶段就都曾表现出各种主动尝试的愿望，如幼儿自己要求独立吃饭、试穿衣服、手脏了自己洗等，这正是一种

责任心的萌芽。

妈妈应该抓住这个时期，为自己的孩子在不同年龄时制定不同的劳动任务。这样不仅让孩子得到了劳动的锻炼，更重要的是，通过劳动，使孩子明白每个人都应该和愿意承担所有属于自己的责任，因为，这是一个人进入社会的前提，社会不会接纳任何一个不负责任的人。

应对策略：

3 ~ 4 岁孩子可以胜任的工作：

洗脸、刷牙、协助父母把干净的衣物叠好、放好。

收拾和整理自己的玩具。

把脏衣服拿到洗衣房。

4 ~ 5 岁孩子可以胜任的工作：

给家里的植物浇水。

在不打烂餐具的情况下协助大人摆放和清洁饭桌。

在父母的注视下拿邮件和报纸。

清洗并干燥塑料碗碟。

喂宠物。

协助父母把各种不易打烂的餐具放进洗碗机。

5 ~ 6 岁的孩子可以胜任的工作：

料理大部分的个人卫生。

整理和打扫自己的房间。

协助父母叠好衣服并给衣服分类放置。

负责倒垃圾。

清洗和干燥碗碟。

摆放和清洁饭桌。

放好各种杂物。

整理自己的床铺。

2. 大胆放手，让宝宝自己的事情自己做

3岁的岛岛，非常淘气。每次和小朋友玩不是抢玩具，就是插手管同伴的事，所以妈妈一刻也不容许他离开自己的视线。岛岛想要做点什么，妈妈立刻飞奔而来。“要和小朋友好好一起玩！”“不要欺负别人！”“别碰，小心把你碰疼了！”每当岛岛在生活中遇到问题，妈妈总以最快的速度帮岛岛解决。结果，岛岛变得没有任何生活能力，不会照顾自己，更不会照顾别人。

专家解析：

现代孩子的教育问题，源于家长对孩子的过度保护，妈妈事必躬亲，让孩子自己解决难题的机会实在太少，随着孩子的成长就会演变成孩子衣来伸手、饭来张口的坏习惯。

如果妈妈总是认为“孩子还太小，还不能做……”什么事都抢着做，到头来，孩子会根深蒂固地认为：这些全都是妈妈该为我做的事。

要避免这类后果，妈妈就必须让孩子从小尝试各种事物。从幼年时期，便把这些生活中理所当然的事教给孩子自己处理，当他对这些“难题”都习以为常后，妈妈会发现孩子长大了、懂事了，妈妈的唠叨会一下子减少许多。

应对策略：

（1）自己脱衣服、穿衣服、穿鞋子、系鞋带。

（2）玩过玩具后，自己把玩具收拾到玩具箱中。

（3）即使把米粒撒得到处都是，也要让孩子自己吃饭。

（4）脱下脏衣服，自己放入洗衣篮内。

（5）早上起床，自己洗脸、刷牙。

（6）饭前、便后自己洗手。

（7）吃点心时，一定坐着吃。

（8）当宝宝主动、自觉地做到这些事时，爸爸妈妈不要忘记及时给予表扬和鼓励。

3. 学会检讨，小宝宝“一人做事一人当”

一位教育工作者到日本学习时，发现日本的父母在孩子做错事时，往往把孩子的错误当成自己的错误，先向对方道歉“太对不起了，给您添麻烦了”。身为当事人的孩子反而一副事不关己的样子，简单的一句“对不起”就敷衍了事了。这一点与我们国内的情形比较相似，也许都是接受东方文化的缘故。

但是，他到了澳大利亚时，却发现那里的父母在这个问题上态度是截然相反的。有位妈妈带着4岁的孩子去他家里玩，结果孩子打碎了花瓶，弄湿了地面。那位母亲并没有向他道歉，而是先借了拖布，让孩子清理完残局，再让孩子向他正式道歉。并且那个4岁的男孩主动提出可以用自己的零用钱来赔偿。而做妈妈的只是礼貌地说了一句对不起。另外，还有几次，邻居家的孩子在院子里踢足球弄翻了他家的花盆，孩子也是把花盆扶好后，自己主动向他道歉。这里的父母很少为孩子的过失承担责任。

专家解析：

无疑，后一种教育方式更能使孩子认识到一个人应为自己的行为负责。但是我们许多父母出于舐犊之情，宁肯委屈自己也绝不委屈孩子。当孩子做错事情的时候，他们先是责怪孩子，然后是责怪自己并代子受过。这是极其错误的做法。

其实让孩子对自己的错事负责，比父母替他负责更重要。因为孩子在改正自己的错误中悟出的做人道理才会终生难忘。要求孩子对自己的过失负责，不仅有助于培养责任感，还能帮助孩子养成自觉遵守规则、积极自律的观念和习惯。

学校里，我们每天总能见到匆匆赶到学校为粗心马虎的孩子送书本、文具的父母；也常遇到想方设法帮助有不良行为的孩子逃避学校处罚的父母。每次孩子在外打架斗殴伤了同学，总是父母去赔礼道歉，花钱带伤者去医院检查治疗。正是父母这样一次次地宽容和过分溺爱，渐渐使孩子养成了自私自利、缺少责任感、任性乃至放荡不羁的性格，导致孩子漠视校纪，轻视规范，缺乏责任心。

美国心理学家弗洛姆说："责任并不是一种由外部强加在人身上的义务，而是我需要对我所关心的事件做出反应。"这意味着责任应该是一种自觉行为。让孩子为过失负责——不论孩子有什么过失，只要他有一定的能力，就应当让他承担责任，这才是现代父母的真正爱心。

应对策略：

（1）抛开"孩子还小"的理由。许多孩子很少想过要对自己所做的错事负责。原因就是父母替他们揽得太多，很多父母认为"孩子尚小，等他大一些再说"。因此孩子根本没有为自己的过失负责的意识，所以，要想孩子学会承担责任，父母要先改变自己心疼孩子小的思维。

（2）孩子做事往往更多地重视行为过程本身，而不太重视行为的结果。因此，要培养孩子的责任感。首先，必须让他们了解自己的行为会产生怎样的结果。

（3）父母要为孩子制定责任的规定。孩子做事往往是凭兴趣的，要让孩子对某件事负责到底，必须清楚告诉他做事的要求，并且与处罚联系在一起。因此要给孩子制定规矩，让孩子知道什么是该做的、应该怎样做，否则将会产生哪些后果、受到哪些惩罚。如把收拾自己房间的家务活承包给孩子，要是没做好，便不能进入自己的房间。这样，孩子才知道一个人是要对自己的行为负责的。

（4）必须让孩子对自己造成的不良后果设法补救。如小孩损坏了别人的东西，一定要让孩子买了还给人家，也许对方会认为损坏的东西没多少钱，或认为小孩子损坏东西是常有的事，或者不好意思收下孩子的赔偿，但父母应坚持让孩子给予对方补偿，这样可以让孩子知道，谁造成不良后果，就该由谁负责。

（5）父母在家中要为孩子树立好的榜样。“言必信，行必果”，这样才能有威信要求孩子负责任，才能让孩子有模仿对象。

4. 在生活中培养宝宝的责任感

老卡尔威特在他的著作中记录了这样一件事情：

我们的花园里，在我的指导下卡尔种了几棵玫瑰，他每天去观察它们，并细心地给它们浇水施肥。一颗黑黑的种子埋进土里，过些时日，便会长出绿油油的芽，这对孩子来说是多么奇妙的一件事啊！而且，照料花需要耐心和责任心，如果哪天卡尔因为贪玩忘了浇水，就会发现花苗变蔫了，所以我时不时会提醒一下卡尔每天按时浇水。一开始花苗的变化并不大，卡尔也像其他孩子那样渐渐失去了耐心，经常会忘记照料花苗，后来，我把花苗的“惨状”指给卡尔看，他心疼得不得了，发誓一定要把玫瑰花照料长大，并让我监督，如果没做好就给予惩罚。让我欣慰的是，卡尔从未因此受过惩罚，他照顾花的劲头让我非常感动。

专家解析：

责任感对孩子来说非常重要，如果从小不在家里就培养好的话，那么以后到社会上，他同样是个没有责任感的人。其实只要注意生活中的细节，许多地方都能炼就孩子的责任感。

在很多家庭都见过这样的情景，孩子玩过的玩具扔得满地都是，大人不得不跟在后面一件件地收拾，这种情景反映出孩子没有养成自我负责的习惯，也表明家长对培养孩子的责任心并没有给予应有的重视。

责任心的培养不像教幼儿数数那样立竿见影，很多家长了解这一点，因而试图通过日常的家务等具体的事情来解决这些问题。比如：让幼儿学会倒垃圾、扫地、叠被子、洗手绢等，希望让幼儿在劳动中形成责任心，这些劳动虽然对于幼儿成长必不可少，但在培养责任心方面收效甚微。家长虽然可以强制性地要求孩子做完家务，孩子也可以做得很好，但是他会觉得这是强加给自己的负担，不是自己的责任，对他们内心很难产生积极的影响。

良好的责任心是社会合作精神的体现，也是个人健全人格的基本要素。责任心不能靠强迫养成，它只能在家庭和社会中汲取有价值的观念并在逐渐引导下形成。

应对策略：

（1）父母要时刻做个有责任感的人。孩子在生活的各种环境中对自己喜欢的人进行模仿，从而塑造自己的品质，因此，孩子的责任心主要还是要归属到父母身上，因为孩子最主要是接受父母的道德观念。所以，做父母的应时时注意自己的言行，以给孩子树立一个良好的榜样。比如，爸爸妈妈对家务事分工明确，能积极地完成自己的家务；对工作认真负责，没有迟到、早退、无故旷工现象；言出必践，对自己的每一句话都认真负责，等等。

（2）父母对培养孩子的责任感要有耐心。让孩子从最简单的事情做起，不要对他们期望过高。如果对孩子的期望过高，孩子会因为达不到父母的期望而苦恼，父母也会因为孩子没有进步而失望，要给孩子一个适应的过程。

（3）让孩子在游戏中扮演老师、医生、妈妈等角色。孩子扮演老师，不仅会模仿老师上课，带学生做游戏，还会模仿老师关心、爱护学生，他能意识到这些都是教师的责任；扮演妈妈，宝宝就会给孩子喂饭、穿衣，也特别疼爱孩子，履行妈妈的责任。

5. 允许孩子参与家事决定

一个6岁的孩子给他的爸爸妈妈提了这样一条建议：我可否参加一些家庭小会议。以前，我是小孩子，不懂事，参与也是调皮捣蛋。现在，我已经长大了，我想我已有分辨是非的能力。我是家里的一分子，应该适当参与家庭会议，这样便可以多一个人出主意想办法，也能够提高我的遇事分析能力，增长社会经验。可每次家人有什么事情，就把我哄到一边，说什么“大人有事，小孩子别添乱”，我已经不是小孩子了，我都6岁了，每次你们把我支开的时候，可曾体会过我的心情吗？

专家解析：

当孩子慢慢长大，他就会希望像大人那样，承担一定的义务，并且也希望像大人那样拥有自己的空间。而有些父母却不注意这一点，在孩子尝试着自己做主的时候，他们往往告诉孩子“你还小”、“你不懂”、“这个你不行”等，阻止孩子的行为，打击孩子的积极性。

孩子的成长速度是惊人的，特别是现在的孩子，远远超出成年人的想象。父母认为孩子不能做的事，可能孩子已经完全有能力做了。因此，父母要尽量给孩子一些锻炼的勇气和机会，这样孩子才可以增强责任心。

当孩子能够参与讨论家里的问题时，他们就能够更好地理解父母。而父母一方面可以调动孩子的责任心，使自己清楚地认识孩子的品质，另一方面可以得到有关自己教育的反馈信息。

一个人的责任心往往就是看到自己的行为与他人的幸福安危有直接因果关系时才建立起来的。很多父母不让孩子参与家庭事务的决策，是大错特错的事。当孩子从小被当作平等的人来对待的时候，家里的一些事和孩子商量，尽管孩子太多问题几乎不懂，但是他会感觉被尊重。他是家庭的一员，他的行为对家庭有影响。而这种感觉对孩子来说太重要了！

尊重孩子的意愿，允许孩子实施自己的知情权和参与权，这样才能让孩子感觉到他在家庭中的重要性，从而建立起对家庭的责任感，培养他的主人翁意识和大局观。

应对策略：

（1）家里的大扫除、日常家务活一定要有孩子一份，即使他只有两岁，并不能真正做家务，也要让他参与其中。

（2）当遇到诸如选择幼儿园、兴趣特长班等与孩子密切相关的事情时，应该主动征求孩子的意见。对孩子说："孩子，有件事和你密切相关，我们想听听你自己的看法和意见。"要给孩子选择和决定的权利，并且告诉他要为自己的选择负责。

（3）当遇到关系到整个家庭的大事时，比如搬家、买房子等，应该让孩子知道，并鼓励孩子发表自己的意见。告诉孩子："这件事非常重要，你有什么想法吗？"

6. 给孩子犯错误的权利

晶晶 4 岁时，有一回尝试着自己洗衣服，用去不少洗衣粉，最后还是弄得一团糟，结果招来妈妈的一顿埋怨，父亲还差点打了她。从此，她对洗衣服有一种近乎本能的抵触和恐惧，洗洗涮涮一类的活儿一直由妈妈和姐姐代劳。

一直到后来，晶晶在外地上高中，仍然是每星期都把脏衣服带回来交给妈妈，而且还时常埋怨妈妈洗的衣服不够干净，早就忘记了这其实是自己的责任。

专家解析：

在孩子独立做事的过程中不可避免会遇到困难，或者搞砸，父母千万不要批评和嘲讽，因为那会让孩子产生胆怯心理，再也不敢去做承担责任的事情了。父母要允许失败，不做扼杀孩子责任感的杀手。

生活中我们也时常发现有的孩子什么都不敢做，就是因为害怕犯错误受责罚，不敢承担。还有的孩子不敢面对错误，而把责任转嫁给别人，出了问题就说是别人的过错。

我们家长应该检讨一下自己对待孩子犯错误的态度了。如果孩子总是因为害怕犯错误，和犯错误后会受到责罚，而不敢去面对和尝试一些新鲜的事物，不敢去做应该独立完成的事，而等待着别人推一步走一步，从而丧失了很多自主学习的机会和体会成功的快乐。

没有一个家长希望自己的孩子犯错，可是不犯错误的孩子就不能深刻体会责任的重大意义。成长，就应该允许孩子犯错误，责任，就意味着孩子要面临错误。

其实，人生是一个积累个体经验的过程。给孩子一个宽容的空间，让他跌倒之后，学会自己爬起来；让他敢于面对挑战，并敢于承担错误，能够为自己的行为后果负责。

在一次国际性家庭教育研究会议上，130多名国际家庭教育研究专家和工作人员普遍认同一个观点：“民主＋权威”是最好的教育方式。要允许孩子犯错误，启发诱导，让孩子学会自我改正；再者，要多与孩子沟通，用正反典型事例，让孩子判明是非。

很多科学家在发明创造的过程中，都是经过了无数的失败才能成功的，正是因为他们不断地犯错误，不断地改正错误，才有了最后的成功。

同样，每个孩子在成长的过程中，也不可避免要犯很多错误。可以说，犯错误是孩子成长中必需的经历，是必不可少的。不经风雨，怎能见彩虹？不经跌跤怎能学会走路？没有经历过错误，怎么能到达正确的彼岸？

孩子不断犯错误的过程，其实正是不断改正错误、学习技能的过程。

假如不给他这类机会，轻易地帮助他顺利完成，不但剥夺了孩子寻求正确方法的乐趣，也会使他们变得懒于动手、养成依赖父母的坏习惯。

所以，请放开你的双手，让孩子去接受锻炼，去感受错误带来的失败。要宽容孩子的错误，允许孩子犯错。孩子不犯错，怎能知错？不知错，怎能改错？允许孩子犯错误，才会使孩子逐步成长起来，并经得起生活挫折。

应对策略：

（1）父母应给孩子犯错误的权利和自由。告诉孩子犯错误没关系，重要的是面对错误的态度——犯了错误不要紧，只要勇敢面对，坦白承认，就又重新回到了正确的路上。

（2）对于孩子能够自行纠正的那一类错误，应该允许犯一犯。比如，一个小女孩有一次因出于好奇，想“鉴定”一下瓷碗究竟会不会破碎，竟当着妈妈的面拿了一只碗往地上摔。面对满地的碎片，她马上意识到自己犯了错误，以为将受到责骂和惩罚，但没想到妈妈只是让她自己清理好碎片，并告诉她瓷器易碎的知识。后来，小女孩从易碎的瓷器联想到同样易碎的玻璃窗、镜子、瓶子、眼镜等，自觉地学会保护和使用它们，再也没有弄碎过任何东西。

（3）对于孩子某些错误必须立即纠正，如乱丢垃圾、欺侮弱小等。这类错误，一旦放任，就难以收拾。所以，应尽量避免孩子犯这种错误。

第六章　认知培养：教孩子学会学习

一、培养良好的阅读习惯

早慧孩子的共同特点之一就是喜欢阅读，一位著名的美国心理学家在天才发生学的研究成果中指出，有 44% 的天才男童和 46% 的天才女童是在 5 岁以前开始阅读的。早期阅读可以使儿童增长知识,开阔眼界,促进观察力、想象力、思维力及表达能力的发展与提高，而且能使儿童获得情感、社会性等方面的发展。

简单地讲，儿童阅读兴趣即指儿童对文献进行阅读活动的爱好，是对文献的内容、意义进行积极探索和对自身从事阅读活动的主动性心理倾向。这种心理倾向表现在对文献和阅读活动的特别喜爱和积极的阅读态度。孔子曾说过：“知之者不如好之者，好之者不如乐之者。”所谓“好”与“乐”都是阅读兴趣的反映。

当儿童对阅读发生兴趣时，就会积极主动地去学习，不会觉得枯燥乏味。当然，阅读兴趣往往影响阅读效果。有兴趣读书的儿童与无兴趣读书的儿童在相同的时间里、相同的读书条件下去读同一种书，其结果必定会出现很大的差距。因此，在家庭和少儿图书馆开展阅读指导工作时，首先重视和研究的问题，就是对儿童阅读兴趣的培养。

人的兴趣不是天生固有的，它是在预定客观环境影响下和一定需要的基础上，通过社会实践形成与发展起来的。同样，儿童阅读兴趣的产生、发展是与我们的引导、培养无法分开的。如果我们根据儿童心理的特点和阅读习惯的养成、发展的规律，采用多种方式有意识地培养和激发阅读兴趣，那么，艰巨的阅读任务，就会变得轻松愉快起来，把“苦读”变成“乐读”、“趣读”，从而提高阅读效率。关于培养兴趣，郭沫若说过：“兴趣能使我们的注意力高度集中，从而使人能够完善地完成自己的工作。有了兴趣，就会去勤学苦练，就会对一个人的成就发生作用。兴趣是可以培养出来的。”这也说明了兴趣的重要性。

学龄前儿童的意志力比较薄弱，自控能力还比较差，因而阅读兴趣的培养就显得更加重要。学龄前儿童是儿童心理发展过程中最重要的时期，或称敏感期。苏联教育家马卡连柯曾经说过，教育的基础主要是五岁以前奠定的，它占整个教育过程的90%。所谓敏感期也称关键期，是指在某一特定年龄时期儿童对某种知识或行为十分敏感，学习起来很容易，错过这个时期学习则发生困难，甚至影响终身。例如：儿童语言发展的敏感期是2岁左右，书写敏感期出现在3.5岁至4.5岁时期,阅读敏感期出现在4.5岁至5.5岁时期。所以,一些教育专家认为“6岁前较6岁后更容易学习阅读”。

如何培养学龄前孩子的阅读习惯?

1. 选择图书以孩子的需要为唯一原则

在关于学前儿童读物的调研中，有这样一种结论：从整体上看，儿童所拥有的读物基本上是出于家长自己的考虑，自己的教育观，是家长的一种主观行为；其次才考虑孩子是否有需求。可见，现在大多数父母在图书的选择上是违背图书选择原则的。那么父母应怎样考虑孩子的需要呢？应根据儿童的生理、心理特点来选择图书。

要着重选择形象性、直观性、故事性强的图书。所谓形象性，即书中内容应是儿童熟悉的，使儿童感到亲切，自然地受到感染、满足内心的需求和情感的需要。例如：儿童喜欢看动画片，像《哪吒传奇》、《飞天小女警》都是儿童喜爱的动画片，百看不厌，家长可以为其选择这样一些图书。当儿童在书中见到自己熟悉的形象和情节时，必然会对图书发生兴趣，于是阅读在兴趣的引导下，不知不觉地进行着。所谓直观性，即选择色彩丰富、绚丽、对比强烈的图书，因为儿童对色彩鲜艳的图书画面很感兴趣。所谓故事性，即挑选情节单纯、生动有趣、结构清晰、有头有尾的图书，特别注意故事要有一个吸引人的开头，因为儿童喜欢故事性强的作品，有情节的图书在低幼图书中占绝对优势。我国的《西游记》，国外的《一千零一夜》及《列那狐的故事》等，对儿童有着很强的吸引力。

选择图文并茂的图书。给儿童看的图书应具有语言简练、书中人物动作性强的特点，书中的情节应主要依靠画面式动作来体现，而不是过多地借助语言，以便使儿童能够从画面的转移、动作的衔接中了解、认识图书的内容。

2. 创设良好的人文阅读环境

树立榜样。要孩子爱读书，先要让他在读书之前爱上读书的气氛，父母们要努力在家庭中营造读书的气氛。父母首先要自己热爱阅读，以自身读书的热情感染幼儿，如果父母自己不看书，把业余时间都耗费在电视机前或麻将桌上，却要求孩子爱看书，是难以做到培养孩子阅读兴趣的。

创设和谐的阅读环境。父母要尽可能为孩子创造轻松、有趣、自在的阅读环境，如图书一定要放在伸手可及、取放自如的地方。阅读时让孩子姿势舒适，不能让孩子产生拘谨、不适感。父母可以在家里布置一个空间专门供儿童阅读。一只灵巧的小书架、一小块漂亮的地毯、一个舒适的小沙发，都会让孩子更加热爱阅读，让阅读伴随孩子度过更多愉快的时光。

3. 常带儿童去书店和少儿图书馆

父母可以利用节假日带儿童去书店和少儿图书馆。书店里琳琅满目的图书会令孩子兴奋不已。但是图书带回家，需要钱，在这里可以让孩子学会取舍，父母可以每次买一本书为限，告诉孩子看完了再来买，孩子为了得到更多心仪的图书，回家后必定认真看书，这样孩子的阅读兴趣就会经久不衰。而到少儿图书馆，是去感受一种阅读文化，将孩子拉进阅读世界的第一步，从而引发他们阅读的动机。少儿图书馆是为孩子营造自在、有趣、丰富的阅读情境，引领孩子成为爱书人的最重要的社会资源。然而，一个温馨情境的组成，不只是一个地点和一本书。人，才是引导孩子学习“与书对话”的关键。在图书馆的阅读情境中，工作人员、同龄伙伴以及父母，都可以成为孩子阅读的引导人，引导孩子选书、看书、读书，引导孩子发问、讨论、思考，进而引导孩子对阅读的兴趣。

4. 加强亲子共读

孩子的阅读与其说是一种掌握知识的过程，倒不如说是与父母同玩的游戏过程。在阅读的同时，孩子的第一需求（父母的爱）若得不到满足，在孩子看来，这次阅读就是没有意思的、失败的游戏。父母应与孩子一起读书，而不是扔一本书给孩子了事。孩子的年龄特点决定了阅读离不开成人的朗读、讲解。在给孩子阅读图书时，家长要注意语言不要平平淡淡，没有任何感情色彩的枯燥语言，这样只能让孩子失去听故事、听诗歌的兴趣。因此，父母最好带着饱满的情绪和情感来朗读，放慢语速，尽量模仿故事中的各种角色的语气读，不要为了应付孩子而敷衍了事，这样才能大大提高孩子阅读的兴趣。虽然多数家长已习惯采用亲子共读的方式，这是一种可喜的现象，但有研究认为亲子共读与儿童的阅读兴趣之间虽存在着正相关，但相关不显著。要想真正发挥亲子共读的效果，还必须在一些方面下工夫。例如，为自己的孩子安排专门的阅读时间(晚饭后的20分钟)并持之以恒。再比如，亲子共读更多的是母子共读，而母亲的阅读兴趣往往影响着孩子的阅读兴趣，母亲往往对文学、艺术方面比较钟爱，而对科学、健康方面比较薄弱(父亲一般比较擅长)。所以为了培养孩子全方位的阅读兴趣，父亲也应该更多地参与到亲子阅读中来。

5. 让儿童时刻体验“成就感”

“成就感”永远是孩子最大的支持力，为了让孩子时刻保持阅读的兴趣，家长就应该经常提供一些方式，让孩子体验成功。比如，父母先把一篇小故事分成几个角色，在讲完故事之后，和孩子一道进行角色对话，在家庭里演绎一台“小话剧”。这样不仅孩子的兴趣浓，也加深了父母与孩子之间的感情。再比如，引导孩子把自己熟悉的、感兴趣的内容讲给小朋友听。孩子在讲解的过程中，不仅加深了印象，更能在小朋友的赞美、羡慕中得到满足，感受到阅读的乐趣，从而激发孩子的阅读兴趣。

我们鼓励儿童阅读，只因阅读是件快乐的事。只要有了兴趣，就会热爱阅读，就可以丰富孩子的人生，去发现另一个美丽缤纷的世界。

二、重视孩子倾听能力的培养

倾听，是一项能力，“聪”原意为“听”，善于倾听的孩子，往往给人“聪明”的感觉，倾听能力强，其学习能力和交往能力也会强。其实，每个孩子都有善于听的基础，在婴儿时期，孩子就是靠“听”习得复杂的母语。幼儿正处于语言发展的关键期，让他们会听、会说并会用语言交流思想感情，培养幼儿倾听能力是发展幼儿语言的基础。可见，培养幼儿的倾听能力是非常重要的。

1. 倾听能力的具体内容

幼儿倾听能力的培养着重培养三种倾听技能：

（1）专注性倾听，集中注意地倾听(包括注意力集中，不做小动作，思维能跟着老师走等)。

（2）辨析性倾听，分辨不同内容(如不同乐器发出的声音、不同年龄、性别的人的声音等)的倾听。

（3）理解性倾听，掌握主要内容、连接上下文意思的倾听(包括回答问题情况和执行指令情况等)。

2. 学龄前孩子普遍存在的“倾听”问题

（1）表达欲望强，很多时候只愿自己讲。孩子从3岁起，就开始有表达与表现的心理需要，发展状态往往先是以“自我为中心”再逐渐发展为“与人交流”，在最开始的阶段，孩子往往很难明确地意识到别人也有和自己一样的想法，如果我们在这个阶段，只注重孩子的“说”，而忽略了引导孩子去主动“听”的意识，那么，随着年龄的增长，这种初期的“自我为中心”状态就会逐渐成形，养成“只说不听”的倾听习惯，从而造成后期的“倾听障碍”。

（2）别人跟自己说话时，注意力不容易集中。当然，对孩子“注意力不容易集中”的评价，是要经过慎重的观察的。比如和孩子说话的时候，他是否正在看一本有趣的书或做一件感兴趣的事情？他是否情绪正处在不高兴的状态？是否有一件更值得期待的玩具让他牵挂不已？如果有类似的情况，我们就不能妄自判断孩子“注意力不容易集中”，如果没有类似的情况，那么，孩子的“专注性倾听”能力就该引起我们的重视，需要通过各种途径进行长期的干预，这些途径我们稍后会有介绍。

（3）别人说话时经常插嘴。孩子中途打断别人的说话，其原因与表现也是多种多样的，如想引起大人的注意，对别人说话的内容感兴趣，需要寻求帮助或即时的玩伴等。最后被称为插嘴的，多是因为孩子的表达过于急切，成了不太礼貌的行为。所以，对于孩子的插嘴事件，爸妈首先要就事论事地进行判断，这样对于孩子的行为纠正，也更容易找到正确的方法。

（4）对听过的话，较难反映到语言或行为反馈中。这是理解性倾听出现了问题，大多数情况是：孩子在倾听的过程中其专注度受到了影响，没有将所听的内容与要求吸收到自己的意识中去；孩子对所听到的内容，已经超出了他的年龄范围内的理解力而无法反应到行为中。对于后者，我们要特别注意，对孩子的期望不要想当然。

3. 幼儿倾听能力较差的原因

倾听是幼儿最早掌握的言语活动。良好的倾听能力是幼儿获得知识的前提，它对于发展幼儿语言、思维十分有益。然而，在现实生活中，幼儿的倾听能力较弱，究其原因，主要表现在以下几方面：

（1）成人不重视倾听能力的培养。许多成人认为听力是与生俱来的，没有必要培养，遇到孩子插嘴或不专心倾听则训斥、责备孩子，如大人讲小孩子听等。训斥、责备的方式则使孩子失去倾听的欲望和兴趣，会变得不爱倾听或不会倾听。还有一种极端的表现就是成人以孩子为中心，认为插话是孩子自信、能干的表现，往往过分顺着孩子的意思，以致使孩子愈加不会倾听。

（2）幼儿的身心发展特点的局限。

受幼儿年龄特点的局限，注意力容易分散，自制力比较弱，缺乏倾听别人说话的耐心，在听的过程中难免会做小动作、东张西望等。特别是有些幼儿聪明活泼，表现欲特别强烈，在集体活动中常急于表达自己的想法而打断其他幼儿的发言。所以幼儿有时候根本没听清楚或听得不完整。

（3）成人的消极榜样作用。父母、老师等是孩子成长和发展过程中的重要榜样。成人的言行举止不可避免地对孩子产生影响。有些成人在和别人交往时、和幼儿交谈时就不会倾听，因此，孩子在无形中习得了他们的不良行为。

4. 幼儿倾听能力的培养

（1）“身教示范”。身教，对于学龄前的孩子来说，是最重要的家庭教育方法，在倾听能力的培养上，更是如此。倾听同时也是一种礼仪与修养，有时是难以用语言去传达的。因此，我们要做有认真态度的倾听者的示范榜样，不要随意打断孩子与别人的交谈，与孩子说话时看着他的眼睛。

（2）“对话沟通”。让孩子学会倾听，首先我们要做一个会倾听的爸妈。尤其是孩子拒绝与你合作时，你要蹲下来，耐心地听一听孩子的解释。同时，也要让孩子听一听你的想法。这是一个“讲道理”的过程，同时也是一个彼此倾听的过程。慢慢地，孩子会体验到倾听的巨大力量，当在幼儿园中遇到交往问题时，他会很自然地想到用“对话”来解决。

（3）“唠叨转型”。从“听到”到“做到”，是一个日积月累的过程。说得多了，我们的语言就变成了孩子耳中的唠叨，谁会爱听唠叨呢？长此以往，孩子就会把我们所有的话都归为“唠叨”而“不听”。这时，我们就要使用“提醒强化”的方法。比如，饭前叫孩子洗手，妈妈可以故意提高音量叫“爸爸，吃饭要洗手哦。”爸爸也配合地答应：“吃饭洗手，宝宝也要洗手哦。”这时，妈妈就轻声提醒孩子，让孩子答应爸爸说：“吃饭洗手，宝宝和爸爸一起洗手。”然后让孩子主动拉着爸爸去洗手，这样，“吃饭洗手”才会从唠叨转型被孩子真正“听进去”。

（4）“亲子阅读”。亲子阅读是一个在家庭中能够集倾听习惯培养与倾听能力培养于一体的活动。通过听我们的讲解，孩子能习得正确的语音，感受不同的语音语调，养成耐心地安静倾听别人讲话的习惯。另外，孩子还能通过听懂语义，理解故事内容，并对故事中的人物或情节作出价值判断或思考。我们在亲子阅读中，要充分利用提问、追问的方法，提高孩子倾听的专注度与理解能力。

（5）“指令游戏”。为了特别锻炼孩子的专注性倾听能力，我们不妨与孩子一起做一些富含指令性的亲子游戏。如“小手拍拍”，可以在孩子熟悉了原有歌曲歌词并会做出对应动作的基础上，改变唱法，随意改换动词，请孩子配合做出相应的变化动作。如原歌词是“小手拍拍，小手拍拍，伸出手指，伸出手指。嘴巴在哪里，用手指出来”，可以改成“小手拍拍，小手拍拍，手指伸出来，嘴也张开，苹果在哪里，用手指出来，用嘴咬一口。”还不妨玩“老狼老狼几点钟”的游戏，请孩子(扮演小羊)先问爸妈(扮演老狼)几点钟，然后“老狼”在说到12点钟时，就来抓“小羊”。孩子在玩的同时，小耳朵的倾听本领也会变大。

(6)“美感赏析”。为了进一步培养孩子的辨析性倾听能力与审美修养，可以经常在家中播放背景音乐与孩子讨论其中的节奏变化，感受音乐中的美感，体验倾听带来的宁静与快乐。另外，还可以播放儿歌，俗话说，“熟读唐诗三百首，不会做诗也会吟”，倾听的力量是不容忽视的。

三、兴趣培养很重要

兴趣是学习的最好老师。但是有些学生对学习全无兴趣，如何加以引导和培养呢？

1. 爱好不等于兴趣

不少家长把“兴趣”和“爱好”两个概念等同起来，发现孩子爱好某一事物时，就认为他对其产生了兴趣。其实不然，专家认为，这两个概念有区别，家长只有认识到这一点，把它们区分开来，才能有效地对孩子的兴趣加以引导和培养。

在这两个概念中，“爱好”的范围很广，所含感性因素偏多，而兴趣是人们对某一事物高层次的需求。就比如有些学生喜欢看电视，这只能说他爱好看电视，而非兴趣。所以，家长培养孩子的兴趣要多样化，但不能太滥，要让孩子专心致志地集中到一两个主要兴趣上，而把其他的兴趣作为一般爱好就行。

（2）如何发现孩子的兴趣

孩子有自己特殊的兴趣，没有谁比父母更能发掘他们的兴趣所在。例如一名教师曾教过一名学生名叫胡劲，现已被保送到北京大学，他的父母就是有心人，看到孩子对数学感兴趣，便重点培养。

胡劲读小学时，对马桶的工作原理产生了好奇，便动手拆了自家的马桶，父母很支持孩子的这一做法。其间，胡劲学到了一些数学知识，并对其产生了浓厚兴趣。父母又因势利导送胡劲学奥数，一直到现在，胡劲对数学热情不减。

扩展视野对发现兴趣很重要。孩子如果没有机会接触世界上各种奇妙的事物，他们很难对外界发生兴趣，父母也就可能很难找出孩子的兴趣。因此，父母应该创造机会扩展孩子的视野。比如，当发现孩子遇上了一些令他双眼发光的事物时，这种兴趣就值得培养，父母应该鼓励他们去探索。

3. 兴趣培养五点注意

生活中，有不少家长发牢骚：孩子喜欢玩，为什么就是不爱学呢？其实培养孩子的学习兴趣要注意以下五个方面。

（1）启发和引导孩子的求知欲。小孩子特别爱问“为什么”、“这是怎么回事？”面对孩子千奇百怪的问题，有的家长则会显得不耐烦。然而，这些问题恰恰是求知的萌芽，家长应该耐心面对，用通俗易懂的语言为其解释。

（2）从游戏中开发孩子的兴趣。爱玩是小孩子的天性，一些益智游戏也能激发孩子对某一事物的兴趣。同时，因为孩子的年龄偏小，他对有兴趣的事情，一开始往往只凭好奇和热情。因此，家长要引导他从兴趣中探索和思考，从兴趣中获得科学知识，使其保持兴趣的长久性。对孩子的兴趣不闻不问无动于衷，是做家长的大忌。

（3）学会鼓励孩子。家长是孩子心目中的第一个权威评价者，他们渴望得到家长的肯定。如果家长总是“打击”孩子，有可能摧毁其求知欲。因此，当孩子做得好时，家长可以适时表扬，可当孩子做得不好或者失败时，要先肯定孩子有创造性的一面，然后再鼓励他们改掉不好的方面或者勇于面对失败。

（4）把间接兴趣转化为直接兴趣。也许有的孩子对学习某一科目的确没有直接兴趣。有名学生对数学没有兴趣，但是他的目标明确，想读名校、考上重点大学，结果他的成绩也不错。这名学生对数学是一种间接兴趣，面对这样的孩子，家长就要琢磨如何把其间接兴趣转化为直接兴趣，毕竟有了直接兴趣，内动力才强，才能学得持久。在这一转化中，让孩子获得成就感很重要。孩子学习有成就感，才能激发他们对学习的直接兴趣，产生内动力，主动向学。

（5）教给孩子科学高效的学习方法。高效的学习能让孩子在学习中发现乐趣，学有成就，这是保持兴趣的动力源。

4. 培训要尊重孩子兴趣

如今，培优成风，包含艺术、体育、科目学习等多方面内容。但课外培训只有建立在孩子有兴趣的基础上，方能收到良好的效果。一些家长盲目跟风、功利思想严重，没有考虑到孩子的兴趣和学习特点，只会加重孩子学龄前儿童的负担。

四、培养孩子的注意力

“注意”，是人们熟悉的一种心理现象，通常称“专心”。小孩子在听广播、看电视卡通片时，会聚精会神，而对周围的人和事会听而不闻、视而不见，这就是注意力。

培养孩子的注意力，应该在学龄前就开始。这是因为，学前期的主要任务就在于通过一些学习活动为孩子的正规学习做好准备。良好的注意力，就是必备条件之一，能够使孩子上学后学习专心。不少家长只关心孩子学龄前学了多少字、画了多少画，而忽视了对孩子注意力的培养，致使这些孩子上小学后，很难适应正规学习，表现在上课不专心，做作业不认真，严重影响学习成绩的提高。

怎样培养孩子的注意力呢？最初应从生活习惯方面，培养孩子良好的行为习惯。采取的方式也不急疾风暴雨，而是从小事把握。比如要求孩子准时就寝、起床；按时饮食，吃饭碗里不留饭；玩具用过就还原；做事要认真做好，否则重来……离开了细节就没有教育。但也不是所有的小事都要管，而是选择那些对孩子的成长、品质的形成具有本质意义的“小事”。

孩子从未见过、听过的事物，都能以独特的魅力吸引孩子的注意。因此，应把孩子带入大自然观看奇花异草和造型奇特的建筑，培养孩子的兴趣。兴趣是观察、专心的动力。要帮助孩子确定观察的目的和任务，因为儿童喜欢东张西望，目的性不强，抓不住要领，因而得不到收获。因此，家长应有意向孩子提出一些要求和目的，告知方法，引导孩子抓住本质，从浅入深，专心致志。

在幼儿学习中遇到困难和干扰，或碰到不感兴趣的内容，仅靠注意力是不够的，必须有意识地培养幼儿的自我控制能力，使注意力服从于活动的目的和任务。家长可以通过幼儿在一段时间内专心做一件事，如绘画、练琴、练书法等，来培养孩子的自制力。不要一会儿叫做这事，一会儿又叫做那事。训练最好有固定的时间和固定的地点，以便形成一种心理活动的定向。

孩子对某事物的兴趣越浓，越容易形成稳定和集中的注意力。家长不要整天把孩子关在房间里学习，要鼓励他们从事各种活动，让他们在活动中发掘和发展自己的能力及兴趣，并借以培养自己的注意力。

作息不定时、生活无规律是孩子注意力分散的主要原因。学习是脑力劳动，要消耗大量的脑内氧气，若望子成龙心切，整天强迫孩子长时间从事单调的学习活动，必然造成孩子大脑疲劳而精神分散。心理实验证明:3 岁幼儿注意力可维持 3 ~ 5 分钟，4 岁孩子 10 分钟，5 ~ 6 岁儿童也只有 15 分钟。因此，合理制定孩子的作息时间，让孩子明确什么时候可以尽情地玩，什么时候必须专心完成学习任务，养成劳逸结合的好习惯。

同时，要创造安静的家庭学习气氛，要让孩子专心学习，家长首先要自己安静，不要做分散孩子注意力的事，如看电视、大声议论或哈哈大笑等。家长也可认真看书学习，以模范行为让孩子效仿。在孩子学习时，不要过度关心地唠叨，问这问那，更不要在孩子学习的房间接待客人，干扰孩子，使他无法集中注意力。

据调查，“孩子注意力不集中”，是使许多父母头痛的问题，要矫正此毛病，可从孩子的健康情况、个性及家庭环境入手。

研究显示，孩子分心的程度与年龄成反比：2岁的儿童，平均注意力集中的时间长度为7分钟；4岁为12分钟，5岁为14分钟。孩子年龄越大越会逐渐懂得将注意力放在重要的事情上，而日渐增加专注的时间。因此，判断孩子是否专心，应依据其年龄的专心时间长度，而非依据家长的主观感觉。

孩子不专心，通常表现为两种情况：其一是注意力飘浮不定，专注的目标会经常转移；其二是心不在焉，常沉浸于白日梦而忘记眼前的事情，后者其实不是注意力不集中的孩子，只是将注意放错。只要家长用心纠正，使他们将心事转移到主要事情上去，往往会有惊人的表现和成就。注意力不集中的原因甚多，在生理方面，孩子若身体不适，听力或知觉发展不良，天生好动，以及神经系统或大脑微功能发生问题时，都会出现注意力不集中的现象，这些情况都必须由医生检查和治疗。

此外，心理上的安全感和自信心不足，过分依赖、缺乏耐心或情绪困扰，亦是注意力不集中的原因。这些情况大多数是教育方式和成长的环境所造成的。除了解决生理上的问题外，家长应该认识到，专心其实是一种可以训练、学习和培养的行为习惯。因此在埋怨孩子不专心的同时，亦要反省自己有无不对之处。

例如，孩子玩游戏时全身投入，正是在培养聚精会神的习惯，此时家长切不可任意打扰、干涉和打断。平时家长可以将游戏时间与日常生活配合恰当，并指定一个固定的玩游戏的角落，将环境安排得有条不紊，以减少使孩子分心的外界事物。家长亦切勿要求孩子做不感兴趣或超过能力所及的事。以免他们借着不断变换活动来逃避大人的责备。

此外，家中的气氛亦必须稳定，避免经常搬家及家中太多的人出入。亦切忌同时买太多的玩具及图书给孩子；使他们左顾右盼，不知所措，而无从培养仔细、有耐心、反复和专注一件物件的习惯。

家长应该以身作则，表现出专心、坚持和耐心的榜样。一旦发现孩子有专心的表现，更应加以鼓励和称赞。

对于年龄小的幼儿，可从说一则故事开始，不断地增加数量来加以训练。至于年龄较大的孩子，则鼓励他们做有兴趣和可胜任的工作，并且做完一件以后再开始做另外一件，投入的时间逐渐增加。除了要他们自己提醒自己不分心以外，家长亦要表现和善的态度。能够采取有效的方法，孩子注意力不集中的毛病即可改善。

1. 培养孩子注意力六大金律

俄国教育家乌申斯基说过，“注意是心灵的天窗”。只有打开注意力的这扇窗户，智慧的阳光才能洒满心田。

注意力是孩子学习和生活的基本能力，注意力的好与坏直接影响孩子的认知和社会性情感等身心各方面的发展及其入学后学业成绩的高低。

孩子注意力的形成虽然与先天的遗传有一定关系，但后天的环境与教育的影响更为重要。家长应当根据孩子的身心发展规律与特点，为他创造良好的教育环境，从孩子出生起就有意识地培养孩子的注意力，帮助孩子养成良好的注意品质与能力。

（1）营造安静、简单的环境。幼儿注意稳定性差，容易因新异刺激而转移，这是学前期幼儿的普遍特点。因此，父母应根据这一特点，排除各种可能分散孩子注意力的因素，为孩子创造安静、简朴的物质环境。

例如，孩子玩安静游戏或看图书的地方应远离过道，避免他人的来回走动影响孩子的活动；墙面布置不应过于花哨；电视、糖果等可能吸引孩子注意力的物品也应摆放在较远的位置。

父母还应注意调整自己的言行举止，适时地对孩子提出适当的要求，与孩子形成良好的互动模式。

例如，当孩子全神贯注地做某件事时，成人不应随意地去打扰孩子。我们经常会看到，孩子正聚精会神地玩着插塑或搭积木，爸爸走过来问一问吃饱了吗，一会儿，奶奶又走过来让孩子去喝果汁，又一会儿，妈妈又叫他帮忙去拿样东西。孩子短短几分钟的活动被大人们打断数次，时间一长，自然无法集中注意力。所以，在孩子专心做事时，家长最好也坐下来做些安静的活动，切忌在旁边走来走去，打扰孩子。

（2）有规律的生活。孩子一日生活的节奏以及各种活动的时间长短都会影响他的注意力。因此，家长应当注意安排好孩子的生活作息。

让孩子的生活有张有弛、动静交替。不同性质活动之间的转换要平和，给孩子一个过渡准备。

例如，孩子在户外跑来跑去，心跳加速，全身的每一个细胞都处于一种兴奋状态。进到户内后，孩子很难立刻进入绘画或读书等安静活动中。一些家长却要求孩子立刻安静下来，集中注意力。这种要求本身就是不合理的，是违背孩子的身体器官的运行规律的。

要求孩子集中注意力的时间不宜太长。研究表明，大班末期的幼儿能够集中注意力的时间为15分钟左右。因此，家长在安排孩子的活动时，应当注意调整时间，切忌一天到晚强迫孩子坐着一动不动。

（3）培养孩子的自我约束力。孩子的自控能力较差是注意力容易分散的另一个重要原因。当有新奇事物出现时，成人可以约束自己不去关注它，但孩子却很难做到。因此，为培养孩子的注意力，成人可以有意识地创设情景逐渐提高孩子的自我约束能力。

采用游戏的方式，将持久注意的要求变为游戏角色本身的行为规则。

例如，与孩子一起玩“指挥交通”的游戏，让孩子扮演交通警察，事先约定每班交通警察要站3分钟的岗，时间到后才能换岗。在游戏中，对注意力持续时间的要求可以循序渐进地提高。通过不同的游戏活动，幼儿可以慢慢地将外在的游戏规则内化为内在的自我约束。

有意识地增加干扰因素来增强孩子的自我控制能力。

比如，家长可以偶尔在孩子做事时，假装无意地把他感兴趣的玩具、图书或糖果等放在他旁边。当孩子表现出要放弃当前的活动去选择新的诱惑时，家长应及时地明确提出要求，让孩子集中注意力。

（4）培养孩子注意事物的广度。幼儿注意力差的另一表现是不能同时注意多个事物。为此，家长应当有意识地设计一些活动来培养孩子的注意广度。

①“猜物游戏”。先在孩子面前摆放上汽车、小球、铅笔等多种物品，让孩子观察几秒种，然后让他闭上眼睛，趁机悄悄拿走几样物品，然后让他说出哪些东西不见了。这个游戏要求孩子在观察时，能快速地注意到几个物品，从而锻炼了孩子的注意广度。

② 注意事项。家长应当注意幼儿的年龄和个体之间的差异，呈现的物品的数量多少、拿走的物品的多少以及观察时间的长短等都应当适当。对于年龄大的孩子，呈现的物品可以多一些，观察的时间可以短一些。

（5）激发孩子对活动的兴趣与需要。兴趣与需要是孩子活动的内在推动力，是直接影响孩子注意力的情感系统。为维持孩子对某一活动的持续兴趣，父母应当注意活动内容的难度要适合孩子的水平，既要让孩子体验到成功的快乐，同时又能感受到一定的挑战。

如果活动内容与孩子的先前经验无关，孩子没有充分的经验准备和能力准备，活动任务超出了其驾驭的范围，即使形式再活泼有趣，也不能吸引他们的注意力；如果任务难度过低，对孩子来说没有一点儿挑战，孩子也不会感兴趣，不能集中注意力。

（6）明确活动的目的和要求。注意是为任务服务的，任务越明确，完成任务的愿望越迫切，注意就越能集中和持久。要想使孩子的注意持久，成人不能强迫他做什么，而要让他知道为什么要这样做，激发他做好这件事的愿望。

因此，在活动之前，家长应当帮助孩子明确活动的目的和要求。在活动过程中，家长应当及时提醒孩子，使其注意力始终指向某个方向。

例如，家长和孩子种一颗豆放在窗台上。最初几天，孩子可能出于好奇而经常来看一看。但时间久了，兴趣趋于淡化，自然不会来光顾了。

如果家长能在种豆之前对孩子说：“这颗豆不久会长出绿色的长长的叶子，你要是看到它发芽了，就赶紧来告诉妈妈”。这样就交给孩子一个任务，为了完成妈妈交给的任务，他就必须经常注意它。

小提示：家长向孩子提出活动目的和要求时，应当注意要求一定要具体，要有明确的指向性。笼统模糊的要求对于孩子维持注意并没有太多的积极作用，因为孩子并不明白应当如何去关注，什么时候去关注以及去关注什么。

如在上述例子中，如果家长仅仅说“你要注意它的变化”，孩子可能会感到无所适从，从而失去对观察的兴趣，不能持久注意。这时就要求家长能明确地提出具体要求，将孩子的注意指向具体的某物。所以，如果家长能说出“有没有长出绿色的叶子”，或“看一看它的叶子有什么变化”，效果会更好一些。

2. 最有效的集中注意力训练法

很多孩子通过 HSP 脑呼吸增强了集中力，学习能力、成绩和生活习惯都有了很大的变化。

以下向读者介绍孩子们使用的大脑开发方法。这些方法虽然只是 HSP 脑呼吸训练普通阶段的组成部分，但是却包含了最基本也是最核心的大脑开发原理。这些方法都很简单有趣，之前不需要任何心理或身体上的准备工作，只要让孩子模仿大人做就可以了。成人和孩子的脑细胞接受刺激传导的方式都是一样的，所以不分父母还是孩子，用以下同样的方法来做就可以取得各自期望的效果。

（1）HSP 脑呼吸训练法——放松。

① 坐在椅子上或者地上。

② 放松双肩，慢慢转动脖子。

③ 缓缓深呼吸，重复三四次。

④ 好，现在已经做好集中的准备了。

（2）HSP 脑呼吸训练法——想象。

想象是人类特有的大脑机能。

想象一下舌头上滴一滴柠檬汁，嘴里是不是立刻有很多口水？所以说，大脑是不区分想象和现实的。

据科学工作者发现，有视觉障碍的人用手指摸盲文的时候，他脑中的视觉中枢和正常人用眼睛看文字的时候一样很活跃。这是因为虽然是用手指摸，但是他在想象用眼睛看东西，所以脑中的视觉中枢会有反应。

所以要想具备集中注意力的力量，就必须先唤醒大脑的感觉。唤醒大脑的感觉有很多种途径，本书着重介绍其中注意力最简单的一种——“五感想象”。

通过想象来刺激视觉、听觉、嗅觉、味觉、触觉这 5 种感觉，从而使大脑的感觉苏醒。

① 视觉想象。闭上眼睛想象“红苹果”，怎么样，像亲眼见到一样鲜明吗？

② 听觉想象。闭上眼睛想象一下，声音像在耳旁回响一样清晰吗？

③ 嗅觉想象。闭上眼睛想象一下“刚刚出炉的面包”气味，是不是像在自己面前散发的气味一样诱人呢？

④ 味觉想象。闭上眼睛想象一下“酸柠檬”的味道，是不是和舌尖正在真正体验的酸柠檬的酸酸的味道一样呢？

⑤ 触觉想象。闭上眼睛想象一下“玩具熊”那柔软顺滑的毛绒，是不是像亲手抚摸的感觉一样呢？

第七章　孩子的益智培养

一、常带孩子出去旅游

在城市里的人，渴望到大自然中呼吸新鲜空气，欣赏大自然秀丽的风光。孩子比成人更喜欢大自然，父母应该利用假日，让孩子在大自然中得到更多的欢乐和本领，与其对孩子进行填鸭式的教育，不如开阔他们的视野。每年抽一点儿时间带孩子旅游去吧！这要比美食、玩具和新衣有益得多。与自然亲近的孩子比成长在“水泥森林”的城市里的孩子性格更开朗、更富有创造力。利用一个阳光明媚的周末带着孩子们走进大自然，亲近绿色，走近自然的山山水水，在与孩子手牵手的行程中，你与孩子的心走得更近了，这时孩子会告诉你一些平时他不愿对你说的事情及内心感受，而你的耐心倾听与及时、恰当的回应，会让孩子觉得他的心并不孤独，从而备感温暖与舒畅。

1. 常带孩子出去旅游好处多多

旅行是一种了解世界的方法，更是一种生活态度，这也是我们能够“传”给孩子的一种积极的生活态度。

（1）尽享天然氧吧，呼吸清新的空气。我们所生活的城市里的空气已经越来越污浊了，所以，我们可以选择在节假日里换一个空间去呼吸清新的空气，而对于孩子，新奇的东西永远都是他们兴趣的所在，郊区的旷野是他们奔跑的天堂。

（2）陶冶人的情操，增长人的见识。古人有“读万卷书，行万里路”的说法，而对于小孩子，虽说不如上述意义深远、明了，但是，多带孩子外出走走，多少能增长见识，对孩子的成长一定是有益的。

（3）旅行锻炼人的意志、强身健体。外出旅游会遇到一些想象得到和想象不到的问题，我们需要克服一些困难，同时，外出必然要走不少的路，这对孩子和大人的身体和意志都是一种锻炼，这是在家生活体验不到的。陈烨小朋友平时喜欢被抱着，不肯走路，但一般外出游玩，小家伙自己跑得可欢啦。

（4）旅行能激发孩子对祖国的热爱、对生活的热爱、对大自然的热爱。经常行走在山水之间，乡野之间较容易激起孩子对祖国大好河山的热爱，尤其是大自然的神秘更容易激起孩子对自然的热爱以及探索大自然奥秘的兴趣，进而更热爱生活，同时也更容易培养孩子的好奇心。

（5）旅行可扩大妈妈对外的接触面，从而更有利于对孩子的教育。当我们外出到与自己平时生活环境不同的地方时，我们会遇到很多的人和事，我们会看到别的孩子，别人也会看到我们的孩子，这时我们就会有一个比较，这种比较来自于自己的孩子和别的孩子之间的比较，同时也来自于外人对自己的孩子的评价。这样我们就可以更加充分地认识自己的孩子，同时，通过比较和思考，有利于我们对自己育儿方法的肯定或否定，从而有利于我们对孩子的教育。

（6）外出孩子更容易找到玩伴。平时在家，孩子对外的接触面很小，与其他小朋友相处的机会一般并不太多，可是外出旅行就不一样了，一是旅途中会遇到一些玩伴，二是目的地一般都会有玩伴。因此，一群来自不同地方的孩子们在一起玩耍对孩子的心理健康非常有益。

2. 带孩子出去旅游需要注意的事项

（1）旅游不宜太长。带孩子去旅游，行期不可太长，在外小住几天，孩子就需要回到熟悉的家中去修整、恢复。带两三岁孩子外出，最好带上孩子的“安慰物”——一个常常陪伴她的玩具熊、洋娃娃，甚至一条小绒毯。带上孩子习惯吃的食品，有时也是必要的，它会给疲倦、不安的孩子以安慰。

（2）旅程要宽松。带孩子去旅游，行程的安排要宽松些，要有足够的余地和弹性。孩子和成人不同，他们无视计划，更看重自己的感觉，尽量不要因为计划而破坏了孩子的玩兴。旅途中应尽量安排孩子在一些较空旷的地方，如公园、广场等，跑跳活动，以舒展筋骨。

（3）玩的地方要“好玩”符合孩子的需要。带着孩子去旅游，目的要单纯，对孩子而言就是玩，父母应该认同这一点。不要将自己的目的强加给孩子，要他做这做那，让孩子以自己的方式去感受世界。

（4）突发情况考虑周全。带孩子去旅游，对父母是一次挑战，你要有足够的成熟和理智来应对各种情况。不要因为孩子在众人面前哭闹，举止不恰当而羞愧，甚至给孩子压力；不要因为孩子不领情，吵着要回家，而否定自己带孩子去旅游的决定；也不要因为孩子对你看来有价值的东西不感兴趣，而怀疑带孩子去旅游的价值。

（5）心理准备。爸爸妈妈事先给孩子外出的心理准备是很有必要的，你可以事先描述旅游的趣事，把要到访的地方，在地图上比画介绍给孩子，有图片先作介绍更佳，让孩子对旅游充满期待。

（6）整理行装。让孩子也参与帮忙，备一两件孩子喜欢的玩具，让他知道自己喜爱的物品仍然带在身边，这就使他放心，坐车久时还可以拿来给他解闷。随身准备外套风披，以保暖和挡风雨，备各种应急药物、驱蚊水等。

（7）准备孩子喜欢的东西，衣物要“特别”。儿童在旅途中时间长了，通常会感到无聊。跟孩子做些小活动，玩点小游戏，不要让孩子闹起来以后才设法使他安静。

准备多份神秘礼物，在旅途中不时送给孩子，又或者在到达某一些地点或景点时，送给孩子，让孩子在整个旅途也有所期盼，又开心，又可加深记忆。为了增添情趣和方便“认人”，可以考虑穿“家庭装”，又或者是一色系的衣服，孩子会觉得这样很有趣和好玩。

（8）带孩子外出必备食品。孩子的食物与成人不太一样，所以如果外出几天，最好把孩子的食品考虑周全，或者就先列个清单，这样才不会在出发后发现不是缺这就是少那。也许妈妈们会觉得，去的地方不太偏僻，到那再买也可以，但是毕竟是出门在外，不如在家轻车熟路的什么都方便，因此孩子旅途中的食物要备全。

（9）排泄问题。对孩子大小便的处理也要事先考虑，多准备些干、湿纸巾，垃圾袋，纸尿布，替换衣裤等。

（10）休息调整。在旅游过程中要让孩子有充足的休息时间，孩子休息时要有成人照看。

要使孩子记得这次旅程，如果孩子大一些，除了可考虑让孩子写旅行日记外，也可考虑在每个地方购买不同的明信片，然后让孩子在背后写上他想要记下的东西，甚至是画画也可以，这可加深孩子对每一个地方的印象，十分有效。

（11）安全第一。最后，要时时注意孩子的安全，避免孩子走失、溺水或受到意外伤害；要注意孩子的健康，防止感冒、拉肚子或感染其他疾病。

二、在游戏中培养孩子的创造力

自主游戏是培养幼儿创造力的重要载体。孩子从婴儿期转入幼儿期后，由于动作和语言的发展，生活范围的扩大和独立性的增长，他们便会逐渐产生参加成人社会生活和实践活动的强烈愿望，但是幼儿本身具有的知识经验和生活能力又令他们不可能真正参与成人活动。为了满足这种需要，游戏作为想象与现实生活的独特结合，作为对现实生活的一种抽象和模拟，便理所当然地被引入幼儿世界里，并由于它对幼儿潜在愿望的满足受到幼儿的欢迎。这就给我们以游戏为载体培养幼儿的创造力提供了坚实的基础。

创造力是人们充分调动和运用感知、情感、想象、理解等多种心理因素，在看似无关的事物之间发现某种相似或共同之处，从而产生创造某种新颖、独特、有价值的产品或想象的能力。

记得一篇报道，说有一个美国的妈妈状告孩子的幼儿园，因为她的孩子在幼儿园的老师教字母“O”之前，把这个字母想象成苹果啊，小嘴巴啊等，结果在幼儿园的老师教了她之后，她分到苹果就只说是字母“O”了！这个官司引起很大的关注，最后，法院判决那位妈妈赢了！很多家长说这在中国是不可能的，因为没有适用的法律来支持，还因为我们根深蒂固的一种思想：“老师总是正确的。”禁锢着我们的头脑！

暑假的时候，妈妈带浏浏到一个朋友家玩，朋友家的孩子五岁，浏浏三岁。他们在一起玩，开始玩得很开心，一会儿浏浏哭着跑来了。妈妈问她怎么回事，她哭着说哥哥不和她玩。喊来哥哥，原来浏浏把一块塑料积木说成了手枪，可是那个孩子却说这个不是手枪，是积木！那块积木是三角形的，我们在小时候还常常拿块小木板说是手枪，妈妈就对那个小孩说："你看啊，这个是积木，可是你再想想，它像什么呢？"浏浏在旁边说："妈妈，它像幼儿园的滑梯！"可是那个孩子还是坚持说这个只能是积木，其他什么也不是！确实这是块积木，可是为什么他坚持不去想象呢？

妈妈平时在和浏浏一起玩的时候，都会很鼓励她有新的见解，哪怕她的见解是错误的，也要肯定她的想法，说她太聪明了！比如她很喜欢枕巾，她把它系在腰间，她俨然是个厨师；把它顶在头上，她要做新娘；把它围在腰际，她认为是漂亮的裙子；把它披在身上，她想做大侠；把她扎在手上，她想做小鸟，枕巾是她的翅膀；把它给洋娃娃盖上，这个时候又成了小被子……这其实是创造性思维的一个重要属性：变通性。每次她想出了一个新花样的时候，妈妈总是给她一个吻，还模仿老师的样子说："浏浏小朋友，你真聪明！"她就得意非凡，大大鼓励了她的创造兴趣。

要想激发孩子的创造性欲望，要常常和孩子在一起游戏，在游戏中培养他的创造能力。有一次，一个朋友讲了这样一件事情：他的孩子10岁，看了《泰坦尼克号》以后，孩子拿了很多塑料泡沫，做成了船的样子，浴缸里放满了水，还把那些泡沫的碎片也放进去，喊朋友来看，"爸爸，我做得好不好？我做的是泰坦尼克号哦！"朋友很开心，并把孩子和船这个画面拍了下来，其实，照片上面也就是一堆塑料泡沫而已，但他这种保护孩子创造性思维的做法却应大加赞赏。

一个孩子和妈妈一起坐车的时候，孩子说："妈妈，你看外面的楼好高，我们就像在峡谷中间一样！"孩子的妈妈在看书，然后不耐烦地说："你怎么这么烦啊？什么峡谷啊？我们是在坐车！"孩子一脸沮丧，他以后还会把他的新发现告诉妈妈吗？孩子是敏锐的，他的观察也是正确的，我们为什么不能在适当的时候给他鼓励呢？你只要轻轻的一句话，或者一个鼓励的眼神，或者一个会心的微笑，对孩子的心灵就会产生很大的震动呢！这样他才会更好地去思维。可是你的冷漠打消了他的积极性，或许因此就少了一个爱因斯坦啊！

游戏是孩子最大的乐趣，孩子的成长也离不开游戏，很多发明创造就是在游戏中产生的，我们该如何更好地玩，我想最主要的是我们要有正确的认识。我们要尽量保护孩子的创造性欲望，对他的创造要进行表扬和鼓励。事实证明，经常受到表扬的小孩远远比受到训斥或者淡漠处置的小孩的创造性要强。所以无论孩子有什么好主意，我们都不要拒绝孩子，我们要耐心地和他一起去思索他的构想。

1. 角色游戏：培养孩子创造力

人的创造力的发展始于幼儿时代，每个幼儿都具有潜在或正在萌发的创造力，而这种创造能力对促进幼儿的全面发展起着重要的作用。创造能力是智力活动的一种表现，创造能力越高的人往往具有较好的个性品质和积极的情感体验，表现为自信、自立，兴趣广泛，喜欢探索、情感丰富等，这些品质会对孩子今后的学习生活、工作产生积极的影响。

因此，如何最大限度地开发幼儿的创造潜能，使更多幼儿将来成为创造型人才，自然也就成为每个幼教工作者思考的中心问题。而创造潜能的挖掘就在于幼儿生活中的游戏。对孩子来说游戏不仅是娱乐，而且还是学习。孩子往往通过游戏来对现实生活进行创造性的反映，游戏的虚构性、象征性、愉悦性符合幼儿的思维特点。角色游戏在幼儿园游戏中是一个重要的组成部分，在角色游戏中，儿童按照自己的意愿，以模仿和想象，借助真实和替代的材料，通过扮演角色，用语言、动作、表情等创造性地再现周围社会生活，角色游戏是幼儿期典型的游戏形式。为此我们进行了在角色游戏中培养幼儿创造能力的研究尝试。

在游戏中我们往往会看到一幕幕这样的画面：孩子像模像样地学妈妈喂宝宝吃饭，有时候嘴巴里还会念念有词“烫吗，妈妈给你吹吹”诸如此类的话还有很多，幼儿的思维你是永远摸不透的，每次角色游戏他们都会发现一些新鲜的玩意儿，这就是他们创造性的体现，好模仿，好学习。

另外，角色游戏最好不要仅限于娃娃家、点心店、商店等，可以让幼儿提出感兴趣的主题。在每次游戏中，老师发现一个问题，就是钱不够用，每次分给幼儿的钱一会儿就用完了，那怎么办呢？孩子已经快要变成“强盗”了，经常会有孩子来告状：谁抢我们商店的东西了，谁吃东西不给钱等等。对于这个，老师也曾反思过，如果把钱还给小朋友，那么商店的小朋友肯定不愿意了，这是我赚来的，为什么要给他呀。后来想了个办法，用打工这一办法变相把钱还给他们。在导入的时候，用了谈话形式：“最近我们班里好像多了几个小强盗，你们觉得抢别人东西对吗？”然后引出“那么我们的钱用完了该怎么办啊？”马上就会有小朋友想到，钱没了就赚啊。问题就解决了，孩子们没钱了就去商店或者点心店帮忙赚取自己的报酬。有时候孩子的创造性需要老师拎一把，不仅仅靠孩子，老师也要在一旁协助。

（1）克服模式化，发展创造力。在平时的游戏当中，不难发现教师在指导中存在着成人化、真实化、功利化的倾向。她们往往以自己的意图代替幼儿的意愿，过分追求游戏内容和替代物的真和像，而忽视幼儿象征性行为的发展。如有的孩子把雪花片向上抛或向下掷，教师就认为这是不爱护玩具；有的孩子把洋娃娃家里的煤气灶拆掉了，教师就认为这是“破坏”行为，轻者给予批评教育，重者禁止游戏。我通过观察、了解之后，将抛雪花片替代为“放鞭炮”，用掷雪花片替代为“种花”并予以肯定，引导他们在地上围上“栏杆”。以后，孩子们发挥了更大的创造性，不仅在地上围上“栏杆”，还分别用替代物做“一串红”、“花瓶”、“花篮”。可见，孩子们在赋予物品以象征性的过程中，想象力和创造力得到了充分的发展。

（2）拓宽游戏主题，为再创造做准备。幼儿角色游戏的主题内容往往是幼儿所处的实际生活的反映，是幼儿感知生活，或者经过幼儿的思维加工以后所形成的生活经验的表现。所以幼儿所处的生活经验是角色游戏的主题内容的直接表现。

2. 美国人培养孩子创造力的高招

美国的教育专家认为，每个孩子都具创造力，父母、老师、孩子结成三位一体对其进行引导与开发，孩子的创造力将会得到大大的提高。他们激发孩子创造力的方法是：

（1）鼓励孩子扮演演戏角色。家长让三五个孩子在一起分角色朗诵莎士比亚的著名片段，朗诵名诗是很常见的，有时还让他们自编自演哑剧、小品和滑稽剧等。

（2）鼓励孩子做小实验、搞小制作等。许多孩子都有“家庭工具箱”和“实验角”。“小科学迷们”做实验、搞制作、种花、植树、饲养小动物等，许多孩子每年都有新创造发明比赛。

（3）鼓励孩子自制不花钱的礼物。在孩子需要送给别人礼物时，家长鼓励孩子自己制作礼物，而不是花钱买，如新年贺卡、祝贺生日的节日小工艺品等，这些小礼物新颖、独特，饱含着浓浓的情谊和美好的祝福。

（4）放手让孩子自办家庭小宴会。家长允许孩子邀请邻居家的小伙伴和同学来家里办家庭宴会，房间的布置、装饰和美化都由孩子自己设计，招待饭菜、食品也是孩子自己去超市选购的，孩子还跟妈妈一起下厨，并给自己做的菜肴起艺术名称，通过这些小宴会，孩子学会了交际礼仪和生活技能，同时也培养了创造性思维能力。

（5）支持孩子在家里办画廊。孩子在家里大多有自己的“作品角”，他们在墙上开辟自己的园地；有的布置一些照片以及一些汽车、飞机、星球或宠物的图片，有的用艺术字写名人名言、座右铭或理想等。家长鼓励孩子画想象画、科幻画，越是异想天开越好。

（6）让儿童接触更多的游戏。搞一些单词连接、智力测验之类的游戏。他们鼓励儿童讲笑话、做各种运动游戏等。

（7）利用周围的环境诱发儿童的好奇心。例如：有时可以让儿童看一看，是否电视机出了故障？插头是否插好？看看家里人穿的衣服是用什么工具和材料做的？

（8）向儿童提出“假如发生紧急情况怎么办？”等问题。例如“猫掉在井里怎么办？”等，别忘了，对孩子的回答要给予鼓励。

（9）让儿童集中精力做事情。精力越集中，创造力就越强。不妨让儿童多做些手工活，例如削木头、针线活儿、纺织活儿等。

（10）采用创造性解决问题的方式。讲授科学知识，不妨一起商量在失重的房间里绘画的方法。在儿童睡前活动的时间里，不妨让儿童猜猜，17 世纪的儿童是怎样生活的？

（11）示例直观模型。如让儿童雕塑鸭子，就领他们参观海洋馆的鸭子展览或者博物馆的鸭子雕塑等。

（12）为儿童的想象力加油。培养他们用独特的方法观察问题的能力。如在家里捏黏土团或者面团给儿童看，让儿童照此做各种形状，然后晾干，涂上颜色，交谈时给儿童看他们从未见过的东西，告诉其出处或者作用及方法。

（13）要常向儿童发问。比如“结果怎么样？”“与什么有关？”等问题。这样，儿童自然会对所提出的问题有新的想法和思考，创造力往往就是这一瞬间产生的。

三、用绘画丰富孩子的想象力

谈及儿童美术教育时，一位台湾学者曾经感慨地说：“美术教育是一把双面的刀刃。教得多了，儿童极易成为教学内容与教师偏好的奴隶，难以挣脱，有幸挣脱，已身受伤害；教得少了，期待自然开花的结果，却常见儿童为技巧不足的挫折感所苦，学习的过程空有刺激而没有收获。”在一次全国少儿绘画比赛中，一位小姑娘的“地球是个大家庭”获得第一名。这幅画的巧妙之处就在她的构思上，她不但反映了一个美好的愿望和一颗稚嫩的童心，而且更加深刻地体现了小作者丰富的想象力和创造力。

一个两岁左右的儿童，用笔在纸上涂鸦，或用手指在沙地上乱画线，完全是受其内在自发动机的驱使，满足视觉和动作上的需要。幼儿从涂鸦起就开始创造一套满足自我表现需要的符号系统。只要成人不去干预，他们会十分自然地运用自己创造的符号系统，按照自身的需要和愿望去表现自我，完成皮亚杰所说的同化作用。现在，教育普遍存在的问题是，家长仅仅重视幼儿能学会几首歌，能背会几首唐诗，能认识多少字，而恰恰忽视了幼儿自己的想法、忽视了幼儿自己的愿望和幼儿自己的一片天空。幼儿园的教育正在让幼儿从规定的模式内单纯的模仿，转变为让幼儿逐渐使用自己的想法去自行设计的教育方式，让幼儿释放自己，让幼儿自己的想法得以实现；而有的家长忽视了对幼儿想象力的培养，这就造成了我们的孩子喜欢经常模仿成人，不愿自己动脑筋、思考，而处处依靠成人的指点去思维的弊病。幼儿园里每当让幼儿自己绘画时，幼儿不是在进行思考而是拿着笔玩，有的干脆不动笔，有的幼儿在纸上乱涂一阵。问到幼儿画什么时，幼儿只是摇头或是说不知道，幼儿不习惯自己去思考，而仍然等待教师的提示，长此下去，我们的孩子会怎样呢？不敢想象，不喜欢创作，我们孩子的未来会怎样？

著名教育家陈鹤琴先生的“活教育”原则中认为“凡是儿童自己能够做的，应该让他自己去做，凡是儿童自己能够想的，应该让他自己想。儿童自己去探索、去发现，自己所求来的知识才是真知识，他自己所发现的世界才是真世界。”而现在很多人将儿童美术教育简单地理解为教孩子“学画画”（由不会画到会画、由画不像到画得像）。

本本主义（抄袭儿童画教材形象，以简笔画为甚，造型刻板、表现平淡，忽略了个性表现，缺少真情实感及想象）、机会主义（你画我也画，为奖状画、为成为“星星”画）、机械主义（照抄生活现象，感受、体验缺少升华、提高，表现往往刻板单薄、缺少想象和艺术夸张手段的运用，就事论事、味同嚼蜡，缺少创意）、改良主义（忽视生活感受、先找命题、再找资料，生搬硬套），结果培养出的都是一些技能型、模仿型、重复型的小大人，一味地模仿成人的画或生搬硬套，缺乏创造性，遮掩了想象力，孩子画得很累，美术活动成了一种照抄的课程，丧失了童趣，丧失了欢乐。心理学研究表明，幼儿往往是通过看、摸、听、嗅等一些初级认识手段来了解事物、了解世界的。黑格尔在他的《美学》中指出："最杰出的艺术本身就是想象。"所以在美术活动中充分发挥孩子的想象力，培养孩子的思维能力，提高其艺术修养，是一件意义深远的工作。

1. 为幼儿创设良好的美术环境

美术环境是为幼儿提供自由欣赏和创造的外部体验，是幼儿在不知不觉中受到教育的外部环境。儿童作用于美术材料的过程，就是将自身的经历和体验重新组合，并赋予新的意义的过程。而儿童的美术作品则是儿童自我的一个部分，表现了他的思想、情感、兴趣和对外部世界的认识。然而，还应该看到，美术活动除了对儿童的一般发展具有教育意义外,还对儿童发展具有特殊的教育作用 。作为一种审美活动，美术活动不仅在现实生活层面上，而且在对美的追求的层面上，能使幼儿感受和理解真 、善、美，引起幼儿的情感律动，给幼儿以美的享受，陶冶其情操。从这个意义上讲，家长有目的、有计划的美术教学能使幼儿不只局限于自身的经验，能带给幼儿经过修正的、理想化的现实，使幼儿能在家长的指导下进行作业。

在幼儿阶段，儿童具有十分强烈的内在表现自己的愿望和动机。满足幼儿美术活动的需要，让幼儿自主地进行创作，这对于培养幼儿健康的个性具有十分重要的意义，但也不能放弃美术技能的学习，因为美术的技能学习是幼儿美术活动不可缺少的一部分，家长应尊重幼儿的现状，从其理解能力和操作水平出发，去确定略高于幼儿基础的要求，而不可机械地按照教学进度去勉强幼儿。根据这一特点，可以将美术环境设成大小两种。大的环境是根据季节主题的变化，制作各类不同的壁画。这些壁画大致可分为春、夏、秋、冬四个季节。另外根据孩子喜欢的人物、故事、具有知识性、教育性设计的壁画：“小蝌蚪找妈妈”、“红花献给谁”等，这些壁画都能得到孩子的喜欢；另一种小的环境指活动区或美工活动区，在美工活动区的布置特点是尽量利用空间，围绕主题丰富内容，如：主题活动“ 美丽的城市”中，在美工活动区为幼儿提供各种大大小小的盒子，启发幼儿制作各种楼房、别墅，并对幼儿进行环保教育，让幼儿了解和知道环境的重要性，幼儿用各种盒子建的房子多种多样，有的还设计成了多功能的房子，不但能住人还能建成多功能的游乐设施，这些出自幼儿辛勤劳动和智慧的作品不能轻易拆掉，与孩子一起分享。

除此之外，还可以为孩子提供瓷砖、橡皮泥，各种生活的半成品，如蛋托、面包袋、锡纸、乒乓球等，可根据自己的爱好选择，按自己的方式构思、设计、动手操作，经过一番努力做出自己喜欢的作品，于是，幼儿在促动中有意识地去想象、去创造，在这样一种氛围下培养、发展了幼儿的想象力、创造力。搞好美术活动，为幼儿提供良好的美术环境氛围是必不可少的一步。

2. 为幼儿提供实践的机会

哲学家曾说过，一切经验来自于直接或间接的实践。幼儿的想象也是如此，没有丰富的感性知识，凭空设想是无法画出丰富的画面的。为了让幼儿便于观察，培养幼儿热爱大自然、热爱植物，发动幼儿自己种植黄瓜、香菜、生菜、豆角等植物，这样幼儿的积极性会很高，让他们坚持为这些植物浇水，坚持不懈地做生长记录。时间一长，什么时间浇水、什么时候松土，哪朵花开了，幼儿都十分清楚。还可以设置饲养角，喂一些小乌龟、小鱼、小鹦鹉等，这些动植物不但可以为幼儿提供绘画的素材，而且还为我们的生活带来了生机。

此外，还要常带孩子们出外参观。比如一位老师带领幼儿到消防中队去参观，请消防员叔叔为他们讲解消防车最基本的结构、特征，让幼儿知道消防车的构造和工具的用途，参观过程中，孩子们高兴极了，摸摸这，摸摸那。回到幼儿园后，趁着幼儿喜悦的心情还未消失，老师和孩子们说："孩子们，能不能把你们自己心中的消防车画出来呀"孩子们的反应很强烈，将自己看到的、想到的全部倾注到画上，一辆辆多功能的消防车映入眼帘，平日里同小鸡一样大的消防车不见了，只见形状各异的消防车带着不同的工具出现在眼前，老师问他们为什么会设计这样的消防车，孩子们回答说，消防车可以救人，无论哪儿出现了情况，消防车就会出现，这些工具是保护消防员叔叔安全的，还要让发生事情的地方快快平安哪。

3. 有的放矢，因材施教

注重幼儿在美术活动中的自由创作，这并不意味着不用去教，而是对教师的教学提出了更高的要求，即教师在指导中要有的放矢，做到因人施教，使每个幼儿在指导中都有所得。在美术活动过程中，美术技能技巧不可缺少，它是幼儿将自己的情感、意向和观念托付于材料，使材料转变为表现的媒介，没有它，这种转变就不可能发生。这就同语言一样，人不可能不用语言或运用自 己不懂的语言去表述自己的思想。教师应该通过教学，指导和帮助幼儿探索和驾驭美术材料。但是，由于每个幼儿的发展水平各异，兴趣亦不相同，在教学中，应针对不同的幼儿提出不同的要求，进行不同层次的指导。例如，为了让幼儿练习画垂直线和水平线，我们设计了“为小动物造笼子”的美术活动。以往的教学，要求全体幼儿在一个小动物前画几条横线和垂线，形成一个封闭的笼子。这种做法，使已会画的孩子兴趣索然，依样画葫芦般地再画一遍；而对那些还没有很好掌握画水平线的幼儿，常常把线画斜了，或者不是画不到边，就是画出了头，几次挫折就使其失去了信心。我们可以因材施教，对不同发展水平的幼儿提出不同的教学 要求。对已会画笼子的幼儿，我们启发他们画更漂亮的笼子，对能力差的幼儿，教师先帮助他们“钉”个框架，让他们用连接短线条的方式去替代用长线条画笼子，使他们在练习中获取成功，求得经验。

4. 创设丰富多彩的美术活动

仅仅提供良好的美术环境及实践的机会是远远不够的，还要为孩子们创设丰富的美术活动。美术活动是一种创造性活动。在美术活动中，需要儿童的想象和创造。儿童美术作品的魅力就在于其充满丰富甚至离奇的想象力。作为教师，万不可用自己对世界的认识和感受，去要求幼儿模仿，这样做势必会压抑幼儿的创造性。在活动中，应鼓励幼儿“自己想，自己做”，鼓励幼儿创造新异的作品，勇于探索与尝试，尽可能地引导幼儿表达自己真实的感受。就是说幼儿有权决定自己画什么，不受成人的控制。以前，教师教幼儿画画，往往先出示一张范例，然后向幼儿交代先画什么，后画什么，什么东西画在纸的什么位置，一切都按教师预先规定的方案做，至多只允许在内容上稍有变化。例如画头饰，给幼儿示范的是小鸡、小鸭、小猫、小狗 4 种，让幼儿任选一种，但是必须按教师示教的方式画，不允许幼儿超出此范围。改革后，同样是画头饰，教师给幼儿提供的只是零件，如圆形、三角形、半圆形、矩形等，启发幼儿可 以用这些“零件”组装成各种画。教师虽然也向幼儿出示了许多幅“零件拼装图”，但是更鼓励幼儿根据自己的意愿和喜好去创造，这样的活动效果就与以前大不相同。每个幼儿都画出与别人很不一样的头饰，如房子、汽车、葡萄、螃蟹、太阳等等。我们体会到这一变化的最大特点是，儿童把美术活动看成是自己的事，而不是教师要他做的事。过去，教师们常发现不少幼儿一笔画错了就不想画了，或者重新换纸再画，或者对教师说：“我画错了！”“我不会画！”如果教师在此时批评或责备了幼儿，那么其手脚越来越被束缚，越来越不敢画了。现在，放手让幼儿自己画画，错与对的界限变模糊了，幼儿再也没有拘束和压力，不仅敢画而且爱画了。教师看到一个 幼儿在一个螃蟹的标本旁画螃蟹，她先画了一个圆，又在圆的周围画了8个扁扁的椭圆，这8个椭圆的位置显然与标本不一样。这时，教师没有立即去纠正这个错误，在她画完时，教师对她说：“你画的是个海葵，是吗？”那个幼儿点了点头，又在那个“海葵”的边上兴致勃勃地画螃蟹了。这次，她汲取了经验，比上次画得像多了。

除此之外，为了激发幼儿的兴趣，还可以经常利用棉签画、手指点画、印染画、吹画、听故事绘画等小朋友喜欢的形式启发幼儿去想象、去创造。因此，他们在“小鸟找家”、“我的太阳”、“繁华的大街”、“寻找美丽”……许多活动中表现得很积极，并能愉快地、自由的发挥想象。

5. 抓住日常生活中的每一环节发展幼儿的想象力

幼儿想象力的培养不是仅仅凭几次活动就能得到发展的，还要在日常生活中重视一点一滴的积累，为幼儿提供尽可能多的想象机会鼓励孩子们发表与他人不同或他人没有发表的意见。如：一次我带着幼儿散步，一名幼儿指着天上说："老师，你看天上有一只小兔子。"我顺着他指的方向一看，那是一朵漂亮的云彩。我便决定带幼儿观察云彩，我启发幼儿："你看到的云像什么？"小朋友七嘴八舌地说开了："一匹大马"、"雄狮"、"海上的浪花"……

一个冬天的早晨，有小朋友指着窗花问我："这是什么？"我并未马上回答，只是对他说："你看像什么？"他说："一棵大树"这时另外一个小朋友走来，说："老师，上面那是一个小仙女"这时围上了不少的小朋友，说："我认识，我认识，这是窗花，我家的窗上也有，像一辆大马车。"其他小朋友有的说自己家的窗花像天上的云，有的说像地上的车，还有的小朋友说忘记像什么了……. 于是我抓住时机留了一个任务，请小朋友回家观察自己家的窗花，看谁家的好看。第二天的谈话就别提多热闹了。除了这些我还经常提出让幼儿经过思考后能得出好多答案的问题，帮助他们扩大想象的空间。

想象力与创造力的培养是一个长期的过程，需要坚持不懈地引导、启发幼儿，这样幼儿会具有更加丰富多彩的想象力，孩子们旺盛的想象会让我们的世界发生不一样的变化和产生不一样的结果、会产生旺盛的创造力，使我们的未来更加繁荣、更加绚丽多彩。

四、音乐熏陶孕育好性情

音乐智能 (Musical intelligence)：指对节奏、音调、旋律、音色的敏感度。当中包括察觉、辨别、表达、欣赏和创作的能力。生活中时时有音乐，能够陶冶孩子的性情，让他具有基本的音乐素养。也许并不一定每一位孩子都能成为贝多芬或是莫扎特，但是一个从小就喜欢音乐的人，长大必然热爱生活、气质不俗。

音乐能使你富有一种艺术气质，让你在举手投足之间透出一种优雅来。对孩子的音乐教育从母亲怀孕的时候就可以开始。一些结合历代音乐家的心血而成的曲调优美的古典音乐作品，不但能培养孩子的音乐素养，其中的旋律对孩子的大脑发育和记忆力都很有帮助。此外，还能使孩子的情绪趋向平稳。当孩子在玩游戏的时候，放一些轻柔的音乐作为背景，能在潜移默化之中让孩子更专注，也能在不知不觉间培养起他的节奏感来。也有很多有助于提升孩子音乐智能的游戏，例如爸爸妈妈拍手拍出一个节奏来，让孩子也来试一下。这不但能培养孩子的模仿能力、节奏感，也让他学会注意力集中，同时也能使亲子关系更加密切。又如有一支曲子叫《动物嘉年华》，爸爸妈妈可以一边放音乐，一边让孩子跟着音乐想象出是哪些动物。有的父母很早就开始让孩子正式学习乐器。一些乐器，比如钢琴，由于它需要手眼协调分工合作，对孩子各方面的智能都是一个很好的训练。可是，小年龄的孩子注意力不够集中，又比较喜欢玩，枯燥单调的乐器学习对他们来说是一个痛苦的过程，有可能会造成他们的厌烦情绪。所以，对4岁之前的小朋友，最好还是让他们玩一些有关音乐的游戏，聆听一些古典音乐，参加活动丰富多彩的音乐班，培养起他们对音乐的兴趣和爱好。这样，在日后的乐器学习过程中，孩子才会有更好地投入。

现代的父母们都想让自己的孩子养成良好的气质。让我们的小公主小王子从小就掌握一些乐器、爱好音乐，这无论对孩子的身心发育、智力发育，以及气质的养成都是有好处的。

古希腊著名的数学家、天文学家毕达哥拉斯说："把各种音调融合在一起，能使各种莫名其妙的妒忌、冲动等转化为美德。"由此可见，音乐不仅能鼓舞斗志，还能陶冶人的心灵。

很多妈妈们对此都有很好的认识：

"现在，我给女儿报了芭蕾舞和钢琴班，有空还会带她去听听音乐会，倒不是希望她将来成名成家，就是觉得一定的艺术修养对女孩的成长很有好处。"

"我让女儿学乐器，并不是要求她一定要掌握什么技能，只是想培养她的气质和艺术修养。"

父母们能有这样的教育意识，无疑是科学的、合理的。音乐作为一种表达心灵感受的语言，不仅可以提高孩子对情感的感受和体验能力、陶冶情操，还可以提高孩子的文化修养。很多女孩子，也正是因为从小就接受到了良好的音乐教育，才拥有了一种与众不同的灵动气质。

但随着音乐教育的普及，家长们也产生了无数的烦恼：

"想让女儿过早接触乐器，可又担心孩子不感兴趣，没有天分。"

"乐器的种类太多了，真不知道哪一种最适合我的女儿。"

"花了血本买钢琴，初学钢琴时孩子很好奇，有很大的兴趣去学。可是枯燥的学习使孩子很快产生了抵触情绪。"

父母们的困惑都是正常的。这也是父母们在培养女孩音乐才能的过程中，经常会遇到的一些问题。那么，面对这些问题，父母应如何解决呢？希望下面一些科学的建议，能为您提供有益的借鉴。

方法一：父母应知道，并不一定要有音乐天赋才能学音乐

一般来说，音乐智能较强的儿童具有如下表现特征：喜欢进行音乐活动，喜欢听音乐、唱歌；能准确地定音；容易记住曲调，还能顺利并正确唱出或演奏出这个曲调；能很快地学会识谱；能自己创作简单的曲调，善于发现生活中简单的乐器。

虽然天赋对于孩子学习音乐的成效影响巨大，但这并不代表没有天赋的孩子就应当放弃学习音乐。父母应当知道，学习音乐不是一件严肃的事情，更重要的是要让孩子享受到音乐所带来的快乐，并提高孩子的艺术修养。

此外，如果父母能够在孩子 1 ~ 6 岁间，注重对孩子音乐天赋的引导，也可对孩子日后的音乐学习奠定良好的基础。

例如，为了给女儿创设一个良好的音乐环境，一位母亲是这样做的：为了培养女儿的音乐才能，在日常生活中，我常常会让音乐伴随着她的活动。如起床时，我会给女儿播放一些活泼、有力的乐曲；吃饭时，再播放一些优美、舒缓的乐曲；临睡前，播放一些轻松、安静的乐曲；即便是给女儿讲故事，我也会选择一些和谐的乐曲做伴奏，增强情感的渲染。有时，我还鼓励女儿跟随音乐的节拍有节奏地做动作，如打拍子、踏步、跳舞等。

这位母亲是智慧的。当孩子生活在一个充满了美妙音乐的环境中，她的节奏感和对音乐的感受能力一定会得到很大程度的提升。

方法二：正确引导，选择适合女儿的乐器

小孩子学东西，最容易 3 分钟热度，要让孩子有信心学下去，选择

乐器就很关键。在选择乐器时,儿童音乐教育专家给出了以下几点建议:

第一:3岁以下的孩子,肺活量小,学习吹奏乐有困难,开始最好不要选择这类乐器;

第二:4 ~ 5岁可以开始学钢琴、电子琴、手风琴等键盘乐器,而学习弦乐器,如小提琴、古筝等,应该在5岁半之后。一般来说,学习键盘乐器一年,基本掌握了音准和节奏感后,再转学弦乐器会更好。

需要注意的是,在帮助孩子选择乐器时,父母要尊重孩子的兴趣。孩子的学习动机主要来源于兴趣。父母不能违背这一规律,把自己的意志强加给孩子,不问孩子是否愿意,强迫他进行学习,这样做,只会适得其反,不仅不利于学习,甚至还会让孩子对学习乐器感到厌倦。

因此,帮孩子选择乐器的正确方法应当是:父母引导为主,让孩子自己做决定。

欣仪还很小的时候,爸爸就有让她学习一门乐器的想法。为此,爸爸经常在日常生活中对小欣仪进行引导:“你看,电视上那个弹电子琴的小姐姐好棒呀!她的手像是在键盘上跳舞。”“那个拉大提琴的小哥哥,竟然能奏出这么美妙的乐曲,真是太神奇了。”此外,爸爸还经常带着欣仪去各艺术学校、乐器行走走,让孩子看看各种乐器,听一听、摸一摸、试一试……很快,小欣仪就迷上了电子琴演奏。

方法三:延迟满足,让孩子珍视学习的机会

很多家长都会抱怨说:“刚给女儿买了小提琴,她拉了几天嫌太累就放弃了。后来,她又对学钢琴产生了兴趣,也很快给她买了,可她刚学两天却又要放弃。孩子怎么这么没长性啊!”

其实，父母们的烦恼都源于这样一个原因——让孩子的心愿实现得太容易。女儿看到别的小朋友有钢琴，她也想要，于是整天缠着妈妈说这件事。聪明的母亲没有立刻满足他，她不想让女儿成为呼风得风、要雨得雨的“小公主”。在她确认了女儿对学习钢琴的确有兴趣后，她认真地告诉女儿：“钢琴很贵，要用掉好多好多的钱，妈妈要认真地工作一段时间，把钱攒够后才能给你买，你得等一等。”

一段时间过去了，女儿一直记着妈妈的话，当她再次向妈妈提到这件事时，母亲故意面露难色，十分抱歉地对他说：“对不起，钢琴实在是太贵了，你能不能再等一等呢？”女儿虽然有点儿失望，但还是答应了妈妈的请求。到了向女儿履行诺言的时候了，妈妈拿出三万元钱，故意叫工作人员将它们换成每张 10 元面额的，然后将一大堆钱带回家摆在女儿面前，告诉她要花这么多钱才能买到一架钢琴。孩子看到面前的这么多钱，惊讶得张大了嘴。

就这样，女儿通过妈妈的苦心，理解了一架钢琴的价值，她不仅很自觉地爱护这架钢琴，并非常认真地学习钢琴。

五、经常逛逛博物馆

不少家长在为孩子“怎么玩，玩什么，怎样才能既开心又有意义”而伤透脑筋，那不如多带孩子逛逛博物馆，带着孩子寻访已逝的历史，探索自然的奥秘，体验科学技术带来的惊喜，寓教于乐，从而激发孩子们的求知欲，让孩子感受人文气息，培养人文气质。

博物馆是一个提升个人素质和社会整体素质的地方。尤其对于个人的气质、审美的培养和提高，有着非常大的作用。在欧洲，人们的休闲活动以到郊外度假和到博物馆参观为主，人们把去博物馆当作是生活的一部分，不一定非要成为艺术家，但是从置身的环境中去接受艺术的熏陶，培养自己潜在的审美观念。在法国，儿童们的博物馆之行更是家常便饭，大多应该归于艺术课范畴。在卢浮宫或奥赛宫，各国的游客经常能够看到孩子们以班级的形式在上美术课和艺术修养课。

有家长说："我带孩子去过自然博物馆，除去一些动物标本，其他图片也没多大意思，孩子兴趣不大。"也有家长说："博物馆是给大人参观的，幼儿园的孩子看不懂，瞎耽误工夫。"其实，这些家长还是不太了解博物馆的功能，也不知道应该如何带幼儿参观博物馆。

那么为什么还要带孩子去博物馆？

（1）开阔视野，让孩子们的思维更活跃。经常带孩子参观各种各样的博物馆，就像是为孩子打开了无数知识的窗口，能让孩子见多识广、眼界开阔、思维活跃、兴趣广泛。

（2）提高孩子的学习动力，增进亲子关系。与孩子观览有趣的展览，能有效驱动孩子的好奇心、好胜心，使之成为孩子学习动力的促燃剂。同时，在对新知的共同探索中，爸妈、孩子就是朋友似的"同学"了。

（3）在具体实物和抽象概念之间建立联系。博物馆中展出的具体实物，可以帮助孩子学习新知或重温已有的知识。

（4）构建完善的知识结构系统。鉴于博物馆中展出的实物都是经过专家鉴定、分类和说明的，能够为孩子提供比较完整、系统和准确的知识内容，有助于孩子比较异同，并建立更高水平、更完善的知识结构系统。

（5）孩子常常置身于实地的环境中去接受艺术的熏陶，培养自己潜在的审美观念，以养成良好的人文气质。

形形色色的各类博物馆最能帮助孩子们打开想象的空间，让他们可以随时遨游在历史与现实、现实和未来之间。例如，天文馆让孩子们看到浩瀚的宇宙星空，地质博物馆让孩子们看到深埋地下历经千万年演化的白玉矿石，军事博物馆让孩子们看到从标枪、手枪到导弹的武器发展史，历史博物馆让孩子们看到了人类的起源、社会的兴衰、国家的兴亡和文化的发展。

多带你的孩子去博物馆玩玩、逛逛和参观。博物馆的文物是靠陈列、展出、讲解等综合服务贴近参观者的，让孩子们去博物馆，就是要在愉快的"玩玩"中获得文化的熏陶；在"逛逛"中，走进历史，走进远古，踏一踏古人的足迹；在"参观"中，仰望历史，低头思考现实和未来；在浓厚的文化氛围中，培养人文的气质。

究竟应该如何带幼儿参观博物馆呢？我们走访了几位家长，结合他们的经验之谈，为大家提供几招：

（1）选择适合孩子年龄特点的博物馆，应以兴趣为先，计划好要参观的时间，孩子较小，参观的时间就要适当缩短，计划也要灵活。还要给孩子留出一段自由玩耍或吃零食的时间。

对孩子来说，参观博物馆是一种文化启蒙、一种知识的熏陶和观察自然与社会的窗口。选择将要参观的博物馆应该以孩子的兴趣和年龄特点来决定，例如，如果孩子只有一两岁，那么色彩、形状和音效将是你要多关注的方面；如果孩子年龄在3～5岁阶段，要考虑到展品的形状和功能所具有的直观性，这样可以帮助孩子用具体的方式理解抽象的文化和历史。6 ~ 9 岁的孩子，要注意展品之间的文化关联和时间、空间联系。其次，博物馆不是只去一次就够的地方，所以每次去，不需要向孩子灌输太多的东西，提太多的要求，不要让孩子觉得参观博物馆有压力，要让孩子从中获得新奇、快乐和满足。

（2）可以组织几个家庭一起参观，但尽量避开参观的高峰期，大型的、综合性的博物馆可分成几次来参观。必要时应及时离开（孩子体力不支、不感兴趣等），绝不要强求，重要的是保持孩子的参观热情。

带孩子参观博物馆目的是激发其探求知识的兴趣，培养博物馆意识，并通过这个窗口渗透进历史、人文、科学启蒙知识的源源活水，从小奠基较为深厚的文化底蕴，为其日后进入学龄期发奋学习、增长知识才干，打下良好的基础。同时，参观博物馆还应该是一种休闲的亲子活动。更可以几个家庭一起组织参观，这样既能让参观收获更加丰富，也为孩子们提供了一个团体活动空间。因为不同的家庭，家长们不同的专业、不同的职业、不同的兴趣爱好，互相交流碰撞，就为孩子们拼出一个多面镜，折射出不同角度的光，让孩子们在观览过程中收获更丰。

（3）参观前功课要做足。事前想好通过参观要学习哪些知识，获得哪些体验，重点参观哪件文物或展品等，并于行前准备好数码相机、纸笔等。

虽然说，参观博物馆不过是个文化启蒙，最重要的是让孩子参与和感受，但是凡事预则立。要想孩子能在参观博物馆时有所收获，必要的准备是一定要有的。如可以和孩子谈谈要去的地方有什么有趣的东西，让孩子参与到搜集资料的行列中，引发和调动起孩子前往一探究竟的好奇心；鉴于博物馆的展览知识含量较高的特点，家长更要提前做做功课，将相关的知识温习归纳一下，针对孩子的年龄特点和兴趣点，将深奥枯燥的知识用形象简洁的语言表达出来，同时一些生动有趣的小故事更是能有效引发孩子兴趣的敲门砖。目前，有的博物馆专门为儿童开辟了动手区域，孩子们非常喜欢在这里动手操作，亲身体验。家长应该放手让孩子独立去做，不要包办干涉，要让孩子大胆地去动手、动脑，这个尝试的过程本身对孩子们就是认识事物、锻炼能力的重要开端。

（4）一座博物馆就是一本厚重的教科书，仅靠一两个小时的自行参观，很难有真正的收获，而通过倾听讲解员的讲解，边听边看，参观效果会更好。

（5）在参观前立下些规矩，要让孩子知道参观博物馆的必要礼仪。博物馆是人们享受终身教育的第二课堂，现在越来越多的家长已认识到要充分发挥和利用博物馆的价值和教育功能。然而，家长在教孩子充分利用这个文化殿堂时，更应该教育孩子遵循文明观展礼仪：如听从工作人员的指挥，尤其是在一些观展人数众多的场合，更应该要求孩子安静、有序地参观，不随便乱跑，不要吃零食，更不随手丢弃果皮和废包装纸；不随意碰触展品。尤其是对于未加装玻璃罩等防护措施的裸露展品，更要约束孩子不随意触摸和攀爬，以免对展品造成不可估量的损失；遵循相关拍照规定。从小对孩子灌输文物保护和版权观念，对于因版权原因不允许拍照的就约束孩子不拍照片，对于如古籍善本、织绣品等文物，应遵守展览规定不用闪光灯加速它们的“衰老”和损害。

第八章　气质培养：王子公主的养成

一、衣着打扮有讲究

气质是要从小培养的。要注意孩子的服饰打扮，服饰是一个人精神面貌的体现。俗话说："佛靠金装，人靠衣装"。孩子穿什么？这事可大可小，低一点的标准是不被冻着，再高一点是合适得体，再往深处是一个孩子的品位和审美教育。

芝加哥一位研究儿童行为健康的儿科医生马克·罗森博格指出，"低年龄段的孩子，不会考虑穿衣服的整体效果，不会讲究什么颜色、款式等的搭配，他们只是选择自己喜欢的某件衣服或者某条裤子，或者因为某个特别的原因比如别人都有我也要有，如此而已。"学龄前的孩子在自我服饰的选择和搭配上并没有一个很好的认识，这个时候家长就更应该关注孩子的着装，从小培养孩子的良好的品位和审美，让孩子从小养成良好的气质。

一个朋友，特别喜欢给她的儿子晨晨打扮，喜欢让晨晨穿酷酷的衣服。晨晨穿着一直受到很多的肯定，又酷又帅，赏心悦目。我问这位妈妈，她给晨晨都是穿什么品牌的衣服？

朋友说，其实她并不赞成从小就给孩子灌输品牌意识，或者告诉孩子这件衣服有多贵，不想给孩子养成非名牌衣服或者非贵不穿的虚荣心。有一次，给晨晨淘了一件衣服，他看衣服商标不是他经常穿的品牌，就把那件衣服一扔，很生气地说："不是那个牌子，你让我怎么穿啊？"朋友被她儿子的这句话给惊呆了，虽然孩子还小，对更高端的品牌并不了解，但是在他心里，他经常穿的那个品牌就是高档的衣服，不知不觉中，她竟让晨晨养成了非名牌不穿的脾性。这次之后，她每次买衣服都会把商标剪去，只告诉孩子，妈妈给他买了一件什么季节穿的衣服。

朋友说，审美观是从小培养起来的，衣服淘得好，搭配也很重要。晨晨一直以来在得体的穿着打扮上养成了对美的感观，他已经知道如何搭配衣服才会好看，也知道选择什么样的衣服是适合自己的。带他去买衣服，有意识地让他选择他喜欢的衣服，他甚至能在一堆乱七八糟的打折衣服中淘出很漂亮的衣服，有时候看着很简单的衣服，但因为搭配讲究，会变得与众不同。孩子穿着干净得体也会使幼儿园的老师特别喜欢他。

晨晨从小就被人称赞为有气质的小孩，其实这么小的孩子能有多少气质，就是这些外在的衬托，使他变得有"气质"。那么该如何为你的孩子穿衣打扮，让男孩成为王子，女孩成为公主那么气质迷人、耀眼大方呢？

1. 穿着打扮要整洁大方

家长在打扮孩子时，应以自然、朴素、大方、美观为原则。整洁指整齐干净的原则，这是服装搭配打扮最根本的原则。一个穿着整洁的人总能给人积极向上的感觉，总是受欢迎的，而一个穿着褴褛肮脏的人给人的感觉总是消极颓废的。在社交场合，人们往往通过衣着是否整洁大方来判断来人对交往是否重视，是否文明有涵养等。孩子不需要穿着高档时髦，只要保持服饰干净合体、全身整齐有致的积极形象便可。

2. 衣服品质很重要

孩子的衣服要选择一些纯棉的、亲近肌肤的质地，他穿得温暖舒服才会有愉快的心情，是否名牌倒并不是很重要。有很多外贸服装的质地、款式及价格都非常可取，当然，这需要妈妈练就一双火眼金睛。毕竟品牌服装的面料和染料还是比较可靠的，但它的价格可能较贵，而小店服装所需要考虑的就是质量了。不过，内衣应尽量买品牌的，因为它直接与宝宝肌肤接触，而外衣可以选择一些性价比较高的服装。所有孩子的衣服，在买来后都要认真清洗，并且让太阳晒出温暖的香气后再给孩子穿就更好了。

3. 各类服装各司其职

一定要从小给孩子传达一个观念，那就是衣服如同人的修养和品位，不能随意乱穿。孩子的衣服要分得很清楚，外出服、家居服和睡衣，在每次更换衣服的时候，父母应该把原因讲给孩子听。比如出门前“我”会我的孩子说：“现在我们要出去玩了，宝宝要穿得干净漂亮一点哦。”回家后“我”会说：“回到家了，我们换上舒服的衣服吧，因为宝宝一会儿就要睡觉了。”甚至连宝宝吃饭用的围嘴，“我”也会留一个专门外出使用，去外边的餐馆就餐或是去朋友家做客，“我”就会给他带上外出用的围嘴，因为在家使用的围嘴上面染有一些苹果汁、番茄汁的印渍，很难洗掉。这样做的目的就是使孩子明白不同的衣服适合不同的场合，但并不是就此束缚住孩子，为了保持外出时的整洁就一定要在家保持衣服洁净，讲究礼仪是好习惯，但不是要捆绑住孩子的生活。

4. 服饰要符合孩子的特点

必须根据孩子的性别特点来选择衣服，有的家长喜欢把男孩打扮成女孩，女孩打扮成男孩，这些做法不利于养成孩子优雅、适宜的气质。

必须要根据孩子的特点来选择款式。如果女孩子属于偏文静的孩子，在选择衣服的时候，选择一些相对文静的淑女款式，但有时也会选择一些稍微活泼点的服饰，以备孩子参加一些聚会时穿。但挑选活泼的款式时，一定不能太杂乱，要恰到好处。

必须根据孩子的肤色来选择衣服。女孩子皮肤相对白皙，所以在买衣服的时候就有很多选择，粉色系、橙色系、红色系等暖色调的衣服穿在她身上就显得小脸特别白皙，像个小公主一样。当然也可以选择一些经典的颜色，比如白色、黑色或是咖啡色作为打底衣，然后在外边搭配一款暖色系的小洋装，比如小披肩、开襟的小外套等，这样一个活泼可爱的小淑女就诞生了。

必须根据孩子的尺寸来选择衣服。穿衣戴帽切忌穿大，因为小孩子的个头长得很快，所以很多家长喜欢给孩子买大衣服。有的孩子的衣服或是裤子都要挽起好几圈，这样不但不利于孩子的活动，而且也显得很不协调。给孩子穿的衣服应该不要过大，穿着合适的或是稍微大一点的衣服会显得孩子很神气，而且也更利于孩子的活动和玩耍。

5. 巧用配饰提升衣服品位

一件很普通的衣服，如果注意一些细节的搭配，就会起到画龙点睛的作用。可以多给孩子准备一些围巾、帽子、发卡、胸针之类的小配饰，根据衣服的颜色和款式来巧妙搭配，一定会起到超预期的效果。但是，妈妈们要注意的是，挑选这些小配饰时，要注意是否存在安全隐患。

6. 发型搭配也很关键

如果是女孩子可以梳个小辫子；如果穿公主裙，可以将头发盘在头上，弄个小盘发，一定会显得很优雅。男孩子的话，也可以根据现代时尚特点来选择发型，可以用头巾、帽子等饰品加以辅助。

7. 颜色搭配要合适

选择裤子尽量颜色简单。以黑色或是咖啡色等经典颜色为主，这样搭配上衣的时候就可以很随意。如果选择图案过多的裤子，或是花色过于杂乱，这样会很不利于搭配上衣，裤子的利用率就会大大降低。其次，裤子的款式也要简单一些，直筒的或是铅笔裤最百搭。复杂的款式孩子穿脱不方便，活动起来也会受限制。

尽量避免颜色过多。夏天因为穿衣较少，可以选择一条颜色丰富的裙子。秋冬季节，孩子全身上下的衣服颜色不要过于杂乱，颜色过多可能会喧宾夺主，让人找不到主题。孩子全身的颜色最好不超过三四种，简单明了的颜色会更加突出宝贝的可爱伶俐。

除去服饰本身的搭配能够展现孩子的个性及气质之外，服装颜色的选择也能显出孩子们各自不同的性格。不过，有时候，给文静的孩子选择一些色彩亮丽、款式活泼的服装也不失为一个好主意。因为文静的孩子比起顽皮活泼的孩子来，更容易变得内向、不爱交往，怎样使他们变得更喜欢与人接触呢？除了家长们的正确引导外，不妨在孩子衣服的颜色上做做文章，给他们些心理暗示。例如，红色使人情绪热烈，更容易激发情感；黄色使人心情明快，充满喜悦；天蓝色和粉色使人感到愉快开朗，充满希望等。

父母们总希望孩子们穿得漂亮可爱，可前提是要保证孩子的健康和舒适。专家指出，颜色鲜艳的衣服往往含铅量较高，长期穿着色彩缤纷的内衣，会造成孩子铅中毒，影响孩子的胃肠道和牙齿发育，甚至智力发育。另外，还有不少家长为了将孩子打扮得漂亮可爱，从小就给她们穿束腰裤、紧身衣、贴身袜、高跟鞋，殊不知过分紧身的衣服虽然能勾勒出孩子可爱的身形，但会给孩子的成长带来隐患。

二、文明礼仪从语言开始

在一个丰富多彩的社会里，每一个人的生活与个性应当是富有格调的，一个富有格调的孩子总是有气质的，“穷养男孩富养女孩”，就要让男孩女孩在多样的竞争中始终不失本色，傲立群芳，而气质美的最直接方式就是文明礼仪的培养，这一堂课父母一定不能忘。

培养文明礼仪，是从谈吐开始的。高尔基说：“语言是一切事物和思想的衣裳。”您已经给自己的孩子穿上了整洁漂亮的服装；可是，您注意帮助他们穿上文明语言的“衣裳”吗？文明语言的“衣裳”常常标志着它的主人具有美好的道德情操；粗野语言的“衣裳”，往往暴露出它的主人缺乏应有的教养。“良言一句三冬暖，恶语伤人六月寒。”运用什么样的语言去同别人说话交往，可不是一件小事情。

女孩带给别人可爱、优雅的好印象，其实并不完全取决于长相，一种甜美迷人的声音，一双熠熠生辉的眼睛，一张灿烂可亲的笑脸，都是迷人的焦点。让女儿拥有了这一切，她的美丽、气质便会迎面而来。男孩带给别人坚强、积极的好印象，其实并不完全取决于长相穿着和表情。诚恳的态度，自信的笑容，文明的言语更是好气质的完美体现。

那么该怎么从语言开始让孩子学会文明礼仪，从而培养孩子的好气质呢？

1. 孩子的好气质从语言开始培养

首先，家长要提高自己的礼仪意识，如果自身不重视礼仪，就无法教育培养孩子。礼仪就体现在生活之中，只要家长重视，以身作则，随时说明要求，让孩子按要求去做，发现孩子有不讲文明礼仪的行为，及时指出让其改正，这样就能逐步培养出一个具有优雅气质的小公主或者帅气的小王子。

在广泛的社会交际中，父母要逐步培养，在平时的待客与做客时，把这一礼仪传授给孩子。家中来客人，要事先有所准备，把房间收拾整洁。孩子还小，就不要让他们做太多接待的事情，让孩子自由地、大方地与客人交谈；客人要走时应礼貌道别，说“再见”、“欢迎您再来”。做客时也是如此，仪表整洁，谈吐文明，并懂得基本的用餐礼仪，比如：不能抢先入座，不能先动食品；要请长辈先坐下，长辈动筷后再动筷子，用餐时双肘不能放在桌子上；饭后，略陪大家一会儿，或者说“我用好了，请慢慢用”，然后再离座去别的房间休息；告别时，要说感谢的话或发出邀请，如“今天真高兴”、“欢迎到我家去”。

其次，教孩子学会礼貌常用语。

对父母、老师和其他年长者，要称呼“您”，而不称呼“嘿”、“老头子”、“老婆子”，或者直呼其名；当需别人帮助时，要用商量的口气说“请”或“劳驾”，而不用命令的口气说“喂”“哎”等，别人给你方便或帮助时，要说“谢谢”，而不能以为理所应当，置之不理；当别人感谢你时，要说“别客气”，而不能以“恩人”自居，一意接受；当你妨碍了别人、给人家添了麻烦时，要主动说“对不起”、“麻烦您了”或“请原谅”，而不能不表歉意，更不能说什么“活该”之类；当别人向你道歉时，要回答说“没关系”或“不要紧”，而不能得理不饶人，不依不饶；早晨第一次和尊长见面时，要说“您早”或“您好”，而不能低头侧身，装没看见；分别时，要说“再见”，送人远行时，要说“一路平安”，而不能冷淡或毫无表示。

要求态度诚恳、亲切，使用文明用语，简洁得体，不能沉默无言，也不能自己喋喋不休，要认真倾听对方讲话；交谈时忌讳东张西望、翻看其他东西。交谈的人如果多的话，不可只跟一人谈话而冷落其他的人。

再次，注意谈话的态度方式。

一般应该请客人到室内坐下交谈，而不在院子里或走廊中拉客人站着交谈；别人与自己说话时，要看着对方面部，集中精神倾听，不能左顾右盼，心不在焉，也不要常常打断，随意插话；自己对别人说话时，吐字要清楚（不要含混不清），音量要合适（大声叫嚷使人心烦，俯耳低语形近猥琐），速度快慢要考虑听者的接受能力（对老人说话要稍慢一些）；有话则长，无话则短，不东拉西扯耗费时间；说话时注意不溅唾沫。

（1）要教孩子礼貌用语，表达对别人的尊重。

（2）注意谈话时的态度要自然大方。别人与自己谈话时要认真听，不左顾右盼和随意打断。

（3）要用积极健康的语言教育孩子，不说粗野的话，开玩笑要注意分寸。

（4）运用适当的声调，对长者说话要清楚，声音不能太小；在集体中说话时声音要大些；当父母学习或家中有人休息时说话要轻。

（5）培养良好的说话习惯。要求孩子说话清楚、连贯、不学不正确的语言。

（6）要以普通话为标准语音。研究表明，讲普通话的孩子比说方言的孩子废词量低，病句也较少。

以上的这些方法有助于培养你的孩子良好的文明语言习惯，但是当你的孩子已经出现了不良的习惯，突然变得爱说脏话和粗话，经常骂人，或者说一些无聊的不雅之辞的时候，父母该怎么做呢？不管是在家里，还是在热闹非凡的大街上，还是在他奶奶跟前，他都能出口成“脏”，你禁不住大为光火。你简直不敢相信你的孩子竟然表现得如此粗俗无礼，缺乏家教！面对这个问题，到底该怎么办呢？

2. 对付孩子说脏话的两大步骤

（1）孩子说哪些话是可以接受的？哪些话是绝对不行的？就这一点与你的爱人达成共识。

（2）对孩子的语言设定限制，加以管束。孩子一说脏话，就立即采用相应的办法制止他。

3. 阻止孩子说脏话的具体方法

（1）注意你自己是否用语文明！孩子常常是我们怎么做他们就怎么做，而不是我们说让他们怎么做，他们就怎么做。所谓言传身教，身教往往重于言传，首先应让自己的语言文明起来。

（2）让你的孩子明白有些话是不能说的。向他们解释有些话会伤害别人的感情、给别人带来尴尬，而且是不文明、粗俗的表现。还有一些亵渎宗教和种族的话，带有性别歧视的话，则是别人无法容忍的！

（3）很小的孩子会说一些不雅之词，他们甚至连什么意思都不知道。在这种情况下，不要表现出非常生气的样子。最好的办法就是置若罔闻，权当没听见好了。孩子们已经意识到，他们一说“你是一个大屁屁”、“你是臭便便”之类的脏话就会引起别人的激烈反应。你只需要向他表明你不会搭理他这种不雅的言行就可以了。你可以说：“我的耳朵听不到那样的傻话。它们对我不起任何作用。”然后转过身去，拿起一张报纸浏览新闻，或者干点儿什么别的事情。即便接下来如你所料，他说出更多这样的脏话，也不要理会，最终他肯定会自觉无趣，不再说那样的话。

（4）当孩子在家说脏话时，一开始尽量不要理会他。不予理睬这种办法真的可以阻止孩子说脏话。我认为，在家不理会孩子说脏话，在公共场合对他不文明的语言加以管束，两者结合起来使用，是纠正孩子说脏话这一不良行为最快捷、最有效的办法。为什么不予理睬这种方法对于 2 ～ 4 岁的孩子如此管用？那是因为在大多数时候他们说脏话都是为了让我们大人表现出激烈的反应，开始关注他们。如果我们没有任何反应，他们也就觉得说脏话没有什么“杀伤力”，因此不会再说了。记住，通常情况下，孩子不会在自己一个人的时候说脏话。

（5）允许孩子在心情不爽的时候使用一些语言宣泄他的沮丧或愤怒等负面情绪。

有那么一阵子，我们一家人从一本流行小说中得到启发，学会了一句无厘头的话。只要一遇到什么不顺心的事情，我们就会脱口而出。

我们经常能听到从家里的各个角落里传来这样一句“哦！好个南瓜皮！”

（6）如果你的孩子说话得体，用语文明，要好好地表扬他。如果在他非常沮丧或愤怒的时候，你还能听到他使用尚可接受的语言发泄他的情绪，对他说一声“谢谢”，感谢他如此有“绅士风度”。在此之前，如果他说话一直非常难听，经常说粗话和脏话，那你应该为他的这次进步给他一个小小的奖励。

（7）不要把孩子的脏话看成是针对你个人的。稍大一点的孩子可能从其他孩子那里学来一些脏话，回到家里像“做试验”一样说出来，看看会激起什么样的反应。如果你反应过激，他可能会变本加厉地说那些话，因为他从你的反应中感受到了这些话非常有“杀伤力”。用平静的语气提醒他一下就可以了。比如，你可以这样说：“格雷格，我希望你不要在家里说那样的话。”

你可能会听到他若无其事地回答：“好的，妈妈。”简单的提醒真的能如此有效吗？这可说不准！

（8）孩子说了什么不中听的，你自己把那句脏话说一遍，如此不避讳可以减少脏话的“威力”。比如说，你的孩子把什么东西碰倒了，刚巧砸着了他的脚。他立即大叫一声：“哦！真他妈的见鬼！”你可以平静地应对：“哦，你伤到了脚，我很难过，但是，当我在你旁边时，请不要说‘真他妈的见鬼’这样的脏话。”

（9）采用“优秀表现记录表”这一妙招。其中设置一条“只需一次提醒就能使用文明语言”，再设置几条其他的要求，至少有三项内容是你的孩子能轻松做到的。

如果他一整天说话都很文明（可以允许他说走嘴一次），可以在

“只需一次提醒就能使用文明语言”一栏上贴一张贴纸，以示奖励。如果他将这些忘得一干二净，表现不好，那就让这一栏空着。多多夸奖他的成功之处，暂不理会他做得不好的地方。

将孩子得到的奖励贴纸与他可获得的奖励挂钩。周末的时候，让孩子将得到的奖励贴纸收集在一起。举例来说，如果每天的奖励贴纸值1分，经过一个星期，如果他能得到6分，他的“财宝箱”里就又会多一件宝贝啦。

如果你采用了以上积极的教育，或者低调的引导，但是你的孩子还是依然故我，继续出口成“脏”，那就让他面对“后果”吧。在此之前，给予“警告”往往非常有效。“警告”起到了“提醒”的作用，这样一来他就清楚地知道你对他抱有什么样的期望，以及接下来会发生什么。这无异于给孩子一个锻炼自制力的大好机会。面对“后果”就意味着失去某件东西或某种特权。采取后果惩罚的条件是：

★这个后果对你的孩子有意义，他很在乎，不会无关痛痒。

★你能掌控局面，保证惩罚的实施。

★你也愿意拿走这件东西或取消他的某种特权。

★这种惩罚方法造成的伤害最小，时间最少。

有的家庭发现，孩子一说脏话就罚他的款，每说一个脏字罚25美分，这种惩罚手段立竿见影、快速有效。在公共场合，采用“计时隔离”的惩罚方式也很管用。另外，和通常情况一样，取消看电视的时间，或者减少玩耍的时间也非常有效。

但是记得，千万，千万，千万不要拿肥皂给孩子洗嘴！有的父母一怒之下会逮住孩子，一边拿肥皂洗孩子的嘴，一边气呼呼地说：“让你这张嘴尽说脏话！让你这张嘴尽说脏话！现在我就给你洗干净！”我确实在无意间听到有的家长说这样很管用，但是这很难称得上是“伤害最小”的惩罚。

三、行为举止要注意

仪态，是指人在行为中的姿势和风度。姿势，是指身体呈现的各种姿态，包括一个人所有的行为举止，一举一动，一笑一颦，坐立行的姿态，说话的音调，对人的态度，面部的表情等。风度则属于气质方面的表露。优雅的举止，洒脱的风度，常被人们羡慕和称赞，最能给人留下深刻的印象，受到人们的尊重。美国哲学家培根曾经提出：“相貌的美高于色泽的美，而秀雅合适的动作又高于相貌的美，这是美的精华。”仪态美的人往往是一些出色的人。我们可以从一个人的仪态，判断一个人的品格、学识、能力和其他修养程度。

一位朋友妈妈向我哭诉，由于她不注意孩子学步、学坐时的姿态，现在孩子才 5 岁就养成的习惯导致走相难看、坐相不正，她后悔不已。事实上，由于育儿知识的缺失，很多家庭中的孩子都出现了这种情况。

有些孩子坐没坐相，站没站相，成人却熟视无睹，认为树大自然直，没有给予及时纠正，久而久之，孩子就形成了不良的姿态。其实儿童时期正是迅速生长发育的阶段。要想宝宝长大后有优美的体形，有优雅的气质，就要从小开始重视和培养良好的体态。这样的好处不仅仅是使宝宝拥有模特般的体形，有利于宝宝全身，特别是内脏器官的健康发育，更重要的是让孩子从小注意自己的行为举止，养成一种良好的行为习惯，让男孩变得像绅士一般高贵，女孩像公主一般优雅。

男孩要成为绅士，女孩要成为公主，这要求：坐有坐相、站有站相、走有正确姿势，而且坐、立、走要有合理的时间分配，防止单一姿势持续时间太长，例如儿童久站、久坐或连续走对培养孩子健美体形均不利。孩子开始走路时，往往会站不稳、走不准，父母需要扶一扶，扶的时候要扶腰背，采取对称的动作帮扶，不要只扶一侧，这样难以让孩子形成正确的走路姿势。孩子学走路，尽量不扶他们，不要怕孩子跌跤，只要适当注意安全则可。

孩子学会走路以后，走时要全身自然，两臂稍向前摆，腰背挺直，两肩展开放平，不要歪肩弓背，头颈保持端正，目前视，全身重心放在脚掌上，步态稳重均匀，着地力量均衡。长期采取这种走路姿势，并养成习惯，对保持健美体形很有好处。走路时双足勿向外撇，避免形成“八字脚”，双足也不能向里钩，这样也容易形成异常走路姿势。坐时要端正，上身坐直，两肩放平，手放在两腿上，挺胸稍向前倾，抬头目前视。正确的坐姿对于保持上身、胸廓、腰背的健壮极为重要。俗语说站如松，即是说站立的时候犹如挺拔的松树。

收腹、挺胸、抬头、前视、站直。不弯腰、不侧弯，两肩平面对称，两手自然下垂，两足靠拢，自然站立。这种姿势可使胸腔容积扩大、腹腔压力减少，有利于呼吸及血液循环，有利于全身健康。从小培养孩子良好的体态，不仅使其外形美观，而且有利于孩子全身，特别是内脏器官的健康发育。

睡觉姿势对宝宝来讲也尤为重要，头形、身形都跟它有关！如果偏一侧睡，会使面部不对称，引起颅骨的变形从而影响大脑发育；胸廓、脊柱和骨盆也都有可能因为睡姿不正确而发生变形。

正确睡姿应该是：俯卧式睡姿是近几年来呼声较高一种姿势。这种睡姿可以增加婴儿头部、颈部和四肢的活动，并能促使心肺等器官机能的作用。但事实上各种睡姿各有利弊，爸妈只要不让宝宝一直固定一个姿势睡，并且及时纠正一些影响宝宝体形的睡姿即可。

1. 幼儿培养良好行为举止的 10 条小贴士

（1）走路：抬头挺胸，学会主动让路，让来人通过。

（2）跑：超过前面的行人时，应说："对不起，请原谅"。

（3）坐：要挺直腰板，两肩放松。女孩子的双腿不宜叉开。

（4）4 岁以后，就要制止在公共汽车上抢座。（在生活中培养孩子坚韧，因为孩子 4 岁以后已经有一些耐力了）

（5）在出入门时：用手按住门或轻轻关好门，以便后面人能顺利通过。

（6）乘坐电梯：先上电梯应尽量靠边往里站，上电梯后，若后面有人应用手扶住，以便后面人上来。

（7）买东西：要排队学会等待。

（8）插嘴：不轻易打断别人的讲话，要在别人停顿、喘息时先说："对不起，我能打断一下吗？"如果随意插话，作为家长或老师应该善意地制止，并教给孩子怎样插话。

（9）尊敬长辈。

（10）注意公共卫生的保持，包括家庭、教室、小区、大的环境。

（11）让孩子选择性学习各种舞蹈，以培养姿态美。

如果你的孩子已经出现了一些不良的行为举止，常常坐没坐相站没站相，根本就不注意自己的小动作，父母这时候该怎么纠正孩子的这些行为呢？

2. 纠正孩子不良行为举止的方法

（1）模仿孩子的动作，让孩子“照镜子”。这天，老师在做幼儿操前跟孩子们说：“今天我要跟小朋友们进行一个比赛，比赛的项目就是做操，我每次请一个小朋友上来跟我比，其余的小朋友当裁判，你们评判一下我们谁的动作漂亮，表情最美。”

老师请的都是平时做操很认真、动作很漂亮的小朋友上来比赛，而老师则故意模仿在做操时没精打采、敷衍了事的孩子的样子。

比赛结果当然是孩子赢了。这时，老师趁机教育孩子：“你们的眼力都很棒，看出老师的动作和表情都不好看，可是我们班上就有些小朋友是这样做操的，你们自己选择，应该向谁学习呢？”

（2）演示正确优美的动作并进行演练。

自从这次比赛以后，为了让孩子们养成良好的“行动坐卧走”的习惯，老师经常跟孩子们玩“我说你做”的游戏，老师发口令，孩子做动作，如：老师说，“立如松”孩子们就要马上像小松树一样站好；说“坐如钟”时，孩子们立即端端正正地坐到椅子上。

（3）总结一句话或者一个词，经常给孩子提醒。

老师把孩子们比作正在成长的小松树，教给孩子们唱“小松树、快长大”的歌谣，编了“小松树的故事”，同时还制定了一个暗语，只要老师对谁说“小松树、快长大”这句话的时候，就是提醒他要注意自己的仪态了。

第九章　与孩子的相处之道

一、如何与孩子和谐相处

研究表明，亲子关系是影响孩子心理发展的重要因素，亲子关系有不同类型，如：放任型，迁就型，保护型，民主型，专制型等，相关研究表明，不同类型的亲子关系，与孩子的个性，性格形成有密切关系,而不同类型关系的根源是不同的教子观念。亲子关系的主体是家长，家长表现出的言行举止，无不是受自己教子观念主宰的，并自然而然地反映在家长和孩子的相处中。作为家长，应该如何与孩子和谐相处呢?

1. 美国盖瑞兰爵斯博士主张与儿童相处的原则

（1）我并非全知，所以，我无须强求如此。

（2）我需要被爱，所以，我将对无邪的孩子开放自己。

（3）我希望更接纳自己童真的部分，所以，我将以惊奇与敬畏之心，接受孩子们来启发我的世界。

（4）对于复杂难解的童年，我所知如此有限，所以，我将允许儿童来教导我。

（5）在奋斗挣扎中，我能学得最多，也被影响最深，所以，我愿在儿童奋斗挣扎时，与其同行。

（6）有时，我需要安全的庇护，所以，我也愿提供这样的处所给儿童。

（7）我喜欢原本的我被接纳，所以，我将努力去欣赏每个孩子原本的面貌。

（8）我会犯错，这只是宣告——我是人，无法避免犯错，所以，我将容忍孩子的人性面。

（9）我用情感内敛的方式来应对现实世界，所以，我要放弃这种僵硬的模式，尝试用孩子的经验来进入他的世界。

（10）我常扮演一个权威者的角色向别人提供答案，所以，我必须努力保护儿童免于这种个人需要。

（11）当我觉得安全时，能经历更完整的自己，所以在与儿童互动中，我要尽量保持一致性。

（12）只有我自己能决定未来的一生如何过，所以，我不尝试去指导一个孩子的生命。

（13）我的大部分知识乃从经验中学习而来，所以，我愿意鼓励儿童去经验。

（14）生活里的希望及意志乃由我而产生，所以，我将肯定及巩固孩子的个性及意志。

（15）我无法驱走孩子所受的伤害、忧惧、挫折、失望，所以，我将安抚这些打击与风暴。

（16）当我无助时，我感到害怕，所以，我将以善良、亲和、温柔之心，轻触无助儿童的内心世界。

和孩子亲密相处，从他的语言及行为中了解他的想法、喜好和内在需要。和孩子说话时，仔细把他的话听完，了解他的想法及立场。

要学会体会孩子的感受。当孩子在外面受了委屈，父母只是一味地告诉他没关系，坚强一点，这没什么好难过的，会让孩子觉得父母一点都不能体会他的感受。若父母能以同情和理解的态度对待孩子，适时地给予亲情慰藉，就会有截然不同的效果。

了解孩子的发展，不要说些他无法理解的话，或提出他达不到的要求，让他觉得辛苦，压力大。

认真回答孩子的问话。孩子提出问题时，应先了解其真正含义，并针对孩子的需要做回答。

避免用“我命令你……”、“我警告你……”、“你最好赶快……”、“你真傻”、“你太让我失望了”等带有指挥、命令、警告、责备、拒绝等负面意义的词对孩子说话。

充实孩子的生活经验。亲子对话的题材，往往来自生活，父母可以带领孩子观察身边的各种事物，如一花一草一木，路上汽车的颜色、造型、品牌，街上行人的穿着打扮、说话内容，百货橱窗……都可以成为谈话的素材。

2. 提高跟孩子相处的质量

“质量时间”(quality time) 是近年非常流行的一个新概念，它是那些没有时间和孩子常相处，忙碌而又感到内疚的父母的“万能药”，但是还有很多父母对于提高跟孩子在一起的质量时间，存在很多的问题。

如果你只有有限的时间和孩子在一起，当然质量越高越好。但是不能把这个概念绝对化，因为你不可能把太少的时间规划得很好，比如你只有一小时的时间，而孩子正在睡觉或者正是看动画片的时间，你又怎么来提高质量呢？所以质量时间也不是万能的。

父母怎样才能最有效地利用和孩子在一起的时间呢？

一般认为和儿童在一起的质量时间就是坐下来和他们玩拼图游戏、给他们读故事书，总之是适合他们的年龄的活动，越有教育意义越好，但这并不一定正确。

在一个父母都有繁忙工作的家庭中，孩子缺少的不是和大人一起玩游戏的时间，而是给大人当“学徒”的时间。因为他每天 9 小时的时间都是在和幼儿园阿姨们玩这样那样的游戏，学这样那样的东西。他们需要的是接触社会，去看邮差投信，看无家可归的流浪汉，看小学生上下学，他们缺少的是和你一起买东西，一起清洗汽车、给花园浇水，甚至就是和疲倦的你一起在沙发上躺着。

如果你坐下来和 3 岁的孩子玩拼图，孩子会很清楚并不是你喜欢玩，你只是作为一种责任。相反，离开你一天的孩子，如果你让他跟着你参与你正常的活动，他才会真正感到妈妈是喜欢和我在一起的。这一点对于和孩子相处时间更少的爸爸更加重要。“小家伙，给我帮忙除草去！”大多数孩子听到这句话，都会兴高采烈地跟在你后面。

怎样平衡质量时间和孩子的自我娱乐？

不同年龄、不同性格的孩子在自我娱乐方面有很大差别，想自己玩的孩子自然就会自己玩，这不用教，但值得鼓励。

为了适应孩子的自我娱乐，你可以让孩子在你旁边玩他的东西，而你干你的事，单独的孩子游戏室对七八岁以下的孩子并不一定合适。因为他们不愿意完全离开你，他反倒会因为经常想找你而打断他的游戏。当你在厨房做饭的时候，把孩子的玩具抽屉摆在冲着厨房门的走廊上，孩子会聚精会神地用彩笔画画。

还要注意不要打断孩子的自娱自乐，比如孩子的积木还剩两块就摆完的时候，你就催他去洗澡。不能完全指望孩子的活动符合你的时间安排。

很显然电视和电脑在孩子的生活中扮演了重要的角色，如何合理地处理这个问题？

大多数父母都抵抗不住把电视和电脑作为孩子的“保姆”。也难怪工作一星期的父母，堆了一星期的活等到星期六来做，恐怕也只有一个电视片能带来40分钟的平静。我们中恐怕没有人没这样做过，应该注意的是这个做法很容易上瘾。

电视并不是完全不好，你应该了解什么时候演什么节目，为孩子提前计划好，插入孩子的时间表内，如果有时间可以尽量和孩子一起看，避免孩子看到他们不该看的东西。

电脑是不是孩子的好伴侣？

不应该让小孩子过多地停留在任何屏幕前，因为有很多事情等着他们去做。他们需要在院子里玩耍。灵活运用他们的身体；他们需要和人交谈、看大人做事，通过“过家家”来扮演各种角色，学习各种生活的技能。当然社会在发展，孩子也在变化。这些现代化的东西过早进入孩子的世界是好是坏，谁也没有定论。

弹性工作制的产生，使很多父母和孩子在一起的时间多了，但他们发现陪孩子很枯燥、疲劳，怎样才能使父母真正享受和孩子在一起的时光？

对每个父母来说这个问题恐怕有不同的答案，但如果你感到和孩子在一起不是一种享受，那么你的孩子肯定也没有从中得到快乐。

这个问题的部分原因可能是因为你把成人和孩子分得太开，什么时间是看孩子的。这样你和孩子在一起显得很被动，注定要产生不满足感。

想想你总想做，但没有时间去做的事情，其中有没有孩子的位置。大人们喜欢周末悠闲地整修花园，孩子也一样。不要把孩子排除在你的世界之外，再专门抽出时间走进孩子的世界。我的孩子从小就喜欢跟我一起做饭。来兴趣的时候，我们就一起做上好多储藏起来，现在他已经是个小烹饪能手了。

无论是事业，还是家庭、孩子，只有能主动地去接受、去体会，才能得到其中的享受。

二、对孩子逆反心理的处理方法

逆反是孩子心理发展过程中必然要出现的心理现象。随着孩子年龄的增长，尤其是 3 ~ 6 岁这个阶段，学前期是人格形成的关键时期，也是心理发展上的第一个“反抗期”，孩子自我意识的发展具有越来越大的主观能动性，对成人的指挥和安排表现出更大的选择性，所以经常会“闹独立”，你叫他这样，他偏不这样。但父母往往会认为孩子年龄小，做事速度慢，所以经常包办代替，给孩子制造了许多限制，“不行”、“危险”、“不准”这些话时常在孩子的耳畔响起，长此以往，会加深家长与孩子之间的隔阂。下面让我们来正确认识孩子的逆反心理问题，探讨处理方法。

1. 孩子逆反心理的成因

（1）逆反是孩子个性开始独立的一种表现。逆反是孩子心理发展过程中必然要出现的心理现象。随着孩子年龄的增长，尤其是语言和思维能力的发展，他们的社会实践能力以及经验和活动范围都在增长，他们对周围的环境和事物有了更强的控制感和认知感，独立性越来越强，对于许多事情都产生了“自己来”的愿望。但父母往往会认为孩子年龄小，做事速度慢，所以经常包办代替，给孩子制造了许多限制，“不行”、“危险”、“不准”这些话时常在孩子的耳畔响起。孩子希望自己的行为得到认同，希望自己的独立活动不受限制和干涉，为了不失去表现的机会，就只有寻求反抗了。

（2）家长不当的教养方式直接影响孩子逆反心理的形成。有的父母“家长制”作风严重，不考虑孩子的想法和观点，管教孩子时往往粗暴地要求孩子不许这样那样；有的父母望子成龙心切，要孩子学这学那，如果孩子不感兴趣，不想学，父母就摆出一副长辈的架势，于是容易产生与孩子情绪上的对立。孩子的好奇心总是很强的，总喜欢对各种东西乱摸乱碰，这样就有可能损坏一些东西，有些家长在面对孩子的这种行为时，教育方式不是很一致，有时候会忽略孩子的破坏行为，没有让孩子遭受惩罚，有时候又过分严厉，对孩子粗暴责备甚至是体罚。这种不一致的教养方式常常使孩子无所适从，不知道对错。长此以往，容易造成孩子的逆反心理。另外，有些家长过分琐屑，对孩子什么都要管，什么都要唠叨，这也是造成孩子逆反心理的一个原因。

2. 孩子逆反心理的利与弊

孩子逆反心理的利：逆反心理包含有许多积极的心理品质。儿童产生逆反心理，是其天性的自然流露。它从另一方面反映了幼儿自我意识强，好胜心强，勇敢，有闯劲，能求异，能创新。现代社会充满竞争，迫切需要具有创造性思维、能开拓、能进取的人才。因此，父母要善于发现逆反心理中的创造性品质和开拓意识，并合理引导。只要引导得当，逆反心理是能够在现代社会发挥积极作用的。

孩子逆反心理的弊："逆反期"的心理、行为如果不加以正确引导，会导致孩子以后对人对事产生多疑、偏执、冷漠、不合群、对抗社会等病态性格，使之信念动摇、理想泯灭、意志衰退、工作消极、学习被动、生活萎靡等，进一步发展还可能向犯罪心理和病态心理转化。

3. 正确处理孩子逆反心理

（1）利用逆反心理有利的一面。孩子逆反心理的产生有其特殊的生理和心理原因，是孩子在发展过程中必经的时期。我们可以分析这一时期的特点，利用其有利的一方面，从而更好地促进孩子的发展。孩子随着年龄的增长和经验的增多，他们对周围世界的探索欲望更加强烈，这是孩子独立性发展的一个大好时机。这时候家长和老师就应该在保证安全与合理的前提下，尽量为孩子提供自己动手的机会。例如买衣服或是吃东西时，都尽量征求孩子的意见，给他们提供自己选择的机会。最重要是要平等对待孩子，尊重他们的情感和情绪需要，从而减少孩子和成人之间的冲突和矛盾。

（2）改变不合理的教养方式，实施一种民主、平等、尊重、包容的教养方式。尊重孩子的想法和观点，多给孩子提供倾诉和表达自己想法的机会，而且在孩子做错事情或是感到困惑的时候，家长和教师要对孩子循循善诱，摆事实、讲道理，使孩子明白其中的道理，从而很好地解决问题。很多情况下，孩子的逆反心理往往是由于成人的教养方式不当造成的，因此，从一开始，我们就应该注意为孩子提供一个有秩序的，可以合理解决问题的生活环境。这样就十分有助于孩子养成良好的行为习惯和形成健康的情绪情感表达方式，从而顺利度过人生的第一个“逆反期”。

如果孩子的逆反心理非常严重，那么可以采用一些小策略。例如通过关注别的活动来转移孩子的注意力；在情感上表示理解孩子的做法，但是行为上坚决制止孩子不合理的做法；或者采用回避或是忽略的做法，对孩子的纠缠和逆反行为置之不理，使孩子自己感到自己的行为毫无意义，从而消退孩子的逆反行为等。

4. 五招教你矫治幼儿逆反心理

矫治幼儿的逆反心理，不应采取粗暴的态度和压服的方法，而应注意教育艺术。

（1）对孩子坚持正面教育。可通过讲故事、看图画、教儿歌等方法，让孩子懂得应该做什么，不应该做什么，逐渐培养孩子的自我控制能力，让孩子愉快地接受要求。孩子发脾气时，既不要强化制止，也不一定要说教，可根据孩子不同的兴趣、爱好，采用不同的方法来刺激他，吸引他。如给孩子讲一个有趣的故事，或领他出去走走，从而转移注意力。时间长了，孩子自然就改掉了坏习惯，但在矫治过程中，家里所有人对孩子的要求要一致，持之以恒，否则会给孩子留空子，以致抵消教育效果。

（2）多给孩子一份关爱和鼓励。尽管孩子年幼，但他们的自尊心很强，尤其是有逆反心理的儿童，成人更要坚持一分为二的观点看待他，尽量找出其闪光点，一鼓励他们的进步。有一个很典型的例子，一个性格活泼、倔犟的小女孩，老师上课时，她话比老师还要多，常可以看到她蹦蹦跳跳地拉着老师的手说话，像个小大人似的。什么事都想干但又干不好，如果有什么事情稍不如意就马上发脾气，而且还会和老师对着干，为了改变她这种任性且逆反的个性，班上老师就用“当小老师”的活动来教育她，督促她，鼓励她。当她当过“小老师”后真的改掉了好多的坏毛病。小朋友对她的评价也很高，使她体验到了战胜自我的愉快。她调皮任性逆反的个性很少再出现了，也不和老师对着干了。可见，适时地给逆反心理强的孩子一些鼓励，往往能取得事半功倍的效果。

（3）培养孩子“自学、自护、自理、自强、自律”的能力。让孩子有权对影响他们的一切事项自由发表意见，并能对孩子的意见按照年龄和成熟程度给予适当看待。幼儿发表的意见，做出的决策无多大的使用价值，但这并不重要，重要的是使他们在不知不觉中增强小主人意识和一种积极的自我价值感，并懂得怎样使用自己的决策权，这对于控制孩子的逆反心理大有益处。

（4）恰当限制孩子的物质占有欲。目前，生活条件好了，有的家长一味迁就幼儿的要求：吃好的、用好的、穿好的，孩子的一切由家长代劳，孩子的欲望不费辛劳就可以实现。这样一来，这些孩子就易形成不合实际的自我评价，认为他的一切都应该是最好的，欲望得不到满足时，打人、骂人，甚至在地上打滚威胁等逆反行为就会出现。

（5）掌握进行教育的一些技巧。

① 掌握儿童争强好胜的心理，利用逆反心理来激发他们。如有意识地说：“你不会穿衣服，是不是？”“你不会说礼貌用语，对不对？”用这类话来刺激他们，可以增强孩子的自信、自强、自立的能力。在碰到某一件事件时，如能掌握分寸，有时效果比正面说教更好。

② 一个唱“黑脸”，一个唱“白脸”。比如，有的孩子在睡觉前非要吃糖不可，其中一个家长扮演“黑脸”角色，表示坚决不允许，并

对孩子的无理要求严厉训斥，当孩子因此而愤愤不平或委屈难忍时，扮演“白脸”的家长则采用安抚的态度，用和缓的口气对孩子好言相劝，并对“黑脸”坚持的态度和要求加以解释，说明利害关系，引导孩子理解“黑脸”的用意。这样既可以使孩子理解、服从“黑脸”的要求，实现一致的教育，又能使孩子不遭受挫折感，心灵不受伤害。

③“蹲”下来说话。《幼儿教育》中有这样一篇文章：它说幼儿教师要学会“蹲”下来和幼儿讲话，即使你要批评孩子，也不能像有些老师那样大喊大叫，我们要学会“蹲”下来，和孩子的眼睛齐高，然后轻轻地拍拍孩子的头和他讲道理，孩子自然会对老师的话听得很清楚，而且也很喜欢听。家长也要学会“蹲”下来说话，“蹲”不仅从空间上拉近了家长和幼儿间的距离，而且从心理上使幼儿和家长贴得更近。确实，“蹲”的好处是很多的，但也并不是时时、事事都要蹲下来，这是指一种尊重幼儿、民主、宽容的氛围，他的人格受到了尊重，一种积极的自我价值就在这一过程中日益增长了。

三、孩子犯错了怎么办

打孩子是一个两难问题，因为从传统的教育方式来说，打是一种教育手段，在我国，自古就有“不打不成才”的古训。但是，教育学家研究这个问题时发现，打孩子不好，特别是对小于两三岁的小婴幼儿更不能打。

他们的道理是：打孩子伤害孩子的自尊心，有的孩子越打越“倔”，从逆反、对抗发展到破罐子破摔、自暴自弃。而性格怯懦的孩子经常挨打，会产生严重的畏惧心理，表现出软弱的顺从意识，进而形成猥琐、胆小怕事的性格。

可是，很多家长迫切想知道的是，要是孩子无理吵闹，帮倒忙，玩危险游戏，既要管住孩子，又不能体罚他们，该怎么办？

孩子的错误在成长过程中随时可见，需要我们包容、安抚、鼓励，切忌指责孩子。对于一个有自尊的孩子来说，如果他知道自己错了，心中已经充满了后悔和内疚，这时父母的理解和宽容会让他心存感激，他会主动反思自己。如果此时父母予以指责甚至打骂，孩子会觉得羞辱、难堪。指责会吞噬掉孩子心中的愧疚，使其对错误变得心安理得，甚至会激起孩子的逆反心理，往后故意犯错，就是要和家长对着干。指责还会让孩子为了逃避犯错而不敢尝试，有的孩子犯错后为了逃避打骂，甚至学会了撒谎！更大的恶果是让孩子失去自尊，久而久之，孩子会变成一面“重锤也敲不响的鼓”。

还有一类错误其实是需要我们家长去给予支持的，那就是孩子的探索行为。我们幼儿园很多家长跟我说，孩子最喜欢捣鼓冰箱、电视机、DVD 等电器，把遥控器及电器上的按钮都弄坏了，怎么打骂都不听。我对他们讲，这是孩子对电器好奇，想看看里面是怎么回事，这是孩子的一种探索行为，应该支持。家长粗暴地阻止了孩子，其结果是留住了电器等，但失去了孩子探索世界的兴趣和求知的欲望，得不偿失呢。最好的办法是家长和孩子一起探索，陪着孩子把那些东西拆开，再组装，说不定一个小发明家会就此诞生呢。

对孩子的错误应该分开来看，如果是故意犯错，比如朝人吐口水、虐待小动物、攀花折枝等，要引导孩子辨别是非，弄清什么是对什么是错，知道自己错在哪里，给孩子时间慢慢改正；如果是不小心造成的失误，比如吃饭打碎碗、走路摔跤、损坏东西等，孩子已经知错，心中会紧张和内疚的，我们要多包容甚至宽慰，并且帮助孩子分析导致错误的原因，想出避免犯错的办法；如果只是探索行为，比如捣鼓各种电器、玩具、用具，把它们拆开，这是孩子在探索和学习，我们不要阻止，最好和孩子一起探索。

没有失败哪有成功？孩子就是在一次次的错误中学习和成长的，怕孩子犯错，我们就无法放手。所以，我们要端正自己的思想，告诉自己：不怕孩子犯错！下面让我们来看典型案例分析。

故事 1：商场里的任性宝贝

峰峰妈妈出门前就打预防针，跟孩子讲好："宝宝，今天妈妈带你去商场，你可以看看那里的玩具，但不能再买，家里玩具太多了。"孩子也答应了，但路过玩具柜时他又忘了和妈妈的约定，一定要买一个玩具，妈妈不答应，他就闹个不停，哭着赖到地上，不管怎么劝，仍躺在地上滚来滚去哭闹着。看着路人意味深长的目光，妈妈好几次都要控制不住打他了。

明智做法

不少玩具柜所在的楼层都附设"试玩区"或迷你儿童乐园，可以指着那里对宝宝说："看，那个小朋友在玩赛车，你去跟他比赛好吗？""看，那个小朋友在玩拼图，你跟他一起去玩好吗？""那么多小朋友在滑滑梯（做沙画，搭城堡），妈妈也带你去玩好吗？"孩子立刻就站起来跟着走了，后来就再没有提起买玩具。有时候，孩子对死缠烂打要买的玩具可能只是一时新奇，成功转移了他的注意力，他或许就不会再提起了。转移注意力的方法很多，比如妈妈可以说："我们再往前走一走，前面会有更多有意思的东西哦，你见过跟小朋友合影的大米老鼠吗？”但最好不要承诺孩子“妈妈先带你到别处玩，再回来买玩具”，孩子如果之后突然又想起了妈妈的话，该怎么办？所以，在转移孩子注意力的同时，不要随意对孩子允诺“之后会怎么样”。

故事2：餐厅吃饭也哭闹

婵婵妈很头疼地说：“两岁多的宝宝与家人外出就餐，当时没订上包间，是在外面大厅里吃的饭，热菜还没有上齐，宝宝莫名其妙地极其烦躁，突然扔掉餐巾，不想戴围嘴，而且坚持要‘出去，马上回家’，并大哭大闹。惹得一大厅的人都朝我们看，我马上将其抱离餐厅，在外面将其放下，她就开始赖在地上哭闹，此时说理根本没用。”

明智做法

有时候宝宝并不是有意跟大人过不去，而是找个借口发泄罢了。最常见的是累了，饿了，渴了，在喧闹的环境里待得太久了。穿得过多或者饮食不舒服也会导致宝宝发脾气。这时候，必须先找出宝宝发脾气的原因。当宝宝开始耍赖的时候，做父母的切记不要发火，因为这个时候，一旦发火，那宝宝就真的赖定了。所以最好的办法，还是转移他的注意力，以这个例子来说，两岁多的宝宝是很难在冗长的酒宴上从头坚持到尾的，加上环境很喧闹，孩子就会烦躁，此时可以带他去看餐馆养的鱼和鳖、白鳝和龙虾，可以将餐馆养鱼的大水缸比喻成“海底世界”，也可以带宝宝去看厨师现场表演“印度飞饼”，要是没带玩具，也可以搜罗菜盘上的萝卜花，给宝宝当玩具，带他到空气较好的等候区的沙发上去玩。

要是宝宝仍不领情，应该马上把宝宝带离餐馆，找一个开阔僻静的地方，如街心公园，让宝宝尽情地发泄。你一旦不必担心周围的目光，就不容易恼羞成怒。可以买份报纸，坐在不远处看着他，看他哭闹多久。有一个教育原则可以借鉴：当孩子哭闹时赶紧远离他，每当哭闹声弱一些，就靠近他一些。让孩子明白：哭闹只会让身边的人离开他；想要有人陪他，就一定要有良好的情绪。

故事3：挑战接线板的调皮蛋

3岁的罗罗就特别爱玩电源接线板，喜欢用手去戳接线板的插孔。每当遇到宝宝的这种危险动作，妈妈都大惊失色，大声斥骂他，罗罗就委屈得大哭。最近，罗罗对接线板兴趣小些了，又迷上了家中的小家电，搅拌机、豆浆机、蒸汽熨斗正在工作时，他都想过来摸一摸，好几次妈妈都想扬手打他了。

明智做法

宝宝年纪小，还不会自己做判断，如果爸妈大声呵斥或打骂，他会哭、会受到惊吓，但他也会产生怀疑：到底是这件事情做错了，还是爸妈不喜欢我而打我。爸爸妈妈要做的，是把宝宝带离危险的场所，同时收起笑脸，告诉他这样做的危险后果，比如会触电，会烫伤，会让搅拌机搅掉手指头等。这一阶段的孩子，已经学会看大人的脸色行事。你可以把自己的愤怒写到脸上去，用很严肃很夸张的生气表情告诉孩子，他的行为不对。你也可以采用自然后果法。对于喜欢乱摸乱碰的孩子，在不造成肉体伤害的情况下，可以让他碰一碰滚热的豆浆机外壁，或热水瓶的塞子，让他直接体会到其中的厉害。也可以适当地建立一些奖罚措施，当他不再做危险动作或能主动说出错误，妈妈可以给他一些小奖励，比如奖励一个小玩具或一粒糖果等。当然，爸爸妈妈也要尽量给宝宝创造一个安全的环境，比如把有隐患的插头换成安全插座，为豆浆机外壁罩上薄棉套，使用蒸汽熨斗要尽量避开宝宝，小家电插电时绝对不能离人等。

故事 4：送给别人的礼物还要收回

妈妈带小羽外出做客时，带给朋友家的孩子一个装满儿童食品的大礼包。谁知，坐下来没有多久，小羽就看中了那个大礼包里附赠的一辆玩具小汽车，死活要拆包来玩。妈妈大感尴尬，反复对小羽说，那是送给小弟弟的，“你已经有好多玩具小汽车了，每一辆都比这一辆大。”小羽不听，朋友就说，别跟小孩子一样见识，拆开来玩吧，妈妈坚决不肯，不得不带着小羽告辞出门。一路上，大道理讲了无数，小羽就咬定一条，“别人有的，宝宝没有，妈妈偏心”，小羽的任性气得妈妈直哆嗦。

明智做法

小羽的这种情况，最好先采取冷处理的办法，把孩子隔离起来，让他自己先反省，妈妈也可以压压怒气。但这个隔离空间绝对不能是黑暗封闭的，要保证这个隔离空间是妈妈的视线能关注到的。然后告诉他，你自己在这里待会儿，妈妈 10 分钟后再来告诉你你错在哪里。10 分钟后，准时把孩子叫到面前，并严肃地向他指出错误，如拆玩已经送给别人的大礼包是极没有礼貌的行为，“要是别的小朋友来我们家，送了你的玩具又要回去自己玩，你会高兴吗？”让孩子站在对方的角度考虑问题，孩子才会为自己的任性感到羞愧。

故事5：家里的零钱怎么少了？

坚坚妈发现家里的零钱罐里少了很多零钱，而且，少的多半是十元、五元的大面额零钞，一元、五角的倒是都剩着，问坚坚爸有没有拿钱，爸爸说没有；问坚坚，坚坚神情有点不自然地说，没有。后来，还是坚坚妈撞见坚坚从零钱罐里拿钱，去买小店里的花花绿绿的零食和游戏币，这悬案才告破。坚坚妈这一气非同小可，儿子才5岁半，就学会了“偷钱”和“撒谎”，不打他一顿，给他一次深刻教训，还得了？

明智做法

在这件事情上，孩子错处有三，不该偷拿钱，不该撒谎，不该“不择手段”地满足爸妈反对的愿望。首先，偷拿家里的钱，与偷拿非亲友关系的钱的性质是不一样的，这是一种简单的“唯我”心理，一种单纯的“利己主义”，是孩子在没有建立成熟的道德观前的一种自发行为。其次，孩子因为拿钱而撒谎，也不是严格意义上的欺骗，而是一种临时的“应变”，当然，我们要培养孩子面对现实和承担后果的勇气和责任心，但是只要孩子没形成撒谎成性的习惯，不以此为乐就不用过于担心。最令人担心的，反而是“为了达到目的而不择手段”的思维。为了保证教育效果，我们应该突出重点。告诉孩子最让你生气的不是撒谎，不是拿钱，而是“为了达到目的而不择手段”的想法，这种任性的、自私的、不计后果的想法是你不能容忍的。告诉他，满足自己的愿望要用合理的方式。要给孩子举一个现实的例子，如你小时候遇上想买自己喜欢的东西，是怎么做的。为了向孩子表示你的诚意，可以每个月适当增加他的零花钱。假如有些东西孩子十分需要，只要他的理由可以说服你，你就可以满足他。假如你认为不应该满足孩子，那么一定要给孩子讲清为什么，尽量取得孩子的理解。

需要强调的是，培养孩子承担后果的勇气，要在“不择手段”这种思想完全消除之后进行，要循序渐进。当孩子能主动承认自己的错误而不是掩饰错误时，应该告诉他，你虽然犯了错误，但是你主动承认错误，让妈妈很高兴，妈妈欣赏你的勇气，妈妈为你自豪。

四、常见的教育误区

家庭教育是学龄前孩子的主要教育形式，而在家庭教育过程中，家长经常会犯教育错误，下面让我们来看家长常见的六大教育误区。

误区一 过分宠爱

一些家庭过度宠爱孩子，凡事包办代替。孩子吃饭，一家人来哄，出门怕宝宝走路累着，忙着抱或用车推。生活上什么都不让孩子做，对孩子百依百顺，要什么给什么。

专家提醒：包办代替会造成孩子的动手能力、自理能力和社交能力都很差，孩子也不敢面对外面的社会。而过于溺爱的孩子不懂得分享，不懂得爱，与小朋友的交往中，往往会以自我为中心，将来很难适应社会。

误区二 拔苗助长

1 岁以内就忙着学认字，不到 3 岁就学起了外语，不少年轻家长对宝宝的智力发展和成长期望值太高，在教育宝宝的过程中操之过急，把早期教育简单等同于早期学科教育，并不遵循宝宝身心发展和智力成长的规律。

专家提醒：早期教育不仅局限于智力开发，会识字、会背诗只是简单的记忆模仿，并不代表孩子真正的智力和能力。多让孩子玩可以锻炼孩子的协调能力、创造力和动手动脑等能力，这些能力都有利于今后的知识学习。而“拔苗助长”则会适得其反，使孩子负担过重，产生消极的心理倾向和行为。

误区三 过多管制

有的爸妈认为管教宝宝，就要从小做起，让宝宝绝对服从自己的意志。一切都是父母做主，宝宝没有任何可选择的余地，不听话就会挨批评。在这种环境下长大的宝宝，就会变得胆小、怕事。还有的家长对孩子的缺点看得很重，总是挑毛病，而对优点却视而不见，极少表扬，甚至经常打骂孩子。这样的孩子自卑感很强，做事缺乏信心，逆反心理很强，性格较为孤僻。

专家提醒：对孩子提出的合理要求，尽量尊重，不要把成人的思维强加给孩子。孩子和家长在人格上应该是平等的，家长对孩子的教育应该采取民主方式。

误区四 照着书本养孩子

许多年轻父母喜欢以书为标准喂养孩子，有的过分认真地执行书本上的要求，认为这样才科学。如果孩子在开始走路时间、开口说话时间与书中的标准有差距，就会显得非常着急，以为是孩子的智力发育有问题。

专家提醒：每个宝宝的成长路线并不一样，书本上的知识和要求不一定与孩子的实际情况相符。家长可以把书作为参考，一旦觉得宝宝与书上标准不一样时，不要着急，而要综合考虑宝宝的发展。

误区五 望子成龙

孩子一出生，就制订了一系列的造才计划，弹琴、学画、背唐诗……一些家长过早进行“智力开发”，用过高的标准来要求孩子，而不顾孩子的实际情况。

专家提醒：幼儿的年龄特点决定了他们爱玩、爱动、自我约束力差的天性，家长必须结合孩子的身心发展规律和兴趣爱好，适当引导，从而对将来的发展起到积极作用。如果家长一味“望子成龙”，盲目让孩子顺着自己的意愿去做，不但不能发挥特长，反而会一事无成。

误区六 过度约束孩子

嫌孩子玩泥沙太脏，认为孩子碰剪刀、锤子危险，不少家长对孩子过度约束。可这样的约束容易使孩子的智力发展受禁锢，探索世界的主动性削弱，个性被束缚，反而会培养出性格暴烈和软弱混为一体的孩子。

专家提醒：好奇是孩子成长的第一步，也是驱使孩子认识世界、改造世界的动力。有了好奇心，孩子什么都想去探索，都想去尝试，难免会有一些危险，家长需要做的是帮助和引导控制这种危险，而不是盲目限制和制约。

许多家庭把教育与学习相提并论，对孩子的教育偏重智力因素，只注重知识的灌输，对制约其成长的其他因素则很少过问。孩子不到一岁开始认字，不到三岁开始学外语，之后又参加各种培训班，扼杀孩子爱玩天性的同时，阻碍了幼儿的全面发展。

教育和学习并非一回事，教育包括健康的心理、愉快的情绪、合作的精神、思维的方式、动手的能力、语言的表达等，不能用成绩衡量。家长要让孩子养成良好的习惯，而不是逼迫孩子掌握一项专门技能。要从全面发展入手，培养孩子的自信心、进取心、坚持性、自制力和勇敢精神等，才能使孩子的智力得以充分发挥。

五、这样鼓励你的孩子

在传媒日益发达的今天，做父母的面对众说纷纭的教子信息不知如何抉择，一听说惩罚不利于儿童心理健康，而奖励有益于自信心的培养和自我价值感的建立，便时刻不忘对孩子奖励。结果发现，有些孩子稍大以后便批评不得，受不了半点委屈，这是为什么呢？科学研究发现，孩子会因为经常得到奖励而降低对自己的标准，面临困难时，也不愿意去克服，如此便间接减少了他们对事物探究的热忱与毅力。

事实上，持续褒贬孩子已经在无形中推崇了大人的权威，似乎默认大人绝对比孩子优越，低估了孩子的能力；更为严重的是，褒贬有可能剥夺孩子评断自己的机会。因为孩子如果一直在别人的褒贬中长大，久而久之，他对大人的评价便养成了深深的依赖，从而不能体验到自己完成某件事情时产生的喜悦心情。

孩子应得的最佳奖励是内在衍生的成就感，而不是来自外在的大人的夸奖和赞许。然而，我们并不能完全排除奖励的可用性，而是应适度地使用它。为了避免无效的、负面的夸奖，大人应该变夸奖为鼓励，让孩子从大人的鼓励中建立自信、提高自尊。一般地说，“奖励”是大人在孩子完成某件事情时对其结果的肯定，而“鼓励”则是对孩子所付出的努力或对其作品中的某一特色给予肯定。那么，作为父母，应当如何适当鼓励孩子呢?

1. 鼓励孩子的三个要点

（1）注意孩子的天生的感悟力。不要认为孩子还小，看不出个阴晴冷暖来，其实人的感悟力和交流能力天生就存在了。也许小宝宝还不会说话，但他已经可以通过你的语音和表情来感知喜悦还是忧伤，比如笑脸和高昂快速的声音一般都代表快乐的情绪，当宝宝感受到愉悦的信息时，他也会感到快乐。

（2）采用多元化的表达方式。宝宝的年龄越小，我们给予他鼓励的方式就越要多元化，这样他才能从感官上得到最大程度的接受，比如鼓掌、微笑、拥抱、眼神的交流、说“你真棒”等，动作和语言相结合的话，效果会更好，因为宝宝会感觉到更大力度的鼓励。

（3）鼓励要发自内心。虽然鼓励并不需要额外花费什么，但是请记住，所有的鼓励和赞美都是发自内心的真诚的鼓励，一味地鼓励个不停并不一定都是正向的积极的鼓励，反而可能让孩子对大人产生质疑和不信任感。

2. 19个爱心鼓励，让宝宝顺利成长

以下我们提供19种绝妙好招，父母可以用这些方法来鼓励您的宝宝，请在具体运用中根据实际情况灵活调整，让宝宝在爱和鼓励的环境中开心成长吧。

（1）满足基本需求。对于婴幼儿而言，满足他的基本需求是最重要

的。在人生的最初阶段，要给予宝宝持续稳定的爱，尽量满足宝宝一切的身心需要，这将有助于发展良好的亲子关系。一般来说，生理上的需要如哭闹、大小便、肚子饿等，只要马上处理，就可让宝宝立即得到满足，而心理上的需求则比较耗费时间，比如情感上的满足，宝宝的年龄越小，对大人的依赖就越强，这就要求大人要不间断地频繁地出现在宝宝身边，随时向宝宝传递这样的信息："宝宝，我在乎你。"

（2）随时来个拥抱。当宝宝需要拥抱的时候，记得要随时张开双臂，全心全意地将宝宝抱在怀里。要知道，宝宝要求拥抱是在寻求安全感，是想通过和爸爸妈妈的身体接触来获得一种亲密的感受。拥抱之时交流的不仅仅是体温，更重要的是无形的情感交流。

（3）大声说"我爱你"。爱，不仅需要时间来培养和积累，更需要用行动来表达。每个人都喜欢听"我爱你"，虽然只是短短的3个字，但威力却是无穷的哦，爱让人充满勇气和希望，想要让宝宝明白你对他的爱，最好最快最直接的方式就是大声说出来，宝宝还小着呢，难以揣摩大人的意愿，如果你来个"爱你在心口难开"，他可真的理解不了呀。

（4）来，宝贝，亲一个！亲吻是接纳对方的一种表示，也是爱的表达方式之一，小宝宝的身上哪儿都是粉嫩嫩的，到处都可以打个亲吻哟，比如额头、脸颊、脖子甚至是宝宝的小肚皮，在亲吻宝宝的时候配合"啧啧"的声音，则会让宝宝感到更加受用，入睡前来个安吻，可以安抚宝宝的情绪，也能让亲子关系更加融洽。

（5）摸摸小脑袋。用温暖的大手摸摸宝宝的小脑袋，这是带点溺爱意味的行为，通常这种单纯的肢体行动会伴随着语言一起出现，比如爸爸可以抚摩着宝宝的脑袋说："好，做得好！"当宝宝情绪沮丧的时候，摸摸他的头还带有一种“无声胜有声”的安慰意义，宝宝肯定能真切地感受到。

（6）甜美的微笑。和宝宝亲密接触的时候，单是甜蜜的微笑就能让宝宝感到快乐。当宝宝开始学习走路的时候，爸爸妈妈记得要用“微笑”鼓励他勇敢地迈出第一步，摔疼了，就给他安抚和呵护，跌倒了，就让他自己站起来，或者帮助他站起来，切记不要保护过度，这样不利于孩子养成坚强的性格 。

（7）美丽的床边故事。在宝宝睡觉之前，请选择温馨、优美、富有想象力的故事读给宝宝听，让宝宝感觉到温暖和爱护，这样可以安抚宝宝的情绪，以便尽快平稳入睡。另外也可以放音乐给孩子听，但是不要播放讲故事的录音，因为单纯的录音远不如真人的表情加语音效果好。

（8）鼓励和赞美永远都不多。不要担心宝宝听不懂赞美的确切含义，即便是他听不懂，单是从你的眼神和表情当中，他也能感觉到那是对他的肯定。自从宝宝出生之后，爸爸妈妈就应该懂得及时、适时地赞美他。宝宝做对了事情得到了鼓励和赞美，会激发一种内在的动力，让宝宝以后表现得更好，一开始宝宝可能会因为想得到赞美而去注意一些行为，但是经过长时间的积累之后，这些良好的行为就会内化成宝宝的一种习惯，行为举止中自然而然地就能流露出来。

（9）鼓掌。如果说光是语言上的赞美和鼓励还不足以表达你的欣喜之情，那么就鼓掌好了，掌声是正向的肢体语言，当孩子表现良好的时候，适时地给予掌声并配合称赞的话语，比如“进步真快呀！”“做得太棒了！”等，这样对孩子的激励会更大，孩子能感觉到更多的认同感和自豪感。同时还可以教导宝宝，告诉他要懂得适时地去鼓励别人。

（10）神奇贴纸。对于喜爱小玩具的宝宝而言，漂亮的贴纸具有很大的魔力。爸爸妈妈可以和宝宝约定好，当宝宝表现良好的时候，就奖励他一张贴纸，等这些奖励的贴纸积攒到一定的数量时，可以答应宝宝一个小小的请求，这个请求一定要在事先约定好哦，而且最好不要经常拿物质性的东西来做奖励，即便是要拿实物来做奖赏也不要轻易送出，可以选择特别的日子送给宝宝，比如节假日或者家人的生日等，这样更能让宝宝感受到奖励的可贵。

（11）颁发“好宝宝”奖状。既然物质性的奖励不适合经常使用，那就另辟蹊径吧，给宝宝做个“好宝宝”奖状怎么样？拿一张精美的大卡片和一堆可爱的小卡通图案就可以了，宝宝表现好的时候就在大卡片上贴上一张可爱的卡通笑脸，当集满了N张笑脸之后，就换发另外一张更别致的奖状，以此给宝宝长久的鼓励。

（12）专心听宝宝说话。当宝宝和您说话的时候，千万不要认为他是小孩就可以心不在焉地做着其他事情，这是不重视宝宝的表现，请务必专心听宝宝说话，只有宝宝感觉到您愿意听，他才会更有兴趣说下去，从他的言谈中，可以了解到他最近在想什么、喜欢或讨厌什么、碰到了什么好玩的或烦恼的事情等，虽然也许很琐碎，但这表示宝宝愿意和您分享他的生活。

（13）5分钟亲子对谈。宝宝太小，亲子对话的时间太长也不能全部理解，而且宝宝注意力集中的时间短，所以亲子对话的时间不要太长，5分钟就足够，重要的是把握好亲子对话的时机，在宝宝愿意和您交谈的时候再开始谈，而且在谈话的时候要全身心地投入。当宝宝还小的时候，父母就是他的全部，自然会唧唧喳喳和你分享他的一切，等孩子长大成人有了自己的生活圈之后，便不再依附于父母，如果您那时还希望能和孩子保持儿时的亲密关系，就请从现在开始养成良好的亲子对话的习惯吧。

（14）温暖的避风港。父母要做一处温暖的避风港，让孩子在受伤时有一个疗伤的地方，要让孩子知道，只要他需要，父母随时都会在他身边，这样孩子才会有勇气去尝试新的事物，不要认为孩子还小，不懂得什么是失败和挫折，要知道他也会有负面的情绪，爸爸妈妈要当好他的听众，容纳下他所有的埋怨和牢骚，对于他生气、不开心的原因，既不要责怪也不要取笑。小孩的情绪一般来得快去得也快，等他情绪平静下来之后，就没什么大问题了。

（15）减轻宝宝的分离焦虑。让孩子随时感受到爸爸妈妈对他的浓浓的爱，将能够大大降低他的分离焦虑。每天送他去幼儿园的时候都拉着他的小手，到达之后亲手把他交到老师手里，让宝宝对老师产生一种信任感，在离开时要蹲下和宝宝说再见，告诉他爸爸妈妈要去工作，下午会来接他回家，让他知道在幼儿园内他会度过开心的一天。这样时间久了，宝宝就会知道幼儿园只是白天暂时停留的地方，爸爸妈妈会定时来接他回家，而并非是要抛弃他。

（16）关爱与管教并行。鼓励是为了引导孩子重复好的行为，纠正是为了停止孩子不好的行为。要想做一个成功教养孩子的父母，就要懂得关爱和管教同时运用。要知道宝宝有时候是听不进道理的，单凭说教和哄骗都解决不了问题，因此，严格的管教也是必不可少的，要让孩子知道，该守的规矩一定要守，否则将导致什么样的后果。不要担心会吓到孩子，只要您注意管教的方式方法就好，管教孩子也是为了孩子好，这是一种更深层次的爱，而爱是没有条件可讲的，应该全盘接受。

（17）陪宝宝一起玩耍。和宝宝一起玩耍，也是奖励的一种方式，不过要玩什么才好呢？当然最好是益智型的玩具啦，在游戏的同时还能开发宝宝大脑潜能，其实也可以利用日常用品来做玩具，比如扣子啊饮料瓶盖等，既可以教孩子来学习数学，又可以学习分类的概念。

（18）让孩子做主。2 ~ 3 的宝宝已经是个小大人啦，凡事都有自己的想法和意见，在爸爸妈妈总是问他“行不行”“好不好”的时候，他一般都会回答“不行”或“不好”，因为在小孩的心目中要以“否定”来肯定自己的存在。了解了孩子的这种心理之后，我们不妨在一些小事情上让宝宝来做一次主，比如玩什么玩具、听什么音乐、穿什么鞋子等，在这个过程中，让宝宝自己去判断、去决定一些事情，并且从中获得成就感。

（19）换位思考。大人要尝试着从孩子的心理角度出发去思考和解决问题，尽量多揣摩一下孩子心里是怎么想的，他为什么会怕黑？为什么会和别的小朋友打架？我们小时候有没有怕过黑？我们小时候是不是也经常和其他的小朋友打架？很多看似无法理解的问题，只要我们站到孩子的角度去看一下就明白了，孩子的心理本来就是这样的嘛，了解了事情的缘由之后，我们再加以耐心的引导，问题的解决就不困难了。

六、成功名人如何培养孩子成才

一个人的成功必然与其个人习惯和修养有着密切的联系！特别是成功的名人，更是有着优良的习惯，以下是成功名人如何培养孩子成才的事例，供大家分享！

第一：博览群书。

弗兰西斯·培根早在450年前就已指出："读史使人明智，读诗使人聪慧，演算使人精密，哲理使人深刻，道德使人高尚，逻辑修辞使人善辩。"

【卢梭的成长历程】

钟表匠伊萨克，在工作台上一边工作一边教三岁的儿子卢梭从普鲁塔克的《古希腊罗马英雄传》中认字。然后，在他督导下，卢梭在七岁前已经啃完了勒苏厄尔的《教会与帝国历史》、那尼的《威尼斯历史》、奥维德的《变形记》、丰得奈尔的《世界通史讲话》、《死人对话录》和《宇宙万象讲解》，以及莫里哀的戏剧。

博览群书使卢梭获得了阅读能力和理解能力，自幼迸发才慧、想象力和悟性，激发了使命感、荣誉感和责任感，最终使他成为一位伟大的启蒙思想家、文学家。

第二：发掘天赋。

天赋是人的一种生来具有无师自通的天生素质。人的天赋在母胎中初具雏形。天赋是构筑天才人物的首要素质，人的天赋是不可造就的，却能发掘。

【居里夫人的家教观念】

居里夫人有两个女儿：伊雷娜·居里和艾芙·居里，她对两个女儿的家教观念是以发掘她们的某种天赋为主。

早在女儿牙牙学语时，居里夫人就开始对她俩进行了探索性的发掘。女儿刚上小学，居里夫人便让她俩每天放学后在家里进行一小时智力活动，以便进一步发掘其天赋。当她们进入赛维尼埃中学后，居里夫人让女儿每天再补一节"特殊教育课"——在索尔本的实验室里，由让·佩韩为伊雷娜和艾芙教化学，保罗·朗之万教数学，沙瓦纳夫人教文学和历史，雕塑家马格鲁教雕塑和绘画，穆勒教授教四门外语和自然科学，而每星期四下午在巴黎市理化学校里，由居里夫人教女儿物理学。

经过两年“特殊教育课”的观察鉴别后，她发现：大女儿伊雷娜性格镇静、朴实、专注和自然，着迷于物理和化学，她明确自己的使命是要当科学家并研究镭，这些正是科学家所具备的素质。小女儿艾芙心灵跳跃、充满梦幻、情绪多变，居里夫人先培养她学医，再引导她研究镭，又激励她从事自然科学，可她对科学不感兴趣。艾芙的天赋是文艺。

正是运用这种发掘孩子天赋的家教，居里夫人最终使大女儿伊雷娜·居里因“新放射性元素的合成”于1993年荣获诺贝尔化学奖，也使小女儿艾芙·居里成为了一位优秀的音乐教育家和人物传记作家。

第三：荣誉感。

孩子的荣誉感往往在父母的激发下才渐渐奠定。欧美的家长在一起聊天时会说：“我的女儿伊丽莎白就是拿奥斯卡奖的料子。”“嗨！小威廉绝顶聪明，五十岁能得诺贝尔奖。”……

【哈德罗·麦克米伦的成长历程】

哈德罗·麦克米伦无论在蹦蹦跳跳的童年时代，还是在伊顿公学的少年时代，或在巴利奥学院的青年时代，都不断听到母亲萨拉二十年如一日的告诫：“麦克米伦，你跟别的孩子不一样，你将来要当英国首相的。”在母亲的自小要当伟人的荣誉感的激励下，麦克米伦奋力拼搏、潜心求索，终于在1957年至1963年两度荣任了英国首相。

【弗洛伊德的成长历程】

而弗洛伊德的荣誉感却来自犹太式的家教。他才6岁，父亲就告诉他：一千多年以来，我们犹太人一直处于被驱赶、压迫、剥削、耻辱和大屠杀的悲惨境遇下，但犹太人为何还能长期生存下来？犹太人的智力为何平均高于全世界各民族的51倍？犹太人为何操纵着社区的、国家的，还有全世界的银行、货币供应、经济和商业？因为，犹太人百倍地勤勉、拼搏、明智和节制。

卧薪尝胆奋发图强的犹太人式家教，激发起弗洛伊德的荣誉感："我的父母都是犹太人。我自己也是一个犹太人。我永远不能理解为什么我得为我的民族我的祖先而感到羞耻，我经常感受到自己已经继承我们先辈为保卫他们的神殿所具备的那种蔑视一切的全部激情，因而，我可以为历史上那个伟大的时刻而心甘情愿地献出我的一切。"正是这种卧薪尝胆奋发图强的犹太式荣誉感的激励下，弗洛伊德最终为人类创立了"精神分析学"和"性心理学"。

第四：独立人格。

诺贝尔文学奖得主诺伯特·罗素鞭辟入里："那些在童年受到孤独的人要比受到宠爱的人日后更会成功；一个不具备精神独处能力的人，不可能成为伟人。"

人只有在离群索居无伴独处的环境下，才能阅读、思考和创造，才能心灵交流产生灵感，沉思默察构筑观念，诸种观念诞生思想，正如帕斯·卡尔所说："思想形成人的伟大"。难道不是吗？——斯坦尼斯拉夫斯基体系、黑格尔主义、甘地思想不都是出自思想吗？

【撒切尔夫人的成长历程】

在1979年5月，撒切尔夫人作为英国女首相搬进举世瞩目的唐宁街10号时说："我的一切成就都归功于我父亲罗伯茨先生对我的教育培养。"

罗伯茨是英国格兰文森小城的一家杂货店主。当撒切尔夫人才5岁时，他就教导女儿：凡事要有自己的主见，用自己的大脑来判断事物的是非，千万不要人云亦云。在日常生活中，罗伯茨着重培养女儿"严谨、准确、注重细节，对正确与错误严格区分"的独立人格。

当撒切尔夫人7岁时，罗伯茨带女儿到图书馆去，只允许她看三类书：人物传记、历史和政治书籍。他有意引导女儿日后从事惊天动地的政治生涯。撒切尔夫人早年生活清淡艰苦，家里没有洗澡间、自来热水和室内厕所，她没有值钱的东西，难得看一次电影或戏剧。这并不是罗伯茨没有钱，而是他执意为女儿创造一种节俭朴素、拼搏向上、赤手空拳打天下的氛围。他每个星期天都带女儿到芳金大街的教堂去，让她听牧师的滔滔不绝的布道。在家里，罗伯茨有意与女儿就各种问题进行辩论，以造就她机智沉着、语言敏捷、充满感染力和穿透力的雄辩艺术。11岁时，撒切尔夫人进入凯斯蒂女子学校。在凯斯蒂辩论俱乐部的辩论会上，她以思维敏捷、观点独到、讲话准确、气势磅礴而使同学们甘拜下风。

正是罗伯茨对女儿独立人格的培养，才使撒切尔夫人从一个普通的女孩，最终成为一位连任三届英国首相、执政十二年，在世界政治舞台上叱咤风云独霸一方的政治家与"撒切尔主义"的创始人。